Die Herausgeber,

mezzogiorno

und die beteiligten Verlage

danken besonders für die finanzielle Unterstützung durch:

Land Niederösterreich

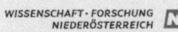

Stadt Wien Kultur

International Salzburg Association

Steirische Volkspartei

Wiener Volkspartei

Parlamentsklub der ÖVP

ÖVP Senioren

Vereinigung der Österreichischen Industrie

Impressum

Thomas Walter Köhler / Christian Mertens / Lojze Wieser (Hg.):
Einheit in Vielfalt
Erhard Buseks Welten

© 2023 edition mezzogiorno in Kooperation mit Wieser Verlag
alle Rechte vorbehalten

ISBN 978-3-99029-579-3

Satz und Gestaltung: PROverbis e.U., Wien

Umschlag: PROverbis, Wien,
Coverfotos: © Karl von Vogelsang Institut, Bearbeitung Andreas Schinko

Druck: finidr, CZ

Gesetzt aus der Adobe Garamond Pro

Thomas Walter Köhler / Christian Mertens / Lojze Wieser (Hg.)

EINHEIT IN VIELFALT

Erhard Buseks Welten

edition mezzogiorno

in Kooperation mit Wieser Verlag

Inhaltsverzeichnis

Vorwort der Herausgeber

„Es sind nicht die Praktiker, die den Theoretikern entgegenstehen, sondern die Schwätzer;
nicht die Konkreten den Abstrakten, sondern die Dumpfen;
nicht die Langsamen den Schnellen, sondern die Zauderer;
nicht die Sünder den Heiligen, sondern die Heuchler. "[1]

Der Anlass unseres Buches ist der Tod von Erhard Busek am 13. März vor einem Jahr. Er kam unerwartet und bedeutete eine nach wie vor nicht geschlossene Lücke im System der Politik der Zweiten österreichischen Republik, die von relevanten Meinungsführern und -führerinnen zu Recht oder zu Unrecht längst als Dritte bezeichnet wird.[2]

Die Ursache unseres Buches aber ist das Leben von Erhard Busek ab dem 25. März 1941. Als intellektueller und kreativer Mensch bestimmte er das System des Politischen in Österreich mit: sei es als jüngerer Mensch in politischen Verbänden, als Politiker selbst, sei es als älterer Mensch im Sinn eines zoón politikón in (Mittel-)Europa und weltweit.

Ganz im Zeichen des obigen Zitats stand Erhard Busek Schwätzern und Dumpfen sowie Zauderern und Heuchlern ungeduldig bis ablehnend gegenüber. Als Christ in der Demokratie war er ebenso Theoretiker wie Praktiker, ebenso abstrakt wie konkret; sicherlich eher schnell als langsam und vielleicht – wie wir alle wohl – eher Sünder als Heiliger.

Am vorliegenden Band, der das ‚Mosaik Erhard Busek' als Einheit in Vielfalt wiederzugeben versucht, beteiligen sich sehr renommierte Personen aus den Bereichen der Politik und des Politischen in Bildung und Forschung, Gesell-

---

1 Thomas [Walter] KÖHLER, *Geraume Zeit* – Roman (Wien 2008), worin vor dem Hintergrund des Falls des Eisernen Vorhangs die Funktion Erhard Buseks thematisiert wird.

2 S. Erhard BUSEK, *Österreich in der Europäischen Union – quo vadis?* In: Thomas [Walter] KÖHLER/Christian MERTENS (Hg.), *Manifest* – Zu Österreichs Dritter Republik (Jahrbuch für politische Beratung, Sonderband 1) (Wien 2017), S. 217-224.

schaft und Wirtschaft, Kultur und Medien u. v. a. m. Für ihr Engagement bedanken wir uns von Herzen.

Es ist nicht der Anlass, der Tod, der Wirkung zeigt, sondern die Ursache, das Leben.

„Im Ansatz war das Wort,
wir sprechen es aus …
… und erfüllen die Welt. "[3]

Quasi
ad multos annos
sub specie aeternitatis

Thomas Walter Köhler, Christian Mertens, Lojze Wieser

Wien, im Frühling 2023

---

3 Vgl. Joh. 1, 1-5.

HEIMATEN

Die Beiträge des ersten Abschnitts befassen sich mit den vielfältigen ‚Heimaten‘, in denen sich Erhard Busek zu Hause gefühlt und in denen er auf seine Art und Weise gewirkt hat. Konzentrischen Kreisen ergeben – durchaus ineinander verwobene – Blickwinkel auf sein belebendes Wirken in seiner Heimatstadt Wien, seine von Verantwortungsbewusstsein geprägte Liebe zu Österreich, sein nachhaltiges Engagement für Mitteleuropa bis hin zu Geschichte, Gegenwart und Zukunft des gesamten Kontinents.

Manfried Welan, ehemaliger Rektor der Universität für Bodenkultur und Stadtrat in Wien, beschreibt Busek als „moderne[n] Wiener Intellektuelle[n]“. Es gelang ihm, Leben in die von ihm geliebte Stadt zu bringen, Intellektuelle und Kunstschaffende zu motivieren und das eher passive ‚bürgerliche‘ Wien zu politisieren. Sein Verständnis für die geopolitische Position der Stadt führte ihn zu seinem Engagement für den Donauraum (‚Expo 95‘), sein Wunsch nach mehr Partizipation zur ‚Grätzel-Demokratie‘. – „Er konnte im Kleinen große Ideen entwickeln“, so der Verfassungsjurist.

Herwig Hösele, ehemaliger Präsident des Bundesrates und aktuell Kuratoriumsvorsitzender des Zukunftsfonds der Republik Österreich, widmet seinen Text dem „Homo austriacus“, dessen Identität vom Wiener bis zum Weltbürger reichte. Besonders geht er auf die Achse Wien-Steiermark im Allgemeinen und jene zwischen Erhard Busek und Josef Krainer jun. im Besonderen ein. Der Autor unterstreicht die Bedeutung, die Busek der besonderen Aufgabe und Verantwortung Österreichs in der Mitte Europas zumaß, nicht zuletzt auch gegenüber dem Judentum.

Der Journalist und Publizist ungarischer Herkunft *Paul Lendvai* stellt den Politiker als „Schrittmacher und Vordenker Mitteleuropas“ dar. Er verweist auf das besondere Gewicht, das Buseks Stimme bereits während des Kommunismus und erst recht nach dem Umbruch in Mittel- und Osteuropa hatte, auf theoretisch-publizistische Annäherungen an das ‚Projekt Mitteleuropa‘ ebenso wie auf dessen praktische Unterstützung für die Reformländer in verschiedenen Funktionen.

Lojze Peterle, erster Ministerpräsident des unabhängigen Slowenien, erzählt von seinen Begegnungen mit dem überzeugten Mitteleuropäer vor und nach der Unabhängigkeit seines Landes, die nicht nur von politischen, sondern auch kulturellen Themen geprägt waren. Der Autor berichtet von der Unterstützung, die er persönlich wie Slowenien als Land durch Busek erfahren habe, aber auch von dessen Sorge um die Zukunft Mitteleuropas und des Balkans.

Hannes Androsch, Industrieller und ehemaliger Vizekanzler der Republik Österreich, entwirft eine Tour d'Horizon zur Geschichte und zum Wesen Europas, die er dem „überzeugten und engagierten Europäer“ Busek widmet.

Er konstatiert eine (Identitäts-)Krise, in der Europa stecke, dem es an strategischer Autonomie fehle. Es bedürfe deutlich größerer Anstrengungen, um am gemeinsamen Europa zu bauen. Für die Zukunft des europäischen Projekts müsse die Europäische Union vor allem mehr (Selbst-)Verantwortung übernehmen.

Ergänzt wird dieser Teil um ein Interview mit *Karl Schwarzenberg*, unter anderem zweimaliger Außenminister der Tschechischen Republik. Er beschreibt den internationalen Netzerker ebenso wie den Menschen Erhard Busek. Nicht zuletzt nimmt der ehemalige Vorsitzende einer tschechischen Partei der Mitte auch Stellung zur aktuellen Situation der Christdemokratie in Europa.

Manfried Welan

Erhard Busek, das bürgerliche Credo für Wien

Er war ein Einzelkind und er wurde ein Einzelner. Er war ein tiefgläubiger Christ, was man nur wusste, wenn man ihn näher kannte. Er wusste früh um seine Qualitäten, machte aber kein Aufheben oder gar Aufsehen davon. Er arbeitete in einer persönlichen und politischen Verantwortung an sich und für die Gemeinschaft, die Polis. Insofern war er ein hochpolitischer Mensch, der eine bewusste Verantwortlichkeit lebte. Das war seine Eigenheit und Eigenart. Er dachte groß und unabhängig. Er war kein typischer Parteimann. Das waren seine Konkurrenten innerhalb und außerhalb der ÖVP viel mehr.

Er hatte eine gediegene Gymnasialbildung, eine traditionelle rechts- und staatswissenschaftliche Ausbildung, aber er war vor allem ein Autodidakt, der schon jung von der Bildung zur Selbstbildung, von der Erziehung zur Selbsterziehung übergegangen war. Seine vielseitige Intelligenz und Begabung, seine Interessen und Neigungen, seine Wissbegier und Neugierde verpflichteten ihn dazu. Er war eine kleine Universität mit vielen Fakultäten. Und er wollte ,wesentlich' werden.

Nach dem alt-konservativen Intellektuellen Heinrich Drimmel wurde Erhard Busek *der* Intellektuelle der ÖVP. Aber ein ganz anderer: Ein Intellektueller der Wiener Moderne, ein moderner Wiener Intellektueller, ein multipler Intellektueller mit liberalen und konservativen Zügen. Er hatte nicht zuletzt deshalb viele Gegner und Gesichter. Bei Parteiveranstaltungen konnte er ausschauen wie jemand aus dem Obersten Sowjet, dann hatte er eine kalte, distanzierte Maske, professoral, oft eine spitzbübische mit hinreißendem Charme, manchmal eine geistreiche, geistvolle, die einen überzeugte. Mir gefiel sein offenes, interessiertes Gesicht am besten; vielleicht, weil ich ein Lehrer bin. Er gefiel Frauen, mehr als ich gedacht hätte. So sagte einmal eine sozialdemokratische Führerin zu mir: „Der Busek ist doch so ein fescher Mann, groß, stattlich, der kann reden, gut reden, den solltet's ihr viel mehr zeigen." Aber vielleicht wollte er selbst das gar nicht. Er konnte sehr diskret sein. Aber im Gespräch mit Männern war er durchaus beleidigend offen.

Sein Charme konnte dann vom Liebenswürdigen zum Grimmigen umschlagen. So hat er manche verletzt und sich selbst damit geschadet. Aber seine überschießende Vitalität wurde im Alter milder. Weisheit als die Gabe des Heiligen Geistes wurde ihm eigen. Selbsterkenntnis hatte er schon als Junger, im Alter wurde sie – auch rückblickend – größer, eigentlich bewundernswert.

14

Er war ein urbaner Mensch. Vielleicht war deshalb die Kommunikation mit Niederösterreich so schwierig. Da musste ich zu Maurer, Ludwig und Pröll Kontaktmann sein. Mit Salzburg (Haslauer) und der Steiermark (Krainer) stimmte aber die Chemie!

Ludwig machte mich in Niederösterreich zum Präsidenten der Akademie für Umwelt und Energie mit Sitz in Laxenburg. Der sozialdemokratische Landesobmann-Stellvertreter sprach ‚gleich' mit mir und sagte: „Professor Welan, vergleichen Sie einmal die rote Opposition in Niederösterreich mit Ihrer schwarzen in Wien." Ich bin nie dazugekommen. Busek begrüßte meine jahrelangen Engagements in Niederösterreich, so wie in der Waldviertel-Akademie. Das ist eine besondere Geschichte.

Ich lernte Erhard bei einer Diskussion über die Institution des Bundespräsidenten kennen, den ich aufgrund der Verfassung als ‚mittellosen Ersatzkaiser' bezeichnet hatte. Busek lachte laut und herzhaft. Der spätere Präsident des Verfassungsberichtshofes Adamovich widersprach mir, worauf Busek wieder lachte. Er lud mich in den ‚Managementclub Wien', dessen Generalsekretär er damals war, zu einem Vortrag ein. Ich sollte über ‚Macht und Kontrolle' sprechen. Nach diesem Vortrag, für den ich mich lange vorbereitet hatte, lernte ich Buseks komplexe Schau kennen. Er wusste buchstäblich über alles Bescheid. Ich erkannte, dass er groß dachte, aber auch die Kleinigkeiten kannte und berücksichtigte.

Ich war damals von Parteiobmann Schlcinzer ersucht worden, ihm ein Papier über eine österreichische Verfassungsreform zusammenzustellen, wie die Schweiz sie gerade begann. Schweizer Freunde berieten mich und ich lud Heinrich Neisser zur Verfassungsreform ein. Erhard Busek war damals schon auf seinem ‚Wien-Trip'. In Jörg Mauthe fand er einen kongenialen, unabhängigen Partner und Gefährten auf seinem Gang durch Wien. Diesen Gang berichtet er in seinem Buch ‚Wien – Ein bürgerliches Credo'.[1] Ein wunderbares Buch.

Wien war damals grau in grau. Es lag am Eisernen Vorhang. Es war daher mehr als eine Grenzstadt. Es war, als wenn es hier immer Herbst wäre. Es war noch eine Stadt des Dritten Mannes und auch die Neubauten waren grau in grau. Es war nichts los in Wien; diese Stadt war zum Teil wie ausgestorben. Es gab kein Outdoor-Erlebnis für die Jungen und keine Schanigärten für die Alten. So war zumindest der erste Eindruck.

---

1   Erhard BUSEK, *Wien* – Ein bürgerliches Credo (Wien et al. 1978).

Der Jungpolitiker Wolfgang Gerstl, 1980 vom grünen Land nach Wien kommend, stellte damals fest:

„Dieses graue Wien verschönerte Erhard Busek mit vielen Farbklecksen. Bald wurde auch ich auf ihn aufmerksam. Er lud regelmäßig zu Vorträgen und Diskussionen über europäische Themen ein und vor allem für mehr Grün in Wien. Grün stand bei Busek nicht nur für Grünflächen, sondern ganz generell für mehr Leben in der Stadt. Er entlarvte mit seiner unkonventionellen Art die Kleinkariertheit vieler Politiker und Ansichten, indem er über den Tellerrand hinausblickte. Mir habe ich in dieser Zeit auferlegt, die ‚Neue Zürcher Zeitung‘ zu lesen, um meine Perspektive zu wechseln. Ich kann mich noch gut erinnern, wie wenig ich am Anfang von der Lektüre der NZZ aufnahm. Regelmäßiges Nachschlagen im Brockhaus und der Besuch von Vorträgen von Busek und bei der ‚Norica‘[2] erweiterten meinen Horizont kontinuierlich.“[3]

Wien lag in den 1970er- und frühen 1980er-Jahren noch am östlichen Rand der westlichen Welt. Es war die Endstadt, wie Ingeborg Bachmann sagte, und es war eine aussterbende Stadt. Manche sprachen von Ostblockisierung, Medien sprachen über die Austro-Sklerose Wiens.

Busek gelang es nicht nur, bunte Farbkleckse zu verteilen, sondern auch eine bunte Stimmung vor allem für die Jugend zu erzeugen. Er brachte Leben in die Stadt und machte lebendig, was vorher stumm und starr dalag. Es verbreitete sich eine Lust am Leben und zu leben. Typisch war etwa ein Anschlag ‚Gratz kommt!‘ und darunter stand: ‚Busek war schon da!‘ Wenn ich ihn später im Rathaus mit großen Schritten und schlenkernden Armen auf mich zukommen sah, war ich immer gleich besser aufgelegt. Mit ihm wurden auch ernste Sachen wienerisch gesprochen zur ‚Hetz‘. Das war es auch, was die Zusammenarbeit mit ihm zum Vergnügen machte. Das politische Leben kann man im Alltag oft nur mit Humor ertragen. Es ist ein Theater. Das Publikum will es so, aber man muss es ernst nehmen.

Als Busek 1975 Josef Taus und sich als „zwei kalte Kackwürste mit Brillen" bezeichnete, brachte das viele zum Lachen. Er war sarkastisch und witzig und konnte um eines Wortspiels willen verletzend sein. Vielleicht hat er manche beleidigt. Etwa, wenn er jemanden mit den Worten vorstellte: „Er wird auch einmal so alt werden, wie er ausschaut!"

---

2   Die Katholische akademische Verbindung Norica ist eine 1883 gegründete katholische akademische Verbindung in Wien. Sie ist Mitglied im Österreichischen Cartellverband (ÖCV),

3   Wolfgang GERSTL/Manfried WELAN, *Im Dienste einer Weltanschauung* – Zwei persönliche Geschichten der ÖVP (Wien 2o22), S. 70.

16

Das Zuspitzen, das Überreizen, das Pointieren, waren seine Stärken. Die große ,Staatsrede' mit Pathos war seine Sache nicht.

Als die Wiener Reichsbrücke einstürzte, wurden in den Medien weniger die regierenden Sozialisten als die oppositionelle Volkspartei kritisiert. Daraufhin engagierte sich Busek in Wien mit dem Ziel, für die ÖVP die Mehrheit zu erreichen. Er stellte seine Politik organisatorisch auf drei Säulen: eine war die traditionelle Partei, die zweite ,Pro Wien' und die dritte möglichst viele Bürgerinitiativen, die er unterstützte und mit denen er eine neue Zivilgesellschaft aufbaute. Ich habe erlebt, wie er Wien verändert hat. Die Wiener Zeit war eine ,Busek-Hoch-Zeit'. Da die SPÖ im Laufe der Zeit viele Ideen von ihm übernahm, ergab sich das Paradoxon, dass Busek politisch viel erreichte, aber nicht so viel an Mandaten, wie man es sich erhofft hatte.

13 Jahre lang war Busek Parteiobmann in Wien. Seine Oppositionspolitik war originell. Er vertrat lang vor den Grünen eine ökologische Richtung. Damit sprach er die Jugend an, hatte aber Gegner in der eigenen Partei. Auch der Wahlkampf der Wiener ÖVP war originell und grün. Vor allem auch temporeich und mit vielen Neuerungen im Vorstellen der Kandidaten. Ausländer glaubten eine grüne Partei am Werk.

Als Buseks ,Neue' wurden wir im Café Hawelka den Medien vorgestellt. In einer Ecke saß Oskar Werner. Als er hörte, Busek sei da, lobte er ihn mit seiner Glockenstimme: „Der Busek ist gut, den braucht Wien und wie!" Dann trank er weiter.

Mit Alfred Worm und Otto Wagner wurde auch ich zu den ,bunten Vögeln' gezählt. Das traf allerdings für andere mehr zu als auf mich, denn ich war ja schon seit 1961 Parteimitglied und Mitarbeiter. Jedenfalls bildete ich als ehemaliger Rektor der Universität für Bodenkultur (BOKU) für Busek eine grüne und publizistische Verstärkung. 1978 war er von 31 auf 35 Mandate gekommen. Die Wahl 1983 brachte ihm mit 37 Mandaten einen noch größeren Erfolg.

Mir übertrug er Teile der Grünpolitik, vor allem den Wiener Wald, dann die Demokratiepolitik und die Wissenschaftspolitik. Das war mein Programm in Kürze, von dem ich auch einiges durchsetzen konnte. Die Grätzeldemokratie ist allerdings noch immer nicht so lebendig, wie sie sein könnte und wie ich sie mir vorgestellt hatte. Mehr direkte Demokratie bleibt weiterhin ein großes Ziel. Die Direktwahl der Bezirksvorsteher und last but not least die Volkswahl des Bürgermeisters würden die Demokratie in Wien lebendiger machen.

In mancher Weise hatte sich neben der alten ÖVP eine neue ÖVP entfaltet: die Busek-Partei. Dabei waren viele Intellektuelle und Künstler motiviert.

Es gab auch die so genannten ‚Döblinger Regimenter‘. Vor allem aber gab es dezentrale Aktionen sonder Zahl: Kontakte mit Bürgerinitiativen, spontane Grün- und Demokratieaktivitäten, öffentliche Diskussionen, offene Gemeinderäte, neue Aktivitäten wie das Stadtfest, ‚Pro Wien‘, den ‚Club Wien‘, den ‚Club alpha‘, vor allem für Frauen gedacht, oder die Gründung von Nachbarschaftshilfszentren, das ‚Metropol‘ in Hernals, den Club ‚Bunter Vogel‘ und viele Grüninitiativen. Das alles machte neugierig auf Buseks Politik. Es war immer was los. Alte Organisationen wurden erneuert: das Soziale Hilfswerk ‚Kinder in Wien‘, Jungvolk.

‚Mut zum aufrechten Gang‘ und ein ‚bürgerliches Credo‘ – das war auf einmal aktuell. Busek und sein Team machten Lust auf Politik. Es gelang ihm, das politisch-passive ‚bürgerliche‘ Wien zu politisieren und zu motivieren. Es gelang ihm, durch seine Erfolge die Wiener Volkspartei neu zusammenzuführen und trotz aller Probleme insgesamt zu einen. Nichts vereinigt mehr als der Erfolg.

Buseks Idee waren auch Passagendiskussionen. Bei diesen stellten sich ÖVP-Politiker von Bund, Land und Bezirk den vorübergehenden Passanten mit ihrem Programm für Wien vor. Meine erste solche Diskussion fand am Bahnhof Wien-Mitte statt. Die Massen zogen zunächst ohne Interesse vorbei, aber manche blieben doch stehen. Ein Bub spielte vor mir mit einem Ball und zeigte seine Geschicklichkeit, ein betrunkener Obdachloser saß mit seinem Doppler da und grölte dazwischen. Ich habe eine laute Stimme und war gut vorbereitet. Die Partei hatte uns in der Politischen Akademie trainieren lassen und wir wussten, welche Fragen man uns stellen würde. Eine meiner Kolleginnen litt unter dem Lärm und den Unterbrechungen durch Zwischenrufe. Das nächste Mal gab ich dem Obdachlosen gleich zu Beginn 20 Schilling mit der Aufforderung zu klatschen. Das tat er dann – vielleicht zu viel … Bei einer Diskussion in der Universitäts-Passage befragten mich mir bekannte Studierende und da war ich im Vorteil, „von der Gratz-Demokratie zur Grätzeldemokratie“ zu predigen und „mehr Bürger in der Verfassung, weniger Bürgermeister!“ Das kam in der Wahlzeit gut an.

Eine der Wahlveranstaltungen fand im Restaurant ‚Schweinerner Frack‘ im 14. Bezirk statt. Es ging um Umwelt und Demokratie. Es waren auch einige BOKU-Professoren im Publikum und sie nahmen auch beherzt an der Diskussion teil. Professor Bernd Lötsch trat mit den Worten auf: „Der Bürger ist erwacht! Er lässt sich nicht mehr gängeln, er will Mitsprache!“ Hier hakte ich ein: „Umwelt und Demokratie gehören zusammen!“ Ich war besonders motiviert und diese Rede wiederholte ich mehrfach. Der ‚Schweinerne Frack‘ wurde ein chinesisches Restaurant und auch dieses existiert nicht mehr.

Passagendiskussionen gibt es schon lange nicht mehr. Die ÖVP ist eine ganz andere Partei geworden als unter Busek.

An der BOKU war ich eine schöne Gemeinschaft gewöhnt. Umso mehr überraschte mich die Kollegialität, die auch in der Busek-ÖVP herrschte. Der ÖVP-Klub erwies sich als eine sehr menschliche Vereinigung unter der umsichtigen und umtriebigen Leitung von Günther Goller, der buchstäblich alles wusste, vor allem die Vita aller Politikerinnen und Politiker. Als ich ihn einmal vor einer zu haltenden Rede im Gemeinderat fragte, wie ich sie anlegen sollte, sagte er: „Flexibel. Flexibel!" Ich habe ihn nie mehr gefragt.

Fraktionszwang habe ich unter Busek nie erlebt. Besonders Quereinsteiger wie zum Beispiel Alfred Worm hatten einen großen Spielraum. Ich erlebte eher mangelnde Parteidisziplin. So hatte Busek einmal mit Bürgermeister Gratz eine besondere Zusammenarbeit anvisiert, aber einige im Klub arbeiteten dagegen. Busek suchte das direkte Gespräch mit Gratz, wenn es um Wichtiges ging. So entstand das ‚Institut für die Wissenschaft vom Menschen', das heute lebendiger denn je ist und zahlreiche Wissenschaftler nach Wien führte und führt. Das ist eines der vielen Denkmäler für Erhard Busek.

‚1984' ist George Orwells berühmtes Buch. ‚1984' ist für Österreich der Fall Hainburg. Soll die Au durch ein Donaukraftwerk entwertet werden? Wie beim Fall Zwentendorf kam es zum bürgerlichen Widerstand. Die Bundesregierung unter Sinowatz unterstützte die Donaukraftwerke. Busek unterstützte mit Mauthe den Widerstand. Mauthe biwakierte in der Au und berichtete in den Medien. Am Höhepunkt der Konflikte ließ Busek plakatieren: ‚Wenn ich Bürgermeister von Wien wäre, würde ich Hainburg nicht bauen'. Und wir publizierten zehn Gründe gegen den Bau von Hainburg. Mein Freund Johannes Hawlik und ich sprachen in einer Pressekonferenz und lieferten den Menschen die Gründe für ihre Protestaktionen. Bezirkshauptmannschaften untersagten aber den unbefugten Aufenthalt auf der Baustelle Hainburg.

Am 10. Dezember war die Au trotz Verbots besetzt. Rodungsarbeiten wurden eingestellt, da sie sonst die Aubesetzer gefährdet hätten. Die Bundesregierung ermächtigte Innenminister Karl Blecha zum Einsatz der erforderlichen Exekutivorgane, um die Arbeiten zu ermöglichen. Am 11. Dezember waren rund 1.000 Besetzer in der Au, tags darauf waren fünf Lager im Demonstrationsgebiet errichtet. Auch Jörg Mauthe lag mit einer Gruppe von Journalisten, Wissenschaftlern und Künstlern am Lagerfeuer, wurde von Gendarmeriebeamten eingewiesen, die ihm eröffneten: „Herr Stadtrat – morgen wird's haß." Mauthe ließ sich nicht abschrecken und publizierte seine Beobachtungen im ‚Profil'. Bernhard Raschauer und ich machten Rechtsberatung. Am 14.

Dezember sprachen Auschützer mit Regierungsmitgliedern, am 19. Dezember mit dem Bundespräsidenten. Es kam zu keiner Annäherung der Standpunkte. Bundeskanzler Sinowatz stellte am 18. fest: „Die Bundesregierung wird weiterhin versuchen ohne Gewaltanwendung vorzugehen, aber sie wird sich auch nicht der Gewaltanwendung von Demonstranten beugen und zulassen, dass Entscheidungen nicht mehr von Regierung und Parlament getroffen werden, sondern durch Demonstrationen, Blockaden und Besetzungen."

Für den 19. Dezember wurde Räumungsbefehl gegeben. Eine vom Aktionskomitee für den Kraftwerksbau für 19. Dezember geplante Demonstration wurde über Anraten der Bundesregierung abgesagt, um Zusammenstöße mit den Aubesetzern zu vermeiden. Unter Einsatz der Exekutive wurde versucht, die Rodungsarbeiten fortzusetzen. Am 13. Dezember hatten sich rund 5.000 Aubesetzer im Gebiet befunden, die Bundeshymne wurde gesungen, die österreichische Fahne geschwenkt und gewaltloser Widerstand geübt. Es kam zu Zusammenstößen. Ein Sperrkordon von rund 2.000 Sicherheitsorganen war aufgeboten worden. Personen wurden verletzt. Die ‚Kronen-Zeitung‘ schrieb von der „Schande von Hainburg". Am Abend demonstrierten in Wien zehntausende Menschen aus Solidarität mit den Aubesetzern. Ein Bürgerkrieg schien zu Weihnachten 1984 bevorzustehen.

Da verkündete Bundeskanzler Sinowatz am 21. Dezember einen 14-tägigen Weihnachtsfrieden. Am 4. Jänner 1985 beschloss die Bundesregierung ein ‚11-Punkte-Programm‘, das unter anderen die Erneuerung des Bekenntnisses zum Ausbau der Wasserkraft, zur Errichtung des Donaukraftwerkes Hainburg und die Errichtung eines Nationalparks zum Inhalt hatte, und verkündete eine einjährige ‚Nachdenkpause‘. In der Woche vom 4. bis 11. März 1985 unterstützten rund 350.000 Stimmbürger das ‚Konrad-Lorenz-Volksbegehren‘.

Hainburg machte das Problem des Widerstands im demokratischen Rechtsstaat bewusst. Der Fall machte auch deutlich, dass rechtswidrige Staatsakte in Rechtskraft erwachsen können. Der oft zitierte Satz „Wenn Unrecht Recht wird, ist Widerstand Pflicht" bringt auch dies zum Ausdruck.

Busek hat mit seiner totalen Unterstützung der Aubesetzer und Widerstandskämpfer gegen das Kraftwerk Hainburg einen großen Sieg erreicht. Hainburg war auch ein Kampf ums Recht. Der Fall war vor allem Kampf ums Naturschutzrecht, aber es war auch ein Kampf um den politischen Paradigmenwechsel. Und es war eine Wende in der österreichischen Politik und Rechtsentwicklung.

1988 gab ich namens der Akademie für Umwelt und Energie als deren Präsident das 700 Seiten umfassende Buch ‚Der Streit um Hainburg in Gerichts- und

Verwaltungsakten'[4] mit Kurt Wedl heraus. Dieses Werk war Mühsal, aber es war ohne die Kälte der Au und die Hitze der Konflikte entstanden.

In der Nähe des Schillerplatzes in Wien sieht man an Häuserwänden vereinzelt noch immer ein ‚Au-Weh'. Der Spray ist verblasst, aber die Erinnerung an einen Wendepunkt der Politik bleibt. Der ‚Streit um Hainburg' war die größte Auseinandersetzung von Bürgern in der Zweiten Republik. Politikern wie Sinowatz und Busek ist es zu verdanken, dass es zu einer Kompromisslösung kam. Die Gesellschaft war teilweise schon aus den Eierschalen der alten geschlossenen Parteienmilieus geschlüpft. Eine neue Zivilgesellschaft war im Entstehen. Aber manche blieben in den alten Schalen. Zwentendorf war der Anfang vom Ende der alten Politik gewesen. Hainburg brachte die große Wende. Umweltschutz wurde ein Hauptziel der Politik und die Universität für Bodenkultur wurde offiziell die Universität der Nachhaltigkeit.

Wenn ich in der Erinnerung die Kolleginnen und Kollegen aller Fraktionen Revue passieren lasse, so wundere ich mich oft, warum das Politiker-Image so schlecht ist. Fast alle taten jahraus, jahrein ihre Pflicht und erfüllten sie mit Freude, waren anständig und freundlich. Korruption und Nepotismus blieben Ausnahmen. Freunderlwirtschaft ist eine alte Tradition, die man nicht abschaffen kann. Trunksucht war selten zu beobachten, die privaten Beziehungen waren allerdings durch die politische Tätigkeit oft belastet. Politikerehen haben mehr Probleme als die anderen.

Busek war vieles in Wien zu langsam, zu ‚letschert', zu schwerfällig. Er war voller Energie, seine produktive, kreative Unruhe trieb ihn zum tätig Sein und immer auf Neues hin. Er konnte nicht aufhören. Er war neugierig, wusste vieles und wollte alles wissen, weshalb er auch als bestinformierter Österreicher bezeichnet wurde. Ausdruck dieser Unruhe war seine Ungeduld, die unter anderem auch zum Ausdruck kam, wenn er bei Sitzungen und Treffen oft in vor ihm liegenden Papieren blätterte oder diese ‚am laufenden Band' unterzeichnete. Das haben einige kritisiert, andere ihm übelgenommen, aber niemand hat es vergessen. Allerdings veränderte er sich im Laufe der Zeit und wurde weiser.

Ich habe einmal in der Partei über ihn gesagt: „Der Erhard denkt rascher als wir träumen, handelt rascher als wir denken und ist schon dort, wohin wir erst aufbrechen." Das Leben ist kurz und die Leute sind faul, bequem und dumm. Man muss die Sache weitertreiben und die Leute drängen.

---

4   Manfried WELAN/Kurt WEDL (Hg.), *Der Streit um Hainburg in Verwaltungs- und Gerichtsakten* – Gutachten, Bescheide, Erkenntnisse (Laxenburg 1988).

Erhard war ein blendender Netzwerker, der „überall seine Leute hat", wie es ein Gegner formulierte. In diesem Sinn war er immer multifunktional, mit mehreren Büros und ist es bis zu seinem Tod geblieben. Auch wenn er schon lange nicht mehr im politischen Wettbewerb stand, war man in den Medien für seine Wortspenden dankbar. Manchmal klang es so, als ob er noch im Wettbewerb stünde. Sein Geltungstrieb und Gestaltungswille zeigten sich auch in den rund ein Dutzend Büchern, die er geschrieben hat, in seiner Teilnahme an Diskussionen und in der Übernahme von führenden Positionen in allen Bereichen. Als Parteiobmann machte er Thomas Klestil 1992 zum Kandidaten und somit zum Bundespräsidenten. 1994 trug er viel zur positiven EU-Abstimmung bei. Seine Stellvertreter Helga Rabl-Stadler und Erwin Pröll verkörperten unterschiedliche Richtungen in der ÖVP. Die eine kümmerte sich zu wenig um ihn, der andere setzte ihn in seiner Funktion ab. Dass er dann auch noch Wolfgang Schüssel, seinen alten Freund, am 22. April 1995 zum Bundesparteiobmann ‚machen' konnte, beweist vieles. Aber wie er einmal sagte: „Dankbarkeit ist keine politische Kategorie." Busek war nie Beamter und hatte nie besondere Sympathie für die Beamtengewerkschaft. Er war ein Kunstkenner, er war ein Kunstfreund und Freund von Künstlern. Er eröffnete viele Veranstaltungen und war für mich ein grüner Führer, obwohl er das nicht werden wollte.

Buseks Kontakte erinnerten mich immer wieder an einen starken Baum mit vielen Ästen und Zweigen. Er hatte Kontakte nach oben und nach unten. Nach oben bis zu den Spitzen und Stützen der Gesellschaft, die meisten Kontakte in der Ebene gleichauf mit ihm und auch Kontakte nach unten. Vieles davon verdankte er seiner katholischen Sozialisation. Er kannte auch Freimaurer, ohne Freimaurer zu sein. Mauthe war einer von ihnen.

Ich war lange ein ‚Mock-Mann'. Aber Busek holte mich zu sich nach Wien. Da konnte ich nicht widerstehen. Wien war und ist ja meine Heimat. So lernte ich den ÖVP-Führer näher kennen. Mock und Busek waren praktizierende Katholiken, aber unterschiedlicher Prägung. Busek war in der Katholischen Hochschuljugend um Monsignore Strobl tätig. Mock kam aus dem ÖCV, und zwar aus der Norica – der Verbindung Leopold Figls und Julius Raabs. Er wurde immer als ‚konservativer' oder als ‚sozialkonservativer' Politiker bezeichnet, Busek hingegen als ‚liberaler'. Aber dieser war zu sehr Katholik, um tatsächlich als solcher gelten zu können. Es ist schade, dass die Chemie zwischen den beiden selten stimmte. Aber beide waren leidenschaftliche Europäer, Busek war nach meiner Meinung eine Art inoffizieller Ministerpräsident Mitteleuropas. Er erlebte die Gründung der Charta 77 in Prag, der Solidarność in Polen, des Magyar Demokrata Fórum usw. mit. Er machte weiter für Europa. Er hatte immer Gegner, nicht zuletzt in seiner eigenen

Partei. Auch in ihr waren mehr Zuspitzungs- als Zustimmungspolitiker. Er verstand die geografische, geopolitische Position Wiens. Das führte ihn zu seinem Engagement für den Donauraum, zur Idee Mitteleuropa und zur großen europäischen Zusammenarbeit.

Busek und Mauthe spürten etwas Neues, auf das niemand vorbereitet war. Sie wollten den Donauraum neu beleben. So entstand das Projekt einer Weltausstellung in Budapest und Wien. Die Idee der ‚Expo 95' mit dem Untertitel ‚Brücken in die Zukunft' wurde geboren. Damit hatte Wien, hatte Österreich eine neue Herausforderung. Busek hatte mit der Begrünung Wiens und mit der Idee der ‚Expo 95' die Zeichen der Zeit erkannt.

Busek präsentierte den Donauraum unter drei Aspekten: Donauraum in Wien, Donauraum in Österreich, Donauraum in Europa.

Donauraum in Wien bedeute für die rund 300.000 Menschen, die links der Donau leben, eine urbane und humane Heimat zu schaffen. Hier habe die Stadtplanung noch Raum; die Erneuerung alter Ortskerne, die Humanisierung der Wohnhausanlagen, Wissenschafts-, Wirtschafts-, Kultur und Kunsteinrichtungen, Sporteinrichtungen seien zu forcieren, Großveranstaltungen sollten nicht im kleinen 1. Bezirk stattfinden, sondern im Donauraum Wiens als solchen.

Der Donauraum in Europa sei die große politische Herausforderung Wiens, in der Zukunft die Kooperation mit Pressburg/Bratislava eine erste Notwendigkeit.

‚Brücken in die Zukunft' – das bezog sich auf die Städte Wien und Budapest, die in der Anfangsphase des Projekts noch zu unterschiedlichen geopolitischen Blöcken gehörten. Aber auch in Österreich hatte das Projekt Brückenfunktion zwischen Christ- und Sozialdemokraten, zwischen der Stadt Wien und dem Bund. Seine Wurzeln finden sich in der Idee des Vordenkers Jörg Mauthe, den Donauraum als geopolitische Achse quer zum Eisernen Vorhang zu positionieren. Hans Mayr, Sozialdemokrat und mächtiger Vizebürgermeister der Stadt, griff diese Idee auf und konkretisierte sie mit dem Projekt einer Weltausstellung. Ähnlich wie die ‚Parallelaktion', die in Musils ‚Mann ohne Eigenschaften' die leere Mitte der Handlung bildet, sollte die ‚Expo 95' eine Vielzahl von Kräften freisetzen. All die Ideen kamen wieder auf wie der Gedanke eines Zentralbahnhofes, die Neugestaltung des Pratergeländes, ‚Wien an die Donau', Vorstellungen von einem durchdachten, übergeordneten Plan. Aber die Volksbefragung unter der Wiener Bevölkerung ging negativ aus. Von der ‚Expo 95' blieb nur die vorgezogene Nutzung des Areals vor der UNO-City, abgewickelt von der anlässlich der Weltausstellung gegründeten Wiener Entwicklungsgesellschaft für den Donauraum.

Meines Erachtens wollte das ‚Volk‘ einfach mehr ‚Grün‘ und ‚Gemütlichkeit‘. Im Übrigen hätte ich die Weltausstellung am liebsten auf der Donauinsel gesehen.

Am 24. März 1986 stellte Erhard Busek Dolores Bauer und mich in den Medien als neue Stadträte vor: „Wir wollen eine Demokratiereform, die nie zu Ende geht. Wien braucht eine Stadtökologie mit Bürgerbeteiligung. Dazu gehört ein Antrags- und Anfragerecht der Bürger innen und Bürger in den Wiener Parlamenten.“ Außerdem plädierte ich für eine intensive Zusammenarbeit der Stadt mit ihren Universitäten. Es gehe um die Motivierung des „Goldenen Wiener Hirns“ für Wien als „Weltstadt der Moderne.“

Für Busek gehörten Stadtdemokratie und Stadtökologie zusammen. Mitbestimmung und Bürgerbeteiligung sind in der Umweltpolitik Selbstverständlichkeit. Ohne sie ist Politikverdrossenheit die Folge. Neben der großen Idee des ‚grünen‘ Wien betraf unsere Umweltpolitik auch viel Kleines wie Grätzelbelebung, Ökologie am Haus, Innenhofbegrünung, Dachbepflanzung, Ortskernpflege, ‚Blumen in Wien‘, Hausschmuck etc. Die Aufwertung der Bezirke und die Partizipation waren Busek ein großes Anliegen, das er im Buch ‚Wien – Ein bürgerliches Credo‘ schon 1978 vorgezeichnet hatte. Dazu gehörten auch Aktionen für das Beisl, den Schanigarten, den Schrebergarten, den Heurigen, das Café und last but not least für das Wienerlied.

1984 waren im Stadtentwicklungsplan (STEP) zum ersten Mal langfristige Zielvorgaben festgelegt. Es war eine ganzheitliche, fachlich orientierte strategische Planung. Kein Dokument vorher hat die Fülle von Problemen einer Großstadt mit Bevölkerungsschwund bewusstgemacht. Dem STEP folgten Bezirksentwicklungspläne (BEP). Busek gelang es, die sanfte Stadterneuerung zu institutionalisieren und an die Stelle der bis dahin verfolgten inkonsequenten Stadterweiterungspolitik zu stellen. Mehr Ökologie und Partizipation. Es gab so viele Gespräche wie niemals zuvor. Veranstaltungen, Diskussionen, offene Gemeinderäte. Die Leute wurden auf die Straße und in Lokale geholt, in Beisl und Caféhäuser. Eine neue Gesprächskultur entstand, andere Schichten als die Stammwähler begannen sich für Politik zu interessieren. Die Zahl der Bürgerinitiativen wuchs, sie verlangte nach Koordination. ‚Pro Wien‘ organisierten viele Buchpräsentrationen und Lesungen in Caféhäusern, an die ich mich besonders gern erinnere. Fast immer brachte auch ich mich ein. So konnte ich Buseks Buch ‚Mut zum aufrechten Gang‘ unter dem Titel ‚Der Busek und seine Haberer‘ im Café Sperl präsentieren. Dabei plädierte ich aufgrund der Wiener Verhältnisse auch für „Mut zum hatscherten Gang“.

Seit 10. September 1984 war Helmut Zilk Bürgermeister. Innerparteilich hatte er gegen Erwin Lanc gesiegt. In seiner Antrittsrede sprach er über seine Liebe zu Wien und zu den Wienern und versprach eine Politik der ausgestreckten Hand. Später sagte er, dass er die ausgestreckte Hand auch zum Grapschen von Ideen anderer benütze. So ging er von der sozialistischen Stadterweiterungspolitik zu der von der ÖVP vertretenen Stadterneuerungspolitik über.

Ein Duumvirat beherrschte von nun an die Stadt. Zilk war Bürgermeister, Hans Mayr Parteiobmann und Finanzstadtrat. Zilk war Volkstribun, Mayr mehr Parteimann, auch mehr Parteimann als Erhard Busek. Zilk war der unruhige Event-Medienmann vor dem ruhigen Parteimann Mayr. Was Busek versucht hatte, nämlich sowohl Volk als auch Partei zu führen, gelang mit dem Duumvirat Zilk-Mayr. Es war eigentlich ein Triumvirat, gegen das Busek kämpfen musste, denn er hatte auch die ‚Kronen-Zeitung‘ und dreren Herausgeber gegen sich. Gegen das Triumvirat Dichand-Mayr-Zilk hatte Busek – wie man in Wien sagt – „keinen Auftrag“.

Nachdem der Eiserne Vorhang gefallen war, intensivierte Helmut Zilk die Stadtaußenpolitik. Diese war eine Erfindung Erhard Buseks gewesen, entwickelte sich aber wie die Wissenschaftspolitik erst später konzeptionell und systematisch, indem sie von der Wiener SPÖ aufgenommen und von der Stadt finanziert wurde. Im Übrigen befürchtete Zilk, dass hunderttausende Russen nach Wien kommen könnten – er sprach von 300.000 – aber die Migranten kamen von ganz woanders. Der Zerfall Jugoslawiens brachte uns neue Mitbürgerinnen und Mitbürger in großer Zahl.

Im Gedenkjahr 1988 war Zilk besonders engagiert, um die seit Kurt Waldheim darniederliegenden israelisch-österreichischen Beziehungen wieder zu ‚normalisieren‘. Er flog zum Bürgermeister von Jerusalem Teddy Kollek. Es entstand eine typische Männerfreundschaft und in Wien fanden viele Veranstaltungen statt, die zur ‚Normalisierung‘ beitrugen. Dafür muss man ihm dankbar sein.

Zilk war kein Mann von Konzepten, sondern von Konkretem. Die Konkretisierung und Personalisierung der Politik beherrschte er im Allgemeinen und das Eventmanagement, die ‚Spektakelpolitik‘ im Besonderen. Kritiker sprachen von ‚Konfettipolitik‘, da er sich überall einmischte und überall mitmischte. Er nutzte die ihm nach der Verfassung zustehenden Kompetenzen voll aus. Im Übrigen konnte er Humanist und Populist gleichzeitig sein. Er war sein bester persönlicher Showmaster. Busek war ihm gegenüber sehr distanziert. Jörg Mauthe mochte Zilk überhaupt nicht. Er sei beherrscht von persönlicher Eitelkeit und Eifersucht. „Er will sich keinesfalls irgendwo und irgendwie übergangen fühlen, das ist seine Hauptsorge." Er sei nur begrenzt interessiert an den Problemen der Stadt und ihrer Zukunft. Bezeichnend für Mauthes Einschätzung war seine Beschreibung einer Besprechung zwischen Wiener Spitzenpolitikern über das visionäre Projekt der Donau und ihrer Stadtteile. Der einzig wesentliche Beitrag zu dieser Besprechung sei sein Verlangen gewesen „hinfort vom Pressedienst der Wiener ÖVP nicht mehr persönlich angegangen zu werden".

Für Erhard Busek übernahm ich über sein Ersuchen viele Kontaktleistungen, so auch mit Oppositionellen. Mit den Freiheitlichen Erwin Hirnschall und Rainer Pawkowicz hatte ich schon längst Kontakt. Besonders sympathisch waren mir die Grünen, denen ich viele Informationen gab. Christoph Chorherr hatte ich schon in der Volkspartei kennengelernt, Madeleine Petrovic aus mancher Diskussion und Sonja Puntscher-Rieckmann als Politologin. Mit dem kommunistischen Parteivorsitzenden Walter Silbermaier führte ich Gespräche über die Zukunft Wiens und der KPÖ in Wien. Er hatte eine sehr realistische Sicht.

Erhard Busek ersuchte mich besonders, in Verbindung mit Volksgruppen, Minderheiten und Ausländerorganisationen zu treten. Da ich lange Zeit Vertrauensdozent für ausländische Studierende gewesen war, hatte ich manche derartigen Kontakte. Integration war mir als Politiker ein besonderes Anliegen und wäre ich länger in der Politik geblieben, wäre ich ‚Vertrauensmandatar' für Migranten geworden. Aber manchen in der ÖVP war mein Eintreten für Migranten zu nachdrücklich. Ich war schon früh ausdrücklich dafür, Ausländern mit fünfjährigem Wohnsitz und Arbeitsplatz in Wien die Staatsbürgerschaft zu verleihen.

Als Erhard Busek bei der Gemeinderatswahl 1987 nicht so erfolgreich war, wie wir erwartet hatten, schien er einige Zeit wie betäubt zu sein. Das lähmte auch die Wiener ÖVP. Das Wahlergebnis von 30 Mandaten für die ÖVP (SPÖ 62, FPÖ 8) war unter anderem dadurch bedingt, dass ab 1986 die ÖVP nach über 15 Jahren Opposition auf Bundesebene wieder in der Bundesregierung vertreten war. Daher war die Opposition der ÖVP in Wien nicht mehr so glaubwürdig wie früher.

Erhard Busek Glück war es, dass Josef Riegler Vizekanzler wurde und er als Wissenschaftsminister in die Bundesregierung wechseln konnte. Diese Funktion hätte er schon 1987 übernehmen sollen, aber Mock lehnte dies ab. Als Wissenschaftsminister war Busek der richtige Mann, zur richtigen Zeit am richtigen Platz. Seine Politik machte Universitätsgeschichte.

Busek brachte in seinen Darstellungen immer etwas Großes und Ganzes mit. So brachte er bei den Diskussionen über Stadt und Land, Stadt und Staat wie ein neuer Georg Jellinek die Geschichte und die Gesellschaft ein, beim Wiener Wald wie ein Jacquin und ein Joseph II. Ich habe von ihm gelernt, bei allen Fragen und Problemen Geschichte und Gesellschaft mit einzubringen. Er konnte im Kleinen große Ideen entwickeln. In seinem Buch ,Wien – Ein bürgerliches Credo‘ (1978) hat er verschiedenen Adressen der Stadt sein Augenmerk geschenkt und daran orientiert neue Ideen entwickelt. Im letzten Kapitel ,Die Ankunft der Stadt‘, 18. Bezirk Utopiaweg, preist er die Stadt als „das höchste Kunstwerk des Menschen." Er hat die Zukunft der westlichen Welt mit Daniel Bell „in der Rückkehr einer religiösen Konzeption" gesehen. Ich habe ihn einen ,grünen Lueger‘ genannt. Erhard Busek war aber im Gegensatz zu Lueger nie ein Antisemit. Im Gegenteil: Er war Philosemit. Er lebte nach dem Motto: Edel sei der Mensch, hilfreich und gut. Ohne dass er es wusste oder bewusst anstrebte, wurde er Beispiel und Vorbild. Er hatte viel Selbsterkenntnis und aus dieser Selbsterkenntnis floss die Ironie, die ihn immer begleitete.

Wenn er etwas anfing, kam er oft vom Hundertsten ins Tausendste. So zum Beispiel bei einer Diskussion über Grätzel, über kleine Lebensorte, da kam er zur Stadt in der Antike, im Mittelalter und in der Neuzeit, zur Großstadt und schließlich zur Weltstadt. Er hatte viel für das Grätzel übrig, dort vor allem wollte er Partizipation, Demokratie, aber erkannte auch die Gefahr des Dorfes in der Stadt. Das Grätzel könnte zur Enge führen, zum Ausschließen der anderen und neuen. Ich propagierte gerne: „Von der Gratz-Demokratie zur Grätzel-Demokratie." Aber die Integration von Ausländern in einem Grätzel war mir auch als Problem bewusst und ich hatte es sogar selbst erlebt, schon als Kind, wenn die von den Tschechen vertriebenen Sudetendeutschen im 4. Bezirk in einem Grätzel ,ankommen‘ wollten. Es gelang, aber ohne Hilfe der katholischen Kirche wäre es nicht geschehen.

Die wienerische Lässigkeit und ,Letschertheit‘, die passive Gemütlichkeit, das Sich- gehen-Lassen, das Alles-stehen-Lassen, das Alles-laufen-Lassen, das war Busek fremd. Er konnte begeistert sein und kritisierte die Wiener für ihren Mangel an Begeisterung, aber noch mehr für ihre falsche Begeisterung für falsche Ideen und Ideale, wie der Heldenplatz 1938 es gezeigt hatte. Die Erziehung zu Menschenrechten und zur Demokratie war ihm ein großes Anliegen und er bedauerte es, als Minister zu wenig Zeit dafür aufgewendet zu haben.

Busek diskutierte mit mir schon die Realität einer friedlich kooperierenden Welt in Marktwirtschaft und Demokratie auf der globalen Basis der Menschenrechte. Aber er war auch skeptisch. Heute ist der Traum einer solchen multipolaren Welt ausgeträumt. Eine binäre Konstellation setzt sich durch. Autokratien stehen gegen Demokratien. Der Ukraine-Krieg hat Europa gleichzeitig mit den globalen Änderungen verändert. Busek hat diese

Änderungen noch erlebt und ist dann gestorben, ich möchte sagen, er ist daran gestorben. An seinen Idealen zu Grunde gehen, das heißt lebensfähig sein, sagte Peter Altenberg. Unsere Ideale weiter zu leben, zu hegen und zu pflegen, ist unsere Aufgabe, ja unser Schicksal. Alle müssen lernen, die Unterschiede zu managen, vor allem aber China und die USA. Diese beiden kompetitiv ko-existierenden Weltmächte sind verantwortlich, nicht nur für das Überleben der Menschheit, sondern auch für das der Natur. Aber wir können und sollen unseren Beitrag leisten. Denken wir an Erhard Busek.

Herwig Hösele

Der facettenreiche Homo austriacus

Wer war Erhard Busek? Wiener, Österreicher, Mitteleuropäer, Europäer, Weltbürger, liberaler Katholik, kunstsinniger Intellektueller, unruhiger Geist, begnadeter und pointierter Formulierer. Ja, er war all das und viel mehr, so wie große Persönlichkeiten es an sich haben, nicht eindimensional mit einer bestimmten Identität erklärt und auch abgestempelt werden zu können.

Ich werde mich bemühen, in der Folge einige spezielle Aspekte dieser Persönlichkeit, die mich von der ersten Begegnung vor über 50 Jahren an faszinierte, in Bezug auf Wien, Österreich und (Mittel-)Europa sowie Österreichische Volkspartei zu beleuchten.

Erstmals erlebte ich Erhard Busek 1970 bei einer Diskussion in einem dem Europäischen Forum Alpbach vorgeschalteten Gymnasiastenseminar im malerischen Tiroler Bergdorf, zu dem er von Kindheit an ein besonderes Verhältnis hatte. Busek war damals Vizegeneralsekretär der mächtigen ÖVP-Teilorganisation Wirtschaftsbund und wurde bereits als große politische Begabung und Zukunftshoffnung der im März 1970 auf Bundesebene schwer geschlagenen Österreichischen Volkspartei gehandelt, die damals nicht nur erstmals seit 1945 den Bundeskanzler, sondern auch die Regierungsbeteiligung verlor und vom Wähler und Wahlsieger Bruno Kreisky in Opposition geschickt wurde.

Achse Wien – Steiermark: Erhard Busek – Josef Krainer II

In den 1970er-Jahren wurden die Kontakte enger. Erhard Busek kam oft in die Steiermark, es war insbesondere seine Freundschaft zu Josef Krainer II, die ihn mit diesem Bundesland verband. Krainer II (1930-2016, ÖVP-Spitzenpolitiker seit 1970, Landeshauptmann der Steiermark 1980-1996, sein Vater Josef Krainer I war steirischer Landeshauptmann von 1948-1971) und Busek kannten sich gut aus der Katholischen Jugend, insbesondere der Katholischen Hochschuljugend (KHJ), deren Exponenten sich damals wesentlich liberaler wähnten als die im Österreichischen Cartellverband (ÖCV) engagierten katholischen Studierenden und Akademiker. Der Hochschulseelsorger Karl Strobl und der kunstsinnige wortgewaltige Otto Mauer, Förderer bedeutender zeitgenössischer bildender Künstler und Gründer der ‚Galerie nächst St. Stephan‘ waren geistige Leitfiguren der vom Zweiten Vaticanum geprägten Busek und Krainer. Es gab in den letzten Jahrzehnten des 20. Jahrhunderts wohl so etwas wie eine Konkurrenz der im ÖCV bzw. in der KHJ sozialisierten

29

VP-Spitzenpolitiker. Bekanntlich waren beginnend mit Leopold Figl über Julius Raab, Alfons Gorbach bis hin zu Josef Klaus sämtliche von der ÖVP gestellten Bundeskanzler CVer. Auch die ÖVP-Bundesparteiobmänner der Jahre 1975-1989 Josef Taus und Alois Mock waren CVer. 1989 kam der steirische KHJler Josef Riegler zum Zug, ihm folgten die KHJler Erhard Busek und Wolfgang Schüssel. Auch Franz Fischler ist der KHJ zuzurechnen.

Erhard Busek kam nicht nur zu politischen Veranstaltungen in die Steiermark, sondern oft auch zu kulturellen Events, speziell zum Avantgardefestival ‚Steirischer Herbst'. Und er schrieb originale Texte für Publikationen der Steirischen Volkspartei, wie z. B. 1975 in der Broschüre ‚Die Zukunft hat eine Vergangenheit' über das Spannungsverhältnis Wien-Steiermark, in der es hieß: „Steirisch ist auch die ungeheure Spannung zwischen aggressiver Modernität, etwa in der Kunst, beim ‚Steirischen Herbst' und gewachsenem Konservativismus durch Volkstumspflege und das Fortleben mancher Strömungen, die es in anderen Bundesländern gar nicht mehr gibt."[1]

1975 wurde Erhard Busek nach dem tragischen Unfalltod des ÖVP-Bundesparteiobmannes Karl Schleinzer nicht zuletzt unter kräftiger Mitwirkung seiner steirischen Freunde, insbesondere Josef Krainers II, der als geschäftsführender Landesparteiobmann der Steirer-ÖVP überaus durchsetzungsstark war, an der Seite des neuen Bundesparteiobmannes Josef Taus Generalsekretär der ÖVP.

Dann folgte die Phase der erfolgreichen Wiener Kommunalpolitik Buseks, in der die politische Achse Wien-Steiermark bzw. Busek-Krainer II eine Hochblüte erlebte. Politisch verband beide die Auffassung, dass eine erfolgreiche Volkspartei Breite, Vielfalt und Offenheit braucht. Es gab regelmäßig öffentliche steirisch-Wiener Treffen, sei es bei Heurigen oder in der Hermesvilla in Wien oder in der Steiermark in Roseggers Waldheimat oder im Ausseerland, zu denen die Crème de la Crème des Bürgertums, aber auch zahlreiche Künstler und Journalisten pilgerten. Karl Schwarzenberg, Fritz Molden und Gerd Bacher waren genauso darunter wie mindestens einmal auch Simon Wiesenthal. Die Teilnahme Wiesenthals war Busek auch signalhaft sehr wichtig. Für die österreichische Politik sehr früh, nämlich, als dies parteiübergreifend noch verdrängt wurde, war sich Busek der besonderen historischen Verantwortung Österreichs gegenüber dem Judentum und dessen überragenden Bedeutung für das Kultur- und Geistesleben, aber auch für Wirtschaft und Gesellschaft in Österreich vor allem zwischen den 1860er-Jahren und 1938

---

1 Karl MAITZ et al., *Die Zukunft hat eine Vergangenheit* – 30 Jahre ÖVP Steiermark, 11. Landesparteitag, 12. April 1975 (Graz 1975).

bewusst. Dieses große Erbe war ganz sicher auch ein wesentliches Element des Österreichbildes Erhard Busek, der Antisemitismus und Xenophobie stets entschieden entgegentrat.

Und es gab damals auch viele parallele Entwicklungen in der Steirer-ÖVP und der Wiener ÖVP, wobei Busek immer wieder betont, dass ihn die Steirer inspiriert hätten. So ließ er in Wien die ‚bunten Vögel' flattern, die allerlei kreative und innovative Ideen entwickelten, die sich auch im steirischen ÖVP-Programm ‚Modell Steiermark' und dem Grazer Stadterneuerungskonzept fanden. Das wurde auch regelmäßig bei den internen Treffen debattiert, an denen an Buseks Seite meist der bekennende Freimaurer Jörg Mauthe, Wolfgang Schüssel, Peter Mahringer und Rudolf Bretschneider sowie an Krainers Seite Bernd Schilcher, Helmut Strobl, Gerhard Hirschmann und der Autor dieses Textes teilnahmen.

Auch das Ehepaar, das für das Design der beiden Landesparteien verantwortlich zeichnete, war dasselbe: Georg Schmid und Epi Schlüsselberger.

Speziell für die Trias Österreich, die Österreichische Volkspartei und katholische Kirche, die auch für sein Leben besonders prägend war, galt: Er liebte sie und er litt an ihr.

Österreichs Identität und Aufgabe

Zeit seines politischen Denkens und Lebens trieb Erhard Busek die Frage um, was die Rolle Österreichs in Europa und der Welt sein sollte und was die bestmögliche Konzeption für Österreichs Zukunft sein müsste. Für Busek stand immer außer jeder Diskussion, dass Österreich mit seiner geopolitischen Lage in der Mitte Europas und seiner Geschichte eine besondere Aufgabe, Chance und Verantwortung hat.

Für ihn stand die österreichische Identität nie in Frage – nicht zuletzt deshalb war Erhard stets ein strikter Gegner einer Zusammenarbeit mit der FPÖ, deren ungeklärtes Verhältnis zur österreichischen Nation, deutschnationale Burschenherrlichkeit und antieuropäischen Reflexe er entschieden ablehnte.

Man wird Erhard Busek nicht überinterpretieren, wenn man davon ausgeht, dass er Anton Wildgans ‚Rede über Österreich' geschätzt hat, die dieser aus Anlass des Geburtstages der Republik 1929 in bewusstem Gegensatz zum damals vorherrschenden deutschnationalen Mainstream schrieb.

Anton Wildgans philosophierte darin über den „österreichischen Menschen", der nach „seiner Sprache und ursprünglichen Abstammung zwar Deutscher" sei, aber „durch die Mischung vieler Blute in ihm und durch die geschichtliche Erfahrung weniger eindeutig und [...] dafür aber umso konzilianter, weltmännischer und europäischer"[2] sei. Und natürlich kannte Busek Ernst Karl Winters Denken, der auch als vom autoritär regierenden Bundeskanzler Engelbert Dollfuß ernannter Vizebürgermeister von 1934 bis 1936 mit der ‚Aktion Winter' um eine Versöhnung von Christlichsozialen und Sozialdemokraten und zum gemeinsamen Auftreten gegenüber den Nationalsozialisten warb, mit diesem Ansatz aber scheiterte. Österreichische Identität zeigte sich laut Winter in drei elementaren Formen: „romanisches Erbe, slawischer Einschlag und germanische Überdachung".[3]

Auch im Österreich-Bild der Bundeshymne findet sich Erhard Buseks Denken wieder, ganz besonders auch in den Passagen „liegst dem Erdteil du inmitten […] hast seit frühen Ahnentagen hoher Sendung Last getragen." Mitteleuropa, aber letztlich auch ganz Europa war und ist aus Buseks Sicht Österreichs Sendung. Pionierhaft und visionär engagierte er sich in den frühen 1980er-Jahren für die Dissidenten in der damaligen Tschechoslowakei und vor allem mit den Vordenkern und Vorkämpfern der Solidarność in Polen, zu einer Zeit, in der die sozialdemokratisch geführte Bundesregierung Österreichs und der Gewerkschaftsbund noch die kommunistischen Offiziellen in fataler Fehleinschätzung hofierten und Verbindungen zu Regimekritikern eher als lästige Störung der guten zwischenstaatlichen Beziehungen empfanden.

Václav Havel, Václav Klaus oder Pavel Kohout sind einige der prominentesten tschechischen Namen, mit denen Busek Kontakt hielt, die er mit einer kleinen Gruppe gleichgesinnter Politiker und Journalisten besuchte, für die er Bücher schmuggelte und Unterstützung organisierte – für Polen seien vor allem katholische Intellektuelle wie Władysław Bartoszewski, Józef Tischner und Tadeusz Mazowiecki mit Schwerpunkt im Raum Krakau, also dem altösterreichischen Galizien, genannt. Bartoszewski, Havel, Klaus und Mazowiecki wurden bekanntlich als Staatspräsidenten, Premierminister, Außen- und Finanzminis-ter führende Persönlichkeiten der ersten demokratisch legitimierten Staatsführungen nach dem Fall der kommunistischen Diktaturen 1989f.

Auch die steirischen Freunde Buseks leisteten einen Beitrag vor allem für die Solidarność. Tonnenweise wurden, organisiert hauptsächlich vom steirischen

---

2   Anton WILDGANS, *Rede über Österreich* [http://www.antonwildgans.at/page87.html; abgerufen am 18.01.2023].

3   Zit. nach Helga Maria WOLF, *Ernst Karl Winter:* Die Geschichte des österreichischen Volkes. In: Austria-Forum [https://austria-forum.org/af/Kunst_und_Kultur/B%C3%BCcher/B%C3%BCcher_%C3%BCber_%C3%96sterreich_2018/Winter_-_%C3%96sterreichisches_Volk: abgerufen am 18.01.2023].

Agrarlandesrat und KHJler Hermann Schaller, landwirtschaftliche Güter und Geräte in die Region rund um Krakau gebracht. Auch der mittlerweile zum Landeshauptmann gewählte Krainer II reiste einmal mit einer solchen Delegation nach Polen und setzte sich insbesondere im Rahmen der regionalen Außenpolitik und der von ihm wesentlich mitgestalteten ARGE Alpen-Adria für das Streben der damals noch in Jugoslawien ‚gefangenen' Slowenen und Kroaten nach Demokratie, Selbstbestimmung und Eigenstaatlichkeit ein.

1990 wurde anlässlich des 60. Geburtstages von Josef Krainer II in Stainz ein Symposium abgehalten, das sich mit der neuen Architektur Europas auseinandersetzte, nachdem das Annus mirabilis 1989 den Fall der kommunistischen Diktaturen und den Weg zur deutschen Einheit gebracht hatte. Der Grazer Verfassungrechtler und Politikwissenschaftler Wolfgang Mantl, Gerd Bacher, Erhard Busek, Karl Schwarzenberg und Josef Taus waren die Motoren des Treffens und der damit verbundenen Schriften. Viele von Krainers und vor allem Buseks politischen Freunden kamen, die mittlerweile bereits zentrale politische Funktionen in den neuen Demokratien einnahmen. So u. a. Władysław Bartoszewski, der stellvertretende slowakische Ministerpräsident Ján Čarnogurský, der slowenische Ministerpräsident Lojze Peterle, der erste freigewählte Abgeordnete Ungarns, Gabor Roszik, Karl Schwarzenberg und der polnische Parlamentspräsident Andrzej Stelmachowski.

Busek gab wie alle anderen ein Statement ab, seines war besonders programmatisch für den Anspruch an Österreich und Mitteleuropa, wobei er ausführte:

„Wir haben in der Mitte Europas die Chance und die Aufgabenstellung, ein politisches System zu finden, aus den *Betriebsunfällen* der Geschichte mit zwei Weltkriegen, Genoziden und ähnlichem mehr ein neues System zu entwickeln, wie wir gleichberechtigt nebeneinander leben können. Was hier als *Kulturell-Geistiges* gesagt wurde, sollte eigentlich der Antrieb sein. Wo und in welcher Landschaft, wenn nicht in der Mitte Europas, gibt es eine solche Unterschiedlichkeit an Sprachen, eine solche Unterschiedlichkeit an kulturellen Ausdrucksformen in einer Gemeinsamkeit und der Verschiedenheit und schließlich auch eine solche Sammlung an Begabungen, wie sie in der Geschichte und ich glaube auch in der Gegenwart wirksam werden?

Wir können zum Schluss des Jahrhunderts vielleicht das wiedergewinnen, was wir am Beginn des Jahrhunderts verloren haben. Nicht als nostalgisches Konzept, sondern in der Form der Gleichberechtigung."[4]

---

4   Privatarchiv des Autors.

Es wurde in Stainz auch eine Erklärung beschlossen, die ein Europa der Werte, der Subsidiarität und Regionen betonte.

Die Kooperation Buseks mit Krainer und den Steirern hatte überdies einen für den Mitteleuropa-Gedanken sehr wesentlichen Aspekt. Aus Wiener Perspektive fokussierte man sich meist auf die Tschechoslowakei, Polen, Ungarn und den Donauraum, während die Länder des Westbalkans zunächst eher vernachlässigt wurden. Da waren für die Bewusstseinsbildung die steirischen Initiativen besonders bedeutsam. Slowenien und Kroatien erklärten sich im Juni 1991 als von Jugoslawien unabhängig – und am Tag, als Erhard Busek in einer Kampfabstimmung gegen Bernhard Görg zum ÖVP-Bundesparteiobmann gewählt wurde, brach ein kurzer, aber heftiger Krieg an der österreichischen Südgrenze aus, weil die jugoslawische Bundesarmee das Selbstbestimmungsrecht der Slowenen und Kroaten gewaltsam unterdrücken wollte. Krainer eilte unmittelbar vom Parteitag, der auch verkürzt wurde, an die Grenze. Busek, Krainer und ganz besonders hervorzuheben vor allem auch Außenminister Alois Mock warben intensiv für die Anerkennung der Unabhängigkeit Kroatiens und Sloweniens durch die europäische Staatengemeinschaft, was schließlich auch erfolgte. Eine Befriedung des Westbalkans mit einer europäischen Perspektive hingegen war und ist ein langwieriger Prozess.

Busek war aber auch klar, dass Österreichs europäische Verantwortung sich nicht auf Mitteleuropa beschränkt. Er warb daher sehr offensiv gemeinsam mit Alois Mock für den EU-Beitritt Österreichs und eine möglichst enge europäische Zusammenarbeit.

Kurz nach Österreichs EU-Beitritt am 1. Jänner 1995 legte Erhard Busek seine Funktion als ÖVP-Bundesparteiobmann und Vizekanzler nieder. In der Logik seines Denkens lag es, dass er noch im selben Jahr Vorstandsvorsitzender des Instituts für den Donauraum und Mitteleuropa und bald darauf Präsident des Europäischen Forums Alpbach wurde, beides Funktionen, die er bis zu seinem Tod – für Alpbach zuletzt als Ehrenpräsident – mit viel Esprit und Herzblut ausübte. Seine hohe Expertise brachte ihm auch zahlreiche Aufgaben seitens der EU und der Bundesregierung bezüglich Südosteuropa und Westbalkan ein.

Zwischenzeitig ergab sich ein weiterer Anknüpfungspunkt zur Steiermark: Erhard Busek übernahm einen Jean-Monnet-Lehrstuhl an der Grazer Karl-Franzens-Universität, wo er insbesondere vom Verfassungsrechtler und Politikwissenschaftler Klaus Poier und von Manuel Neubauer serviciert wurde, die beide führend im Club Alpbach Steiermark tätig sind. Das nach dem pionierhaften europäischen Vordenker Jean Monnet benannte Programm ist eine Initiative der Europäischen Union, um Lehre, Forschung und Reflexion zur europäischen Integration an den europäischen Hochschulen zu fördern.

Prozess ‚Österreich 22'

Als der damalige Vorsitzende der Landeshauptleutekonferenz Hermann Schützenhöfer im Herbst 2016 österreichische Persönlichkeiten aus Wirtschaft, Wissenschaft, Zivilgesellschaft, Kunst, Medien und Kultur angesichts der zunehmenden Unzufriedenheit über den damals gefühlten Stillstand einer zukunftsvergessenen sich gegenseitig blockierenden Politik zur ersten Konferenz ‚Österreich 22 – Überlegungen zur Zukunft unserer Republik' einlud, war Erhard Busek eigentlich logischerweise sofort dabei. Insgesamt gab es drei Konferenzen dieses Prozessformats – 2016, 2018 und 2021 – und Busek bereicherte die Konferenzen und Begleitpublikationen mit pointierten und klugen Beiträgen. So formulierte er 2018:

> „Wo liegt Österreich? Die letzte 100 Jahre hatten es in sich für unser Land. Aus der Donaumonarchie wurde ein kleiner Staat, der das Problem hatte, nicht zu wissen, wohin er eigentlich gehört. Es war der Nationalismus des 19. Jahrhunderts, der uns bis zur Selbstaufgabe hin- und hergerissen hat und letztlich dazu führte, dass wir über unsere Identität nicht Bescheid wussten. Die Lehren des Zweiten Weltkrieges haben dazu geführt, dass wir zwar an die Selbstständigkeit Österreichs glauben, aber trotz einem mit Zweidrittelmehrheit bestätigten Beitritt zur Europäischen Union immer noch Schwierigkeiten haben, zu begreifen, was eben dieses Europa ausmacht. Es ist zwar die Rede von einem Narrativ von Europa und Ähnlichem, aber ob wir zum Osten, Westen, Norden oder Süden gehören, ist letztlich nicht ganz klar. Es ist die entscheidende Frage, Mitteleuropa zu begreifen, weil das darüber wieder zur Herausforderung führt, wie stabil dieses Europa ist. Warum? Erweiterung, Wanderungsbewegungen, Sicherheitsfragen, wirtschaftliche Verflechtungen etc. sind der Katalog der Herausforderungen, denen wir uns stellen müssen. Die Frage ist allerdings, ob wir bereit sind, uns dem zu stellen."[5]

Bereits 2016 hatte er bei ‚Österreich22' festgestellt und eindringlich ein Umdenken gefordert:

> „Es ist inzwischen eine Binsenweisheit, dass wir uns in einem ungeheuren Umbruch befinden. Das gilt nicht nur für wissenschaftliche und wirtschaftliche Bereiche, sondern auch im politischen Klima. Vor allem in Europa, aber auch in der übrigen Welt.

---

5   Österreich 22, *2018* – Erhard Busek [online: https://www.oesterreich22.at/2018-erhard-busek/; abgerufen am 31.01.2023].

Manche meinen sogar, dass wir am Beginn des Dritten Weltkrieges stehen. Jedenfalls ist unser Talent, Frieden und gedeihliches Zusammenwirken zu erzielen, inzwischen sehr bescheiden geworden. Das verlangt ein Umdenken, wobei viele Bereiche, nicht nur die Politik, ständig in Schablonen arbeiten, die offensichtlich der heutigen Wirklichkeit nicht mehr entsprechen. […]

Die entscheidende Frage ist, wie wir uns selbst überschreiten, nämlich von den Formeln und eintrainierten Verhaltensweisen abzugehen, um neue Horizonte zu erschließen."[6]

Gleichzeitig ktitisierte er die weitverbreitete Untertanenmentalität:

„Jahrzehntelang hat man in Österreich über den Obrigkeitsstaat gejammert und tausend Programme dagegen erfunden. Der Obrigkeitsstaat hat sich diese Kritik selber zu Herzen genommen und sein Erscheinungsbild gewandelt: Er ist vom mürrischen Vater zur lieben Kindergartentante oder zur reschen Krankenschwester geworden und hat dadurch nur erreicht, dass die ehemals gegen den Vater aufbegehrenden zornigen Söhne und Töchter sich in brave, betreuungswillige Tschapperln verwandelt haben, die ganz überzeugt davon sind, dass man es gut meint mit ihnen."[7]

Sätze, die angesichts der Corona-, Energiekosten- und Inflationsausgleichsmilliarden aktueller denn je klingen. 2018 wandte er sich bei ‚Österreich22' vor allem dem Europathema zu:

„Die entscheidende Frage für Europa ist, ob es die Herausforderung seiner Zukunft begreift. Wir Europäer sind nur mehr sieben Prozent der Weltbevölkerung – mit der Perspektive, sehr bald nur mehr vier Prozent zu sein, wirtschaftlich zwar noch über 20 Prozent der Ergebnisse zu produzieren, aber immerhin 50 Prozent des Wohlstandes für uns in Anspruch zu nehmen. Es gibt eigentlich in Europa keine globale Perspektive, auch nicht ein Konzept, in welcher Weise wir im globalen Kontext in Wirklichkeit in Erscheinung treten wollen. Wobei ich wiederholt anmerke, dass etwa die Kultur ein entscheidender Ansatzpunkt wäre – mehr aber noch die Bildung Die Bildung aber ist kein Kompetenztatbestand der Europäischen Union, doch ohne sie wird es nicht gehen, die Zukunft zu bewältigen."[8]

---

6   Österreich 22, *2016* – Allgemein: Erhard Busek [online: https://www.oesterreich22.at/allgemein-erhard-busek/; abgerufen am 31.01.2023].

7   Erhard BUSEK, *Gibt es europäische Werte?* In: *Österreich* 22 – Die Zukunft unserer Republik (Graz 2017), S. 22-24, hier S. 24.

8   Ds., *Das fehlende Konzept.* In: *Österreich 22* – Neue Impulse zur Zukunft unserer Republik (Graz 2019), S. 20.

Um für ‚Österreich22' im Jahr 2021 trotz des durch damals bereits eineinhalb Jahre Pandemie schon stark grassierenden Pessimismus zu Zuversicht aufzurufen und zu konstatieren: „Kein Grund für ein Untergangsszenario, denn *Österreich* lebt immer noch gut und Europa hat alle Voraussetzungen, das zu bewältigen, wenn – ja, wenn wir wollen."[9]

Ja, das war geradezu vermächtnishaft fordernd das Denken des unruhigen, kritischen und überzeugten Österreichers und Europäers, des intellektuellen weltoffenen Patrioten, des facettenreichen Homo austriacus Erhard Busek. Mir ist noch in bester Erinnerung, dass er zahlreiche seiner Reden und Artikel mit dem Zitat des Titels des zentralen Werks des deutsch-österreichischen Nationalökonomen Philip Wilhelm von Hornick (1640-1714) schloss: „Österreich über alles, wann es nur will." Denn es ist, um mit Franz Grillparzer im berühmten Monolog des steirischen Edelmanns und Dichters Ottokar von Horneck in ‚König Ottokars Glück und Ende' zu sprechen „ein gutes Land, wohl wert, dass sich ein Fürst sein unterwinde".

9   Österreich *22, 2021* – Erhard Busek [online: https://www.oesterreich22.at/2021-erhard-busek/; abgerufen am 31.01.2022].

Paul Lendvai

Erhard Busek,
Schrittmacher und Vordenker Mitteleuropas

Am 10. März organisierte ‚Der Standard' eine Videodiskussion über den knapp vorher entfesselten Angriffskrieg Russlands gegen die Ukraine , unter anderen mit Erhard Busek und mir. Drei Tage später starb Erhard, nachdem er noch am Abend seines Todes mit seiner Frau Helga ein Benefizkonzert für die Ukraine in St. Pölten besucht hatte. Symbolträchtige Beweise dafür, dass Erhard Busek bis an das Ende seines Lebens mit Mittel- und Osteuropa verbunden war. Nicht nur bei der einstündigen Videodiskussion, sondern schon nach der Annexion der Krim sah er im Gegensatz zu manchen österreichischen Politikern die Gefahren voraus:

> „Die Ereignisse um die Ukraine, insbesondere die Krim, haben gezeigt, dass die uns so angenehme gewordene Stabilität rasch abhanden kommen kann. Noch wissen wir nicht, ob das bleibend der Fall sein wird. Im Kreml sitzt jemand, der entschlossen ist, die alte Größe des Zarenreiches bzw. der Sowjetunion wieder aufleben zu lassen, während die Europäische Union zwischen Eindämmung von Aggression, Einflusserweiterung im Osten und Angst um die eigenen wirtschaftlichen Möglichkeiten hin- und hergerissen ist. An der weiteren Entwicklung wird sich entscheiden, ob ein gemeinsames Europa nach freiem Willen und eine weitere europäische Integration möglich sein werden oder ob wir wieder auf eine Zweiteilung zugehen. Wird die Einstellung, dass Europas ‚soft power' bevorzugt, halten? Zwingen uns die Umstände, von dem interessanten Bild Abstand zu nehmen, dass die USA als Mars sieht, während Europa die Venus darstellt? Zumindest das Denken in Alternativen ist notwendig, wobei wir um eine Einstellungsänderung nicht herumkommen. Damit ist aber auch eine Frage an die politische Führung unseres Landes und in der EU verbunden, ob sie die Kraft hat, in diese Richtung zu führen und unangenehme Wahrheiten auch auszusprechen."[1]

Dass er weiter geblickt und die Gefahren früher erkannt hat als alle österreichischen Politiker, hatte sich schon fast vier Jahrzehnte früher abgezeichnet. Es war eines der Glücksfälle meines Lebens, dass ich von Anfang an seine Zuwendung zu Mitteleuropa mitverfolgen, beschreiben und auch beeinflussen konnte. Ich habe ihn als Wiener Korrespondent der ‚Financial Times' bereits in den späten 1960er-Jahren kennengelernt. Er wurde im Laufe der

---

1   Erhard BUSEK, *Lebensbilder* (Wien 2014), S. 224.

Jahre zu einem engen Freund. Für ihn gilt, vielleicht mehr als für jeden anderen mir bekannten Politiker, Nietzsches Feststellung: „Wer viel denkt, eignet sich nicht zum Parteimann; er denkt sich zu bald durch die Partei hindurch."[2] Es war deshalb fast ein Wunder, dass dieser Mann über seine eigene Partei hinaus auf der kleinen Bühne der österreichischen Politik reüssierte. Wenn er auch sogar zum Parteichef und Vizekanzler (1991-1995) aufstieg, so drückte er doch vor allem als Wiener ÖVP-Obmann und Vizebürgermeister in Wien (1978-1987) dem intellektuellen Klima in dieser Stadt einen bis heute unauslöschlichen Stempel auf. Auch während der sechs Jahre als Minister für Wissenschaft und Forschung bzw. Unterricht und kulturelle Angelegenheiten verlieh Busek der Rolle Österreichs in Mitteleuropa und im Donauraum ein unverwechselbares Gepräge. In seiner Wohnung in der Wohllebengasse haben Busek und seine Frau Helga in den 1980er-Jahren unzählige eindrucksvolle Persönlichkeiten wie den genialen Denker Leszek Kołakowski und den Montenegriner Rebellen Milovan Đilas, die späteren Staatspräsidenten Kroatiens und Ungarns, Franjo Tuđman und Árpád Göncz, mit österreichischen Journalisten und Kulturschaffenden bekannt gemacht. Wer könnte seinen in der österreichischen Politik einzigartigen Beitrag zur Befreiung der Menschen östlich der Elbe vergessen?

Erhard Busek war ein Mensch mit außerordentlichen Fähigkeiten als intellektueller Netzwerker und ein für das Neue stets aufgeschlossener Denker. In und außerhalb seiner Heimat ist Busek stets ein unermüdlicher Warner vor fremdenfeindlichen und antisemitischen Tendenzen gewesen. Bis zu seinem Tod im März 2022 versprühte der frühere Koordinator des Stabilitätspaktes für Südosteuropa (2002-2008), Vorsitzende (seit 1995) des Instituts für den Donauraum und Mitteleuropa und Organisator zahlreicher kultureller Veranstaltungen ungebrochene Staunensfähigkeit und Standfestigkeit. Auch seine anregenden Bücher über Österreich und den Donauraum darf man nicht übersehen.

Unsere immer enger gewordene Zusammemnarbeit und spätere Freundschaft hing mit der Gründung der Vierteljahreszeitschrift ‚Europäische Rundschau' im Jahre 1973 zusammen. Neben Josef Taus und Heinz Fischer gehörte er fast vom Anfang an zum Herausgeberkomitee der Zeitschrift. Kein österreichischer Politiker hat so viele und so kenntnisreiche Aufsätze für unsere Zeitschrift geschrieben wie Erhard. Und nicht nur das: Er war immer bereit, Mäzene für uns zu suchen und zu finden. Ich hatte auch viele persönliche

---

2 Friedrich NIETZSCHE, *Menschliches, Allzumenschliches* (München 1994), S. 270.

Gründe, ihm dankbar zu sein. Als Wissenschaftsminister sorgte er für die Finanzierung vieler Jahrgänge einer ungarischen Ausgabe der ‚Europäischen Rundschau'. Unabhängig von seiner jeweiligen Position war er immer sofort bereit gewesen, aus aktuellem Anlass meiner Bitte um einen Artikel nachzukommen. „Wie lang und bis wann?", so lautete nur seine Frage. Er war der einzige Mitarbeiter und Herausgeber, der uns aus seiner eigenen Tasche von sich aus in unserer schwierigen Endphase mehrere Tausend Euro überwiesen hat. In einer so oft von Kleinmut und Hybris geprägten Gesellschaft war Erhard Busek auch menschlich eine Ausnahmeerscheinung.

Als man mich aus Ungarn nach meinem ersten Buch über die besorgniserregende Entwicklung unter dem Orbán-Regime[3] scharf und diffamierend angegriffen hat, nahm Busek sofort zwei Mal Stellung: einmal mit einer Erklärung an die ungarische Nachrichtenagentur MTI und einmal mit einem langen Gastkommentar in der Zeitung ‚Die Presse'. Ich möchte hier nur einige Absätze zitieren, die auch zeigen, dass Busek schon damals – unabhängig von meiner Person – die sich abzeichnenden Gefahren für die Demokratie klarer gesehen hatte, als die meisten europäischen Politiker:

„Man wirft Lendvai mit seinen kritischen Einschätzungen zu seinem Geburtsland vor, quasi ein Vaterlandsverräter zu sein, Nestbeschmutzer und was es sonst noch an charmanten Vokabeln gibt. Rückgriffe auf die Vergangenheit aber sind nie sehr sinnvoll, um eine Strategie für die Zukunft zu entwickeln, die die ungarische Regierung ebenso wie die ungarische Gesellschaft braucht.

Österreich hat traditionell eine besondere Bindung an Ungarn. Eigentlich sollten unsere Nachbarn Menschen wie Lendvai nutzen und nicht diskreditieren. Dialog wäre gescheiter als Kampagnen, denn das nährt Verdachtsmomente, von denen wir gar nicht reden wollen. Wer wie Lendvai auf ein langes Leben zurückblickt, ist hinreichend ausgewiesen mit einer Einstellung zur Demokratie, die andere erst erbringen müssen.

Die Gefahr zieht zweifellos herauf, dass man wieder anfängt, Bücher zu verbrennen. Man sollte sich an das Geschehen in den totalitären Systemen vergangener Zeiten erinnern, die auch immer als erstes den Geist und die Kritik gebannt haben. Gerade angesichts der traditionell emotionalen Bindung, die Österreich zu Ungarn hat, ist hier besondere Aufmerksamkeit geboten.

Es kann nicht unsere Aufgabe sein, uns in die inneren Verhältnisse Ungarns einzumischen. Es muss aber unsere Aufgabe sein, einen guten Stil und Inhalt von Diskussionen in Europa über Europa durchzuführen – erst recht, wenn es um Demokratie geht. Ich bin überzeugt, dass es sehr viele Menschen in Ungarn gibt, die diese Einstellung

---

3 Paul LENDVAI, *Mein verspieltes Land* – Ungarn im Umbruch (Salzburg 2010). Das Buch erschien auch in Ungarn, der Slowakei, England und den USA.

teilen und wissen, dass niemandem mit einer Verurteilung des Geistes gedient ist. Hoffentlich ist auch die gegenwärtig in Durchführung befindliche Rundfunkreform in Ungarn nicht ein Zeichen, dass man die Stimme des Geistes zum Schweigen bringen will!"[4]

Buseks Stimme hat bereits während des Kommunismus und erst recht nach dem Umbruch in Mittel- und Osteuropa mehr Gewicht gehabt als die der sogenannten ‚Protokollpolitiker‘, die ohne Kenntnis der Länder dort Blitzbesuche abstatteten. Als ich aus Warschau und Moskau ‚Club 2‘-Sendungen im ORF geleitet habe, war Busek ebenso dabei, wie bei anderen Sendungen im ‚Oststudio‘ (seit 2000 als ‚Europastudio‘). Zugleich organisierte er besondere Reisen mit ausgewählten Journalisten in allen ‚Ostblockländern‘ und in Jugoslawien.[5] Er hatte bereits 1986 das Buch ‚Projekt Mitteleuropa‘ (mit Emil Brix) verfasst und 1997 im Band ‚Mitteleuropa – eine Spurensicherung‘ 22 Architekten des neuen Europas beschrieben. Einer dieser Persönlichkeiten, Karel Schwarzenberg, der 2007 bis 2009 und 2010 bis 2013 als tschechischer Außenminister eine bedeutende internationale Rolle gespielt hat, beschrieb Busek als „damals den einzigen Politiker, dem bewusst war, dass Österreich Nachbarn nicht nur im Westen, sondern auch im Osten hatte."[6]

In und außerhalb seiner Heimat ist Busek stets ein unermüdlicher Warner vor fremdenfeindlichen und antisemitischen Tendenzen gewesen. Sowohl während der sechs Jahre seiner Ministerschaft (für Wissenschaft und Forschung bzw. Unterricht und kulturelle Angelegenheiten) als auch an der Spitze des von ihm geleiteten Instituts für den Donauraum und Mitteleuropa verlieh Busek der Rolle Österreichs in Mitteleuropa und im Donauraum ein eigenes unverwechselbares Gepräge.

Es ist eigentlich unglaublich, dass Erhard Busek immer der Ruf anhing, ein gescheiterter ÖVP-Obmann zu sein. Zuerst hatte er in Wien bisher unwiederholbare Erfolge bei den Landtagswahlen 1978 und 1983 erreicht, zuletzt mit einem Stimmenanteil von fast 35 Prozent und 37 Landtagsabgeordneten. Die Erfindung von Bürgerinitiativen außerhalb der traditionellen Parteiorganisation und die Förderung der ‚bunten Vögel‘ wie zum Beispiel des parteiunabhängigen Schriftstellers und Kulturpolitikers Jörg Mauthe, der Stadtrat und Landtagsabgeordneter wurde, zusammen mit Buseks unorthodoxen Ideen stießen an der Parteibasis zunehmend auf Widerstand. Die Ernennung

---

4   Erhard BUSEK, *Gibt es wieder Staatsfeinde?* In: Die Presse, 16.12.2010.
5   Vgl. Hans RAUSCHER, *Die ‚Ostpolitik‘ des Erhard Busek.* In: Der Standard, 14.03.2020.
6   Ibidem.

des Fernsehstars Helmut Zilk zum Wiener Bürgermeister 1984 und dessen geschickte mediale Gegenoffensive beendeten Buseks Erfolgsserie. Trotz der Krise in der Wiener ÖVP nach den schweren Stimmen- und Mandatsverlusten bei der Landtagswahl 1987 kam es am Parteitag im Juni 1991 zu einer Kampfabstimmung zwischen Busek und dem von der niederösterreichischen Landesorganisation und dem ÖAAB favorisierten Quereinsteiger, dem farblosen Manager und CVer Bernhard Görg um den Posten des ÖVP-Bundesparteiobmannes. Dass Erhard Busek nur 56,4 Prozent der Delegierten für sich gewinnen konnte, war eine Ermunterung für seine eingeschworenen Gegner, sofort nach seiner Bestellung an seinem Obmannsessel zu sägen.

Weder der Durchbruch bei den EU-Verhandlungen noch der überraschende Erfolg des von ihm vorgeschlagenen Präsidentschaftskandidaten, des Diplomaten Thomas Klestil, konnte den ununterbrochenen Abstieg der ÖVP zu einer größeren Mittelpartei aufhalten. Trotz des mit dem Namen Alois Mock verbundenen Erfolges der österreichischen Europapolitik signalisierten die Umfragen ein weiteres Absinken der ÖVP in der Wählergunst unter 30 Prozent. Ich war beim Wahlkongress der ÖVP in Linz im Juni 1994 anwesend. Erhard Busek, damals Vizekanzler in der Großen Koalition mit Franz Vranitzky, schloss die Option einer Kleinen Koalition mit der FPÖ aus und sprach sich „ohne Wenn und Aber" für die Fortsetzung der Großen Koalition aus. Obwohl zunehmend Zweifel an der Führungsqualität des Bundesparteiobmannes laut wurden, stellte sich Außenminister Mock, der größte Sympathieträger der Partei, nach dem EU-Erfolg und wegen seiner Positionierung in der Jugoslawienkrise, demonstrativ hinter Busek mit der Bemerkung, wenn die Partei Busek nicht hätte, müsste sie ihn erfinden.

Die Nationalratswahl im Oktober 1994 produzierte einen „Stabilitäts- und Traditionsbruch mit nicht absehbaren Folgen" für die politische Kultur und das politische System des Landes, eine „gigantische Verwerfung"[7] der politischen Landschaft, die das generelle Ende der Großparteien manifestierte. Beide Koalitionsparteien verloren massiv. Eindeutige Sieger waren die Oppositionsparteien FPÖ, Grüne und Liberales Forum. Der Wahltag besiegelte das politische Schicksal Erhard Buseks. Es gelang ihm aber mit einer geschickten Taktik, seinem Wunschkandidaten als Bundesparteiobmann, Wirtschaftsminister Wolfgang Schüssel, den Weg zum Sieg am Parteitag im April 1995 zu ebnen. Schüssel, sein bisher engster, von ihm geförderter Freund, schien Busek der Garant für eine bürgerlich-liberalkonservative, urbane Politik und

---

7   Zit. nach Paul LENDVAI, *Vielgeprüftes Österreich* – Ein kritischer Befund zur Zeitenwende (Salzburg/München 2022), S. 195.

eine Positionierung in der Mitte des politischen Spektrums zu sein. Wolfgang Schüssel wurde mit 95,5 Prozent der Delegiertenstimmen, fast genau 50 Jahre nach der Gründung der ÖVP, zum Parteiobmann gewählt. Niemand ahnte damals, auch sein Erfinder nicht, dass der 50-jährige neue Spitzenmann die ÖVP auf einer Achterbahn zu ihrer größten Niederlage und dann zu einem beispiellosen Triumph führen würde.

Dass bekanntlich Dankbarkeit keine politische Kategorie ist, beweist das Ende der einst tiefen Freundschaft zwischen Busek und dem von ihm jahrzehntelang geförderten, um vier Jahre jüngeren Schüssel. In seinen Erinnerungen schilderte Busek die Gründe, und zog die bittere Schlussfolgerung: „Diese Beziehung zu Wolfgang Schüssel ist der einzige Schmerz, der mir aus der politischen Zeit geblieben ist."[8] Auch ich bin der Meinung von Karel Schwarzenberg in seinem Nachruf auf Busek, dass „leider Österreich und auch die eigene ÖVP nie richtig seine Bedeutung erfasst"[9] haben. Viele Menschen hat er gefördert, wenige blieben ihm dankbar. Trotz gesundheitlicher Rückschläge hat es bis zuletzt jedem, der (oder die) sich an ihn gewandt hat, ohne Zögern mit Rat und Tat geholfen. Er war auch in schwierigen Zeiten ein kluger Patriot und ein überzeugter Europäer, für mich auch ein verlässlicher Freund. Der Weg des von einem Berufspolitiker zum Renaissance-Menschen gewandelten Erhard Busek wäre ein dankbares Thema für eine zeitgenössische Novelle.

---

8   BUSEK, *Lebensbilder,* S. 265f.

9   Zit. nach Alexandra FÖDERL-SCHMID, *Zu gescheit für dieses Land.* In: Süddeutsche Zeitung online, 19.03.2022 [https://www.sueddeutsche.de/politik/oesterreich-erhard-busek-nachruf-oevp-ukraine-1.5550226; abgerufen am 17.01.2023].

Lojze Peterle

Ljubezen do Podonavja in Srednje Evrope

Ob prezgodnjem slovesu Erhadra Buska je bil celovito in poglobljeno predstavljen njegov politični profil, njegova misel in delo. Zato se s tem zapisom ne bom pridružil raziskovalcem in ocenjevalcem njegovega dela, pač pa se bom pretežno spominjal tistega, kar sva doživela skupaj. Zame je bil prvi tuji politik, s katerim sem po vstopu v politiko stopil v stik, pa tudi zadnji med velikimi imeni, s katerim sem ostal v osebnem stiku do smrti.

Večkrat slišimo, da v politiki ni prijateljev. To ne velja za naju z Erhardom Buskom. Vesel in ponosen sem, da sva prijateljevala od 1989 naprej. Tistega leta si je po posredovanju Karla Smolleja vzel čas za srečanje z menoj kot tajnikom Slovenskega krščansko socialnega gibanja (predhodnice Slovenskih krščanskih demokratov – SKD) med neko volilno kampanjo na Dunaju. Osvojil me je s svojo neposrednostjo, zanimanjem za razvoj demokratičnih procesov v Srednji Evropi, s privrženostjo projektu združene Evrope, in seveda z naklonjenostjo političnim ciljem 'slovenske pomladi' – osamosvojitvi in demokratizacijo. Videl sem, da je v stikih z vodilnimi nosilci demokratizacije v Srednji, Vzhodni in Jugovzhodni Evropi. Kasneje sem ugotovil, da je bil v tem zanimanju in intenzivnosti stikov daleč pred drugimi evropskimi politiki. Pogovarjala sva se o Vaclavu Havlu, Lechu Valensi, Jozefu Antalu, Franju Tudžmanu, Janu Čarnogurskemu …s katerimi smo se kasneje srečevali na odličnih političnih konferencah, ki jih je ÖVP prirejala na ladji 'Mozart'. Te konference so bile za mnoge od nas prva prilika za nastope v mednarodnem okviru.

Busek je potem postal stalni gost taborov in drugih političnih dogodkov SKD kot tudi nekaterih političnih prireditev DEMOS-a. Doživljali smo ga ne samo kot podpornika naših ciljev, ampak kot resničnega prijatelja Slovenije, s katero je ostal v delovni in prijateljski povezavi vse do smrti, med drugim tudi v vlogi predsednika nadzornega odbora IEDC na Bledu.

Iz zgodnjega časa predsedovanja vlade se spomnim posebnega izraza njegovega razumevanja politike dobrega sosedstva. Mislim, da je bilo v začetku junija 1990, ko me je med vračanjem iz Trsta poklical in vprašal, če imam čas za kavo. Seveda sem bil vesel srečanja in sem zato prekinil sejo vlade. Njegovo prvo vprašanje je bilo: „Lojze, kako Ti lahko pomagam?" Slovenija je bila v težki gospodarsk situaciji in tisti dan me je nek inštitut brez sredstev prosil za pomoč – niso imeli denarja za plače. Razložil sem mu potrebo, on pa je odgovoril: „Za nekaj mesecev bo izplačilo plač prevzela Avstrija." Tako je tudi bilo, tako je razumel politiko. Ta primer njegove solidarnosti mi ostaja v hvaležnem spominu.

V času pred osamosvojitvijo sem bil deležen s strani Buska veliko pozornosti. Najbolj so mi ostali v spominu večeri z novinarji pri njem doma. Kadar sem prišel na Dunaj je povabil vodilne novinarje avstrijskih dnevnikov na pogovor z menoj. Pogovor spoštujoč Chatam House Rules je bil zame nova kultura, ki je v komunizmu nismo prakticirali. Vedno sem na takih večerih govoril odprto in vedno so se novinarji držali pravil. Ko sem kasneje prebiral njihove članke, skorajda nisem imel pripomb.

Naj dodam k temu še bolj intimen spomin. Nekaj let po osamosvojitvi sem Erharda povabil na izlet v Brda in na večerjo v ‚La Subido‘, k Jošku Sirku, vedoč, da mu Brda veliko pomenijo. Na take izlete je dobro iti s šoferjem. Pa se je zgodilo, da je naročeni avto zatajil. Erhard me je brez pomišljanja povabil v svoj avto in me vozil po Brdih, kot da bi me on povabil tja. Doživela sva nepozabno pot. Poleg znamenitih vinarjev sva obiskala tudi devetdesetletno pesnico Doro Obljubek.

Z Erhardom se nisva pogovarjala samo o politiki, ampak tudi o kulturi in nekajkrat na to temo nastopila skupaj na Koroškem. Z njim se je dalo odkrito in neobremenjeno govoriti tudi o koroških temah. Vprašal sem ga, če je bral ‚Koroško dušo‘ Erwina Ringla. Poznal jo je. Rad se je odzval tudi vabilu Jožeta Kopeiniga za najin skupen nastop v Tinjah. Rekel bi, da je bil bolj človek kulture kot človek moči. Seveda ne morem mimo spomina na Salzburški festival, kamor me je prijazno povabil kot takrat njegov prvi mož.

Nekajkrat sva se srečala na konferencah o Jugovzhodni Evropi oz. Zahodnem Balkanu. Rekel bi, da je vedno blestel s svojim poznavanjem tem, s svojimi koncepti in sploh s svojo intelektualno ostrino, ki ni šla nikoli na škodo intelektualnega poštenja. Po vsem, kar se je zgodilo z evropsko politiko do te še vedno nepomirjene evropske regije, lahko rečem, da bi lahko prišli veliko dlje, če bi Buska bolje poslušali.

V spominu mi bo ostala tudi njegova ljubezen do Podonavja in Srednje Evrope v celem. Malo politikov sem poznal, ki bi imeli tak smisel za identiteto, za prostor in čas.

Ko sva se po njegovi osemdesetletnici zadnjič srečala na Dunaju, sva zaskrbljeno razpravljala o prihodnosti Evrope in še posebej Srednje Evrope in Balkana. Še sedaj mi odmeva njegovo vprašanje: „Kaj smo naredili narobe?“

Zapomnil pa sem si tudi stavek, ki mi ga je zaupal na naključnem srečanju na dunajskem letališču kakšno leto potem, ko je izgubil mesto predsednika ÖVP in pozicijo v vladi: „Lojze, je življenje tudi po politiki." Tudi v novem statusu je s polno delovno vnemo verodostojno delal iz vrednot in načel, v katere je verjel. Politiko je jemal kot delo za skupno dobro.

V spominu mi bo ostal kot avstrijski patriot, katerega patriotizem ni šel na škodo drugih. Ne moreš biti dober Evropejec, če nisi dober sosed. Erhard Busek je bil dober sosed in dober Evropejec, človek, ki je verjel, da lahko dobro sodelujejo samo tisti, ki se zares spoštujejo.

*

Liebe zum Donauraum und zu Mitteleuropa[1]

Anlässlich des zu frühen Ablebens von Erhard Busek sind zahlreiche und umfassende Beiträge zu seinem politischen Profil, seinem Denken und Wirken erschienen. Im Gegensatz zu diesen möchte ich mit meinem Beitrag vor allem einige gemeinsame Erlebnisse mit ihm in Erinnerung rufen. Denn Erhard Busek war nicht nur der erste ausländische Politiker, mit dem ich nach meinem Eintritt in die Politik zusammentraf, sondern auch einer der letzten großen Namen, mit denen ich bis zu ihrem Ableben persönlichen Kontakt hielt.

Es heißt, dass es in der Politik keine Freundschaften gebe. Dies gilt aber nicht für die Beziehung zwischen Erhard Busek und mir, und ich bin aufrichtig froh und stolz darauf, seit 1989 mit ihm befreundet gewesen zu sein. In diesem Jahr lernten wir uns über Karl Smolle kennen, als sich Busek während einer Wahlkampfveranstaltung in Wien die Zeit nahm, mich als damaligen Sekretär der Slowenischen christlich-sozialen Bewegung (der Vorgängerin der Slowenischen Christdemokraten – SKD) zu treffen. Er beeindruckte mich mit seiner Direktheit, seinem Interesse an den demokratischen Prozessen in Mitteleuropa, seinem Engagement für ein geeintes Europa und natürlich mit seinen Sympathien für die politischen Ziele des Slowenischen Frühlings – Unabhängigkeit und Demokratie. Bereits zu dieser Zeit unterhielt Busek Kontakte mit den führenden Oppositionellen in Mittel-, Ost- und Südosteuropa,

---

1   Übersetzung aus dem Slowenischen durch Borut Novinec.

wobei er, wie mir erst später bewusst wurde, mit seinem Interesse und seinen intensiven Kontakten den übrigen europäischen Politikern weit voraus war. Unsere gemeinsamen Gespräche drehten sich um Václav Havel, Lech Wałęsa, József Antall, Franjo Tuđman, Ján Čarnogurský und andere, die wir später bei den Konferenzen kennenlernten, die von der ÖVP auf dem Schiff ‚Mozart‘ abgehalten wurden. Darüber hinaus boten diese Konferenzen vielen von uns auch die Gelegenheit zu ersten internationalen Auftritten.

Erhard Busek wurde darauf regelmäßiger Gast bei den Parteitagen und anderen politischen Veranstaltungen der SKD sowie einiger politischer Veranstaltungen der DEMOS-Koalition. Wir erlebten ihn nicht nur als Unterstützer unserer Ziele, sondern auch als aufrichtigen Freund Sloweniens, mit dem er bis zu seinem Ableben freundschaftlich und professionell, unter anderem als Aufsichtsratsvorsitzender der IEDC – Bled School of Management, verbunden blieb.

Prägend war auch Buseks Verständnis einer gutnachbarschaftlichen Politik. Wenn ich mich recht erinnere, war es Anfang Juni 1990, zu Beginn meiner Amtszeit als Ministerpräsident, als er mich auf seiner Rückfahrt aus Triest anrief und fragte, ob ich Zeit für einen Kaffee hätte. Hocherfreut über seine Einladung unterbrach ich kurzerhand die Regierungssitzung und seine erste Frage lautete, wie er mir denn helfen könne. Die slowenische Wirtschaftslage war schwierig und gerade an diesem Tag hatte mich ein Institut, dem die Mittel für die Gehälter seiner Beschäftigten fehlten, um Hilfe gebeten. Ich erklärte Busek die Situation und er erwiderte, dass Österreich einige Monate lang für die Gehälter aufkommen werde, was dann auch tatsächlich geschah. So verstand Busek Politik und dieses Beispiel ist mir in dankbarer Erinnerung geblieben.

Während der slowenischen Unabhängigkeitsbestrebungen hielten Busek und ich weiter engen Kontakt, wobei mir die gemeinsamen Abende mit Journalisten bei ihm zu Hause in besonderer Erinnerung geblieben sind. Wenn ich in Wien weilte, hatte er immer führende Journalisten der österreichischen Tageszeitungen zu Gesprächen mit mir eingeladen. Gespräche, die die Chatham House Rules beachteten, waren für mich eine nichtgekannte Kultur, die wir im Kommunismus nicht besaßen. Deshalb hatte ich zu den veröffentlichten Beiträgen, die ich später in der Presse las, auch kaum Einwände.

Gerne erinnere ich mich auch an ein weiteres, persönliches Ereignis mit Erhard Busek einige Jahre nach der slowenischen Unabhängigkeit. Da ich von Buseks Vorliebe für den Collio wusste, lud ich ihn eines Tages zu einem Ausflug mit darauffolgendem Abendessen im ‚La Subida‘ von Joško Sirk ein – natürlich mit eigenem Chauffeur. Nur hatte der angeforderte Wagen eine

Panne, worauf Busek wie selbstverständlich seinen eigenen zur Verfügung stellte und mich den ganzen Tag herumfuhr, als ob ich sein Gast gewesen wäre. Es war ein unvergesslicher Tag, an dem wir nicht nur bei bekannten Winzern Halt machten, sondern auch die damals 90-jährige Dichterin Dora Obljubek besuchten.

Erhard Busek und ich sprachen nicht nur über Politik, sondern auch über Kultur und hatten auch einige gemeinsame Auftritte zu diesem Thema in Kärnten. Auch war es möglich, mit ihm offen und unbelastet über Kärntner Themen zu reden, und bei einer Gelegenheit fragte ich ihn, ob er Erwin Ringels ‚Die Kärntner Seele' gelesen habe, was er bejahte. Auch ist er seinerzeit gerne einer Einladung von Jože Kopeinig nachgekommen, sich uns in Tainach bei einer Tagung anzuschließen. Meiner Einschätzung nach war Erhard Busek eher ein Mann der Kultur als ein Mann der Macht. An dieser Stelle wären auch noch die Salzburger Festspiele zu erwähnen, zu denen ich freundlicherweise als sein Ehrengast eingeladen war.

Einige Male trafen wir uns auch auf Konferenzen über Südosteuropa bzw. den Westbalkan, bei denen er, so meine Beobachtungen, stets mit seinem Sachwissen, seinen Konzepten und mit seinem allgemeinen intellektuellen Scharfsinn herausstach, ohne dabei die intellektuelle Redlichkeit zu verleugnen. In Anbetracht der europäischen Politik gegenüber dieser noch immer untereinander zerstrittenen Region bin ich der Überzeugung, dass man, hätte man mehr auf Busek gehört, viel mehr erreichen hätte können.

In Erinnerung bleiben werden mir auch Buseks Liebe zum Donauraum und zu Mitteleuropa und sein so ausgeprägter Sinn für Identität, Raum und Zeit, auf die ich bei nur wenigen Politikern getroffen bin.

Das letzte Treffen mit Erhard Busek hatte ich nach seinem 80. Geburtstag in Wien. Bei diesem sprachen wir besorgt um die Zukunft Europas und insbesondere über die Zukunft Mitteleuropas und des Balkans. Seine Frage „Was haben wir nur falsch gemacht?" habe ich bis heute nicht vergessen.

Des Weiteren werde ich auch nicht den Satz vergessen, den mir Busek bei einer zufälligen Begegnung auf dem Wiener Flughafen, etwa ein Jahr nach Beendigung seiner politischen Laufbahn als ÖVP-Vorsitzender und Bundesminister, sagte: „Lojze, es gibt ein Leben auch nach der Politik." Denn auch in seinem neuen Lebensabschnitt engagierte er sich glaubwürdig für die Werte und Grundsätze, an die er glaubte. Politik verstand er als Dienst für das Allgemeinwohl.

In meinen Erinnerungen werde ich Erhard Busek stets als österreichischen Patrioten behalten, dessen Patriotismus nie auf Kosten anderer ging. Man kann kein guter Europäer sein, wenn man kein guter Nachbar ist. Erhard Busek war ein guter Nachbar und ein guter Europäer. Er war ein Mensch, der daran glaubte, dass gute Zusammenarbeit nur aus aufrichtiger Wertschätzung erwachsen kann.

Hannes Androsch[1]

Europa – Vielfalt im Streben nach Einheit

Gedanken zur Geschichte und den Wesenszügen Europas – und zu seiner Zukunft

> *Im Unterschied zu China, Russland und den USA,*
> *die sich heute als Nationen betrachten*
> *und wie nationalistische Mächte handeln,*
> *ist Europa keine Nation und wird nie eine sein.*
> *Europas Projekt muss daher etwas wesentlich*
> *Anderes sein.*
>
> Jean François Billeter

Im Gedenken an Erhard Busek, den überzeugten und engagierten Europäer!

Europa! – Aber wo liegt es?

Europa – so zumindest will es die antike griechische Mythologie – kommt aus dem Orient. Der Sage nach soll Zeus sich in die schöne phönizische Königstochter Europa verliebt und sie in Gestalt eines Stiers am Strand von Sidon (im heutigen Libanon) entführt, nach Kreta verschleppt und dort mit ihr drei Söhne gezeugt haben. Diese Erzählung versinnbildlicht die Trennung von der ägyptisch-orientalischen Kultur.[2] Somit kann man sie als Trennung des Orients vom Okzident verstehen, wobei Europa dennoch seine Wurzeln im Orient hat.

Hilfreicher scheint hier die griechische Etymologie zu sein. Eine These besagt, dass das Wort ‚Europa‘ semitischen Ursprungs sei und etymologisch auf ‚ereb‘ zurückgehen könnte, was ‚Abend‘ oder ‚Westen‘ bedeutet und wiederum darauf hinweist, dass Europa ursprünglich als Fremdbezeichnung gedient haben könnte. Europa – so die philosophische Konsequenz – kann folglich nur als Resultat einer Auseinandersetzung mit ‚dem Fremden‘, ‚dem Anderen‘ gedacht werden, ohne welches es gar nicht existierte.

Herodot, der erste große Geschichtsschreiber der Antike, gilt als Erfinder der Grenzziehung zwischen Europa und Asien. Von drei Seiten durch Meere

---

1   Unter Mitarbeit von Bettina Poller.
2   Vgl. Jürgen WERTHEIMER, *Europa* – Eine Geschichte seiner Kulturen (München 2022).

begrenzt und sich im Osten in den Weiten der russischen Steppe verlierend, ist Europa ein geografisch undefinierbarer Kontinent, mehr ein Anhängsel der gewaltigen asiatischen Kontinentalmasse denn ein eigenständiges territoriales Gebilde. Folglich hat Europa gegenüber Asien auch keine eindeutige Grenze; diese ist vielmehr immer eine Frage gesellschaftlicher Aushandlung oder machtpolitischer Verhältnisse – und damit letztlich willkürlich. Gleichwohl unterschied Herodot in seinen im fünften vorchristlichen Jahrhundert verfassten ‚Historien' und der darin enthaltenen Darstellung der Perserkriege erstmals zwischen dem Morgen- und dem Abendland, wobei Griechenland für Europa, Anatolien hingegen für Asien stand – eine Ost-West-Einteilung also, die, obwohl innerhalb der gemeinsamen Mittelmeerkultur gezogen, erstmals Europa als eigenständige Welt definierte. Dies war die Geburtsstunde der wirkmächtigen Idee, wonach Europa eben nicht Teil eines größeren, umfassenderen Eurasiens, sondern ein von diesem klar abgegrenzter Erdteil mit spezifischen sozio-kulturellen und politischen Ausprägungen ist. In der Folge entstanden bald auch erste Karten, in denen sich diese Trennung manifestierte. Die älteste heute noch bekannte ist die des Hekataios von Milet aus dem 5. Jahrhundert v. u. Z., die – bemerkenswert, wenn auch für die antike griechische Zivilisation wenig verwunderlich – Griechenland als Mittelpunkt der Welt darstellt. Dabei spielen die Perserkriege ebenso eine wichtige Rolle, wie die Entstehung der griechischen Demokratie.

Nimmt man den Orient als Gleichnis für ‚das Andere' bzw. ‚das Fremde', so ist die Auseinandersetzung damit bzw. dessen Aneignung tatsächlich eine Grundkonstante der europäischen Identität – sei es durch Übernahme zahlreicher Innovationen aus dem Osten, wie etwa der neolithischen Revolution, der Schrift oder der Metallurgie, oder sei es in den Konflikten zwischen Griechen und Persern, Kreuzrittern und Sarazenen oder Spaniern und Muslimen während der sogenannten ‚Reconquista'. Denkt man zudem an die Schlacht von Salamis (480 v. u. Z.), die Mongolenschlacht von Liegnitz (1241) oder die zweimalige Türkenbelagerung Wiens (1529 und 1683), so könnte man die Frage stellen, ob Europa nur im Kampf gegen das Fremde zu sich selbst gefunden hat. Selbst der Trojanische Krieg, die mythologische Auseinandersetzung zwischen den vereinten Griechen und der an der Westküste der heutigen Türkei gelegenen Stadt Troja, kann vor diesem Hintergrund betrachtet werden. Nach Ansicht des Historikers Jaques Le Goff allerdings waren diese Auseinandersetzungen zwischen Ost und West, zwischen Orient und Okzident, durchaus ein „Glücksfall".[3] Tatsächlich waren die florierenden multi-

---

3   Jacques LE GOFF, *Das alte Europa und die Welt der Moderne* (München 1994), S. 19.

kulturellen und multikonfessionellen Gesellschaften des Mittelmeerraumes – allen voran das Osmanische Reich und die maurisch-islamischen König-reiche in Spanien – den christlichen Gesellschaften bis ins ausgehende Mit-telalter kulturell, technisch und ökonomisch weit überlegen. Folglich wurde das europäische Denken maßgeblich durch die arabischen Übersetzungen der Werke antiker Schriftsteller und Philosophen beeinflusst, sodass sich auch die Renaissance und der spätere Siegeszug der Rationalität zumindest teilweise der Vermittlungstätigkeit islamischer Gelehrter, die sich lange Zeit mit der aristotelischen Frage des Verhältnisses von Glauben und Vernunft beschäf-tigt hatten, verdankt. Europa lässt sich somit auch als Sinnbild dafür inter-pretieren, dass ,Erleuchtung' („ex oriente lux"), Erkenntnis, Fortschritt und Innovation immer nur aus der Auseinandersetzung mit anderen Kulturen und externen Einflüssen resultieren können – wäre da nicht auch die Tatsache, dass gleichzeitig der Islam schon seit dem 8. Jahrhundert nicht nur als Gegen-entwurf, sondern als dauerhaftes Feindbild wahrgenommen wird – ganz im Unterschied zu den ebenfalls katastrophalen, aber nur alle paar Jahrhunderte hereinbrechenden Steppenvölker aus dem Osten, beginnend mit den Hun-nen über die Awaren und Bulgaren bis zu den Ungarn und Mongolen.

Wie konnte Europa zu einer Weltmacht werden?

Je nach Betrachtungsweise, d. h. ob mit Russland (westlich des Urals) und der Türkei oder ohne, ist Europa der zweitkleinste oder sogar kleinste Kon-tinent, doch in seiner Vielfalt und seinen Gegensätzen wohl einzigartig – ein Umstand, zu dem vor allem auch seine Geografie maßgeblich beigetragen hat. Stark gegliederte Küsten mit zahlreichen Buchten, ein dichtes Netz an Flüssen und markanten Gebirgszügen sowie unterschiedlichste Landschaften prägen diesen Erdteil. Und da Gebirge und Flüsse die Menschen trennen, fanden seine Bewohner durch Anlage von Pässen und Wasserstraßen schon bald Mit-tel und Wege, sich zu verbinden und Durchlässigkeit zu schaffen für Händler und Pilger, für Kommunikation und Innovationen, aber auch für Krieger und Seuchen.

Die geografische Gliederung hat sich auch schon sehr früh in einer Vielfalt an Sprachen und Kulturen, an Ländern und Gesellschaften niedergeschla-gen – ein Umstand, der die Welt bereicherte, aber auch dazu beigetragen hat, dass es ein Kontinent zahlloser blutiger Konflikte wurde. Selbst die Christia-nisierung Europas führte zu keiner Einigung, sondern zu neuen Spaltungen – Katholiken gegen Orthodoxe, Katholiken gegen Reformierte und alle gegen die Juden – und zu ständigen Auseinandersetzungen zwischen dem Kaiser des Heiligen Römischen Reiches als Vertreter der weltlichen Macht und dem

Papst als Oberhaupt der Kirche. In der Folge hat Europa auch nie zu wirklicher Einheit gefunden, obwohl diese mehrfach versucht wurde – vom Römischen Reich, das, auch weil es nur bis zur Donau und zum Rhein reichte, tatsächlich immer ein Imperium des Mittelmeers blieb, über den fränkischen Kaiser Karl den Großen, den Habsburger Karl V. und Napoleon Bonaparte bis zuletzt Adolf Hitler.

Seine bis heute charakteristische Gestalt, die es vom damals technisch-zivilisatorisch überlegenen China und auch den Großreichen des indischen Subkontinents deutlich unterschied, gewann Europa zwischen dem 9. und 15. Jahrhundert, in einer Zeit feudaler Zersplitterung bei gleichzeitig formeller Oberhoheit von Kaiser und Papst. Die Basis für den Erfolg (aus europäischer Sicht) bildeten der jüdisch-christliche Glaube, eine (wenn auch nur langsam) zunehmende politische Partizipation und die Traditionen des Römischen Rechts. Oder wie es 1950 der damalige deutsche Bundespräsident Theodor Heuss formulierte: „Es gibt drei Hügel, von denen das Abendland seinen Ausgang genommen hat: Golgatha, die Akropolis in Athen, das Capitol in Rom", wozu allerdings lange der Einfluss des Islam hinzukam. Europas Aufstieg begann allerdings erst nach der großen Pest, als mit dem Buchdruck, der Wiederentdeckung des Wissens der Antike, bekannt als ‚Renaissance', und später auch dem Siegeszug der Aufklärung sowie der damit korrelierenden radikalen Umgestaltung der Gesellschaftsordnung eine regelrechte „Explosion des Wissens"[4] einsetzte, die zuerst in die wissenschaftliche und anschließend in die industrielle Revolution mündete. Zusammen mit der Abkehr vom bis dahin dominierenden protektionistischen Merkantilismus und ersten Schritten in Richtung offener Welthandel – wodurch im Übrigen auch erstmals der ‚Malthusianischen Falle' entkommen werden konnte – entfachten sie ein bis dahin ungekanntes Wirtschaftswachstum, das bis ins 20. Jahrhundert hinein die europäische Vorherrschaft in der Welt, seine Technologieführerschaft wie auch seine kulturelle Hegemonie ermöglichte. Dies war die große Divergenz, ausgelöst durch das (von Europa ausgehende) Dampfzeitalter.[5] Das „Wunder Europa"[6] wurde also möglich, weil der mit Beginn der Neuzeit einsetzende Kreativitätsschub alle Bereiche umfasste: die Philosophie, die Wissenschaften, die Medizin, die Ethik, die Jurisprudenz, die Wirtschaft, das Finanzwesen, die Kriegstechnik, die Literatur, die Musik, die Künste, die Architektur, etc.

---

4   Peter BURKE, *Die Explosion des Wissens*: Von der Encyclopédie bis Wikipedia (Berlin 2014).

5   Vgl. John Gareth DARWIN, *Unlocking the world* (London 2020).

6   Eric JONES, *Das Wunder Europa* – Umwelt, Wirtschaft und Geopolitik in der Geschichte Europas und Asiens (Tübingen 2012).

Diese Entwicklung war umso erstaunlicher, als Europa aufgrund seiner Randlage im Westen des eurasischen Kontinents aus globaler Perspektive lange Zeit nur eine unbedeutende Rolle gespielt hatte. Noch 1492 – am Vorabend der ‚Entdeckung' des amerikanischen Kontinents und dem Beginn des europäischen Expansionszeitalters – gab es kaum Anzeichen dafür, dass Europa sich zu einer weltumspannenden Macht entwickeln könnte, zumal zu dieser Zeit bereits mehrere politische und wirtschaftliche Zentren existierten, die als Pole der Macht ihr jeweiliges Umfeld beherrschten: die chinesische Ming-Dynastie in Asien, das Mogulreich in Indien, das Safawidenreich in Persien und das Osmanische Reich im Mittelmeerraum. Deren Dominanz zeigt sich auch darin, dass noch im Jahr 1775 Asien für rund 80 Prozent der Weltwirtschaft verantwortlich zeichnete. Doch mit Beginn der Neuzeit wurde Europa – genauer gesagt: Westeuropa, dieser über lange Zeit „unbedeutende Wurmfortsatz des Mittelmeerraums"[7] – zu einem Treibhaus militärischer, politischer, wirtschaftlicher und kultureller Entwicklung. Wie konnte das geschehen?

Folgt man Alexander von Humboldt, der in einer möglichst großen Berührung mit dem Meer die entscheidende Bedingung für die Erschließung eines Landes für den Welthandel erkannte, so besaß Europa mit seinen zahlreichen Inseln und großen Halbinseln bzw. der sich daraus ergebenden rund 89.000 Kilometer langen Küstenlinie einen unschätzbaren Vorteil, der in dem Moment zum Tragen kam, als der Schiffsbau und neue Navigationsinstrumente weite Seereisen möglich machten. Begünstigt durch die Tatsache, dass sich die Kaiser von China nicht für die Eroberung der Meere interessierten und ihre unter Admiral Zheng He aufgebaute Flotte sogar abwracken ließen, vor allem aber begierig, sich ihren Teil von den Reichtümern Asiens zu sichern, stachen europäische Kapitäne in See und stießen u. a. auf die Küsten des amerikanischen Doppelkontinents. Die Expansion Europas im 16. Jahrhundert war somit nicht das Resultat von Einheit oder Konzentration der europäischen Kräfte, sondern eher die Folge innereuropäischer Konkurrenz – mit dem Ergebnis, dass sich in erster Linie periphere maritime Staaten, allen voran Spanien, Portugal, die Niederlande, Frankreich und England, bis 1750 zu den Herren der Weltmeere aufschwingen und weite Teile der Welt kolonialisieren konnten.

Demgegenüber wurde das östliche und südliche Mittelmeer über Jahrhunderte hinweg vom Osmanischen Reich beherrscht und stellte Istanbul, wo sich die Seidenstraße aus dem fernen Ostasien und die Mittelmeerrouten

---

7   Yuval N. HARARI, *Eine kurze Geschichte der Menschheit* (Bonn 2013), S. 341.

kreuzten, einen bedeutenden Weltwirtschaftsknoten dar. Nachdem die Osmanen 1453 die byzantinische Hauptstadt Konstantinopel erobert hatten, dehnten sie ihr Reich im 16. Jahrhundert immer weiter aus, bis es schließlich von Bagdad bis Algier und vom Jemen bis in die Kaukasusregion und vor die Tore Wiens reichte – letzteres nicht zuletzt auch aufgrund der großzügigen finanziellen Unterstützung durch einen überzeugten Gegner der Habsburger, den französischen König Ludwig XIV. Doch ihr Vordringen nach Norden ließ die Osmanen nicht nur mit dem Habsburgerreich, sondern vor allem auch mit dem Russischen Reich kollidieren. Nachdem nämlich das Zarenreich – durchaus in Anknüpfung an die Kiewer Rus, die sich einst ebenfalls bereits in Richtung Schwarzes Meer auszudehnen begonnen hatte – spätestens nach dem Zerfall des polnisch-litauischen Reiches auf Expansionskurs war und in seinem imperialen Drang und mit den Dardanellen als Ziel an das Schwarze Meer vorstieß, kam es zwischen 1568 und 1878 zu insgesamt elf russisch-türkischen Kriegen und dabei unter anderem auch zur ersten russischen Annexion der Krim 1783 durch Zarin Katharina die Große. Für die Zeit zwischen dem 15. und dem 19. Jahrhundert galt somit, dass sich das kontinentale Europa in ständigen inneren Auseinandersetzungen und Kriegen aufrieb – man denke etwa an die Religionskriege oder den Dreißigjährigen Krieg, den Nordischen Krieg zwischen Russland und Schweden, den Spanischen Erbfolgekrieg zwischen Habsburgern und Bourbonen, den Österreichischen Erbfolgekrieg zwischen Frankreich, Spanien und Preußen auf der einen und Österreich, Großbritannien und Russland auf der anderen Seite, die Österreichisch-Türkischen Kriege oder den Siebenjährigen Krieg zwischen Großbritannien, Preußen und Portugal gegen Frankreich, Spanien, Österreich, Russland und Schweden, den Winston Churchill aufgrund der Kriegsschauplätze in Europa, Amerika und Asien später als den „ersten Weltkrieg der Geschichte" bezeichnete, während sich die Randländer, allen voran England, das aus wirtschaftlichen Erwägungen wenig Interesse an den Kontinentalkriegen hatte, aber gleichzeitig die Franzosen in Nordamerika und Indien erfolgreich besiegte und sich auf den Weltmeeren ausbreitete und riesige Kolonialreiche errichtete. Die Franzosen ihrerseits haben mit ihrer Revolution die Menschenrechte in Europa manifestiert, auch wenn diese selbst in blutigem Tugendterror endete. Jedenfalls war die Zerstörung des bis dahin bestehenden Feudalsystems eine dauerhafte Folge.

Denn mit der ‚Entdeckung' und Kolonialisierung Amerikas war die einstmalige Randlage Westeuropas nun zu seinem Vorteil geworden. Und dominiert von Europa auf der einen und den europäisch geprägten USA auf der anderen Seite wurde der Atlantik zum Mittelpunkt des sich herausbildenden

„atlantischen Weltsystems",[8] welches wiederum zum Motor der wirtschaftlichen Entwicklung und zur Triebfeder des europäischen Aufstiegs wurde. Die Kolonialmächte – zuvorderst Großbritannien als letzte europäische Weltmacht – trugen europäische Ideen und Weltanschauungen um den gesamten Globus und gaben diesem damit ein neues Gesicht. Allerdings hatte dieser Erfolg auch einen Preis – einen sehr hohen Preis, den die kolonialisierten Länder und die Millionen aus Afrika verschleppten Sklaven zahlen mussten, die den wirtschaftlichen Aufstieg Europas erst möglich machten. Und so steht Europa nicht nur für große Leistungen in Wissenschaft und Technik, Philosophie und Medizin, Kunst und Kultur, sondern auch für die größten Untaten der Geschichte. Die Verfolgung von Häretikern, Hexenverbrennungen, Kreuzzüge, Verfolgung und Kriege im Namen der christlichen Religion, die Auslöschung ganzer Kulturen und nicht zuletzt das Grauen der Shoah sowie das Gulag-System geben Zeugnis davon. Zum ‚moralischen Erbe' Europas gehören somit gleichermaßen Heilige und Ketzer, Humanisten und Verbrecher, Forscher und Söldner, Händler und Gauner, Pilger und Pharisäer ebenso wie der Liberalismus, der Konservativismus, der Sozialismus, der Kommunismus, der Nationalismus, der Faschismus und der Nationalsozialismus.

Doch mit Erreichen des Zenits der Macht im frühen 20. Jahrhundert begann auch schon wieder der Abstieg Europas. Die Position einer Weltmacht büßte es zwar erst mit Ende des Zweiten Weltkrieges endgültig ein, doch bereits während und vor allem nach dem Ersten Weltkrieg wurde Europa von den USA in nahezu allen Belangen überflügelt. Nach 1918 waren die europäischen Mächte wirtschaftlich am Boden, hoch verschuldet und politisch instabil. Selbst die Siegermacht Großbritannien, die von der mit der Industrialisierung verbundenen Akkumulation von (Risiko-)Kapital am stärksten profitiert hatte und daher bis zum Beginn des Krieges größter Geldgeber der Welt war, hatte ihre enorme Kriegslast durch Kredite finanzieren müssen und war zum Schuldner der USA geworden. Damit wanderte nicht nur der weltweit wichtigste Finanzplatz von London nach New York, sondern wurde spätestens ab 1917 Washington zum größten Gläubiger und es begann, was William T. Stead bereits 1902 als die „Amerikanisierung der Welt"[9] prognostiziert hatte.

Der Aufstieg der Vereinigten Staaten von Amerika zur Weltmacht hatte im letzten Drittel des 19. Jahrhunderts bzw. nach dem Amerikanischen

---

8 Ulrich MENZEL, *Die Ordnung der Welt* – Imperium oder Hegemonie in der Hierarchie der Staatenwelt (Berlin 2015), S. 1135f.

9 William T. STEAD, *The Americanization of the World, or The Trend of the Twentieth Century* (New York/London 1902).

Bürgerkrieg (1861-1865), insbesondere aber mit ihrem Sieg im Amerikanisch-Spanischen Krieg von 1898 begonnen. Als Folge dieser Auseinandersetzung musste sich nicht nur Spanien endgültig als Kolonialmacht zurückziehen, sondern gingen auch die Inseln Guam, Puerto Rico und die Philippinen an die USA. Damit hatten die Amerikaner von nun an nicht nur die Möglichkeit der verstärkten Einflussnahme in Mittel- und Südamerika, sondern begannen auch mit einer ‚Politik der (erzwungenen) offenen Tür', den chinesischen Markt zu erschließen. Gleichzeitig profitierten die USA von den wiederholten Einwanderungswellen aus Europa, beispielsweise als die Hungersnöte der 1840er-Jahre und der Pauperismus als Folge der Industrialisierung unzählige junge, auf ihre Chance hoffende Menschen dazu veranlassten, den ‚alten' Kontinent zu verlassen und ihr Glück in der ‚neuen Welt' zu suchen – was vielen auch gelang.

Zur ersten Hegemonialmacht mit wirklich globaler Reichweite wurden die USA allerdings erst als Folge des Zweiten Weltkrieges: Während die Europäer sich in einem mehr als drei Jahrzehnte währenden Konflikt selbst zerstört hatten, konnten die USA den unschätzbaren Vorteil ihrer geografischen Lage nutzen. Im Osten und Westen durch den Atlantik bzw. den Pazifik begrenzt, welche dem Land den Zugang zu den Weltmeeren bieten, haben die USA mit Kanada und Mexiko nur zwei direkte Nachbarn, die zudem keine ernsthafte Bedrohung darstellen. Auf Basis dieser privilegierten Situation konnten die Amerikaner all ihre Kräfte konzentrieren – mit dem Ergebnis eines rasanten wirtschaftlichen Aufstiegs. 1945 erwirtschafteten sie schließlich mehr als die Hälfte der globalen Industrieproduktion, verfügten über das größte Rüstungspotenzial, hatten militärische Stützpunkte in allen Teilen der Welt und zudem den technologischen Vorsprung in nahezu allen Bereichen.

Europa hingegen lag darnieder und wurde zum endgültigen Rückzug gezwungen – ein Prozess, der sich in der Entkolonialisierung der Welt manifestierte. Als Ergebnis zweier Weltkriege und mehr als drei Jahrzehnte politischer Instabilität und wirtschaftlicher Malaise war Europa auf sich selbst zurückgeworfen, auf den militärischen Schutzschirm und die wirtschaftliche Überlebenshilfe (‚Marshallplan') der Amerikaner angewiesen und hatte aufgrund der Teilung des Kontinents in zwei sich feindlich gegenüberstehende Blöcke – NATO gegen Warschauer Pakt – ohnehin mehr mit sich selbst zu tun. Parallel dazu hat sich speziell in Westeuropa auch die Idee von der Zukunft des Kontinents verändert: So wurde endlich die Notwendigkeit einer stärkeren Einigkeit erkannt, wobei an ältere Vorstellungen, beginnend beim Westfälischen Frieden (1648) über Immanuel Kants Vision ‚Zum ewigen Frieden' (1795) und Friedrich Nietzsches Forderung nach Überwindung der „Komödie der

Kleinstaaterei" bis zu Richard Coudenhove-Kalergis ‚Paneuropabewegung' oder Winston Churchills Rede von den „Vereinigten Staaten von Europa" (1946) angeknüpft werden konnte.

Der erste konkrete Schritt in Richtung europäische Einigung wurde am 9. Mai 1950 mit dem ‚Schuman-Plan' des damaligen französischen Außenministers Robert Schuman unternommen. Dessen zugrundeliegende Idee war denkbar einfach: Auf Basis langfristiger wirtschaftlicher Kooperation sollte ein stabiler Frieden gesichert werden. Anders formuliert: Indem die deutsche und die französische Kohle- und Stahlproduktion zusammengelegt und damit die kriegswichtigsten Industrien unter eine gemeinsame Behörde, die Montanunion, gestellt wurden, sollte ein Krieg zwischen diesen Ländern unmöglich werden. Mit diesem genialen Werk unternahmen beherzte Politiker, allen voran Jean Monnet, Robert Schuman, Paul-Henri Spaak, Alcide De Gasperi und Konrad Adenauer, die Initialzündung für den europäischen Integrationsprozess. Als Folge des nur wenig später geschaffenen gemeinsamen Binnenmarktes und trotz zahlreicher Krisen und Rückschläge entwickelte sich daraus die heute bestehende Europäische Union mit ihren inzwischen 27 Mitgliedsländern, über 500 Millionen Einwohnern und mit dem Euro als gemeinsamer Währung von inzwischen 20 Ländern. Einen besonderen Schub erfuhr die EU, die damals noch Europäische Gemeinschaft hieß, durch die große europäische Freiheitsrevolution der Jahre 1989 bis 1991, als mit dem Fall des Eisernen Vorhangs und dem Ende des ‚realsozialistischen' Experiments die Teilung Europas ihr Ende fand, Deutschland wiedervereinigt wurde und viele ehemaligen Mitglieder des Warschauer Paktes den Weg in die europäische Integration fanden.

Die dem europäischen Integrationsprozess zugrundeliegende Vorstellung einer regelbasierten, auf Werte gegründeten und von Normen geleiteten Ordnung war, wie der Politikwissenschafter Herfried Münkler[10] jüngst betonte, den Europäern wie auf den Leib geschneidert. Eine Weltordnung, die nicht mehr (zumindest primär) auf militärischer, sondern auf wirtschaftlicher Macht beruht, sollte den innereuropäischen Kampf um Einflussgebiete überflüssig machen und gleichzeitig Wohlstand und Frieden bringen. Auf einer Annahme aufbauend formulierte auch Francis Fukuyama seine übertriebene These vom „Ende der Geschichte"[11] – Annahmen, die trotz zahlreicher positiver Entwicklungen schon bald, wenn auch vorerst noch nicht nachhaltig, erschüttert wurden: zuerst durch die Jugoslawien-Kriege der 1990er-Jahre

---

10   Vgl. Herfried MÜNKLER, *Notwendige Enttäuschungsverarbeitung der EU*. In: Der Standard, 24.11.2022, S. 30f.

11   Francis FUKUYAMA, *The end of history?* In: The National Interest, No. 16 (1989), S. 3-18.

und die damals verbrochenen ethnischen Säuberungen, noch deutlicher aber durch 9/11, dem islamistisch motivierten Terrorangriff in New York und Washington. In Europa sind es zudem zwei weitere Ereignisse, die es bis heute prägen: Einerseits die durch die Insolvenz der US-amerikanischen Investmentbank ‚Lehman Brothers' ausgelöste globale Finanz- und Wirtschaftskrise, die in der EU eine Griechenland-, eine Staatsschulden- und tiefe Vertrauenskrise in den Euro nach sich zog. Zweitens die Flüchtlingskrise von 2015, die sich zum Spaltpilz der EU entwickelte. Die Frage, wie darauf reagiert werden sollte – ob mit Merkels Credo „Wir schaffen das" oder mit einer totalen Abwehrhaltung wie jener Ungarns und Polens – ist bis heute ungelöst und ein wesentlicher Grund für die anhaltende Lähmung der Europäischen Union.

Die Folgen wurden alsbald im Erstarken nationalistischer, rechtspopulistischer und euroskeptischer Bewegungen bzw. Parteien in ganz Europa sowie im Austritt Großbritanniens aus der Europäischen Union (‚Brexit') im Juni 2016 sichtbar. Gepaart mit dem Wunsch nach einer klar abgegrenzten, kulturellen Identität – was immer man sich darunter vorstellen will –, ist die Rückkehr des Nationalismus als Reaktion auf die Globalisierung umso beunruhigender, als sich mit der zunehmenden Gegnerschaft zwischen den USA und China in globalen Wirtschaftsfragen und um Taiwan ein neuer Konflikt entwickelt hat, dessen Tragweite und Auswirkungen nicht absehbar sind. Der Schwerpunkt der Interessen Washingtons liegt folglich – über diese Tatsache sollte auch das Engagement der USA im aktuellen Ukrainekrieg nicht hinwegtäuschen – zunehmend im pazifischen Raum.

Die Rivalität zwischen China und den USA, vor allem aber der Angriff Russlands auf die Ukraine am 24. Februar 2022 (bzw. eigentlich schon die russische Annexion der Krim-Halbinsel 2014) haben offensichtlich gemacht, dass militärische Macht wieder an Bedeutung gewinnt, dass wieder in Einflusssphären gedacht wird und dass sich gerade eine neue, eine multipolare Weltordnung entwickelt. Wenngleich deren Gestalt noch nicht endgültig festgelegt ist, so dürfte doch klar sein, dass Befriedung und Aussöhnung in dem konfliktbeladenen Raum rund um das Schwarze Meer, zwischen dem Kaukasus im Osten und dem Balkan im Westen, zwischen der Ukraine im Norden und der Türkei im Süden – und damit in einer Region, der immer auch die besondere Aufmerksamkeit Erhard Buseks galt – Herausforderungen sein werden, der sich die Europäer nicht entziehen können. Dazu aber braucht es, um nochmals Münkler zu zitieren, die „Verabschiedung von der bis vor kurzem gehegten Weltordnungsvorstellung, […] und vor allem eine Selbstverwandlung der Europäischen Union von einem Regelbewirtschafter in einen politisch handlungsfähigen Akteur."

Noch einmal: Europa! – Aber wie weiter?

Aktuell jedoch steckt Europa in einer (Identitäts-)Krise. Sicherheitspolitisch von den USA, energiemäßig bis vor kurzem von Russland, künftig von Katar und ähnlichen Autokratien sowie beim Wirtschaftswachstum von der Volksrepublik China abhängig, fehlt es den Mitgliedern der EU an technologischer Souveränität ebenso wie an strategischer Autonomie – ein Umstand, der zuerst in der Covid-Pandemie und nun angesichts des Kriegs in der Ukraine mehr als deutlich wurde. Europa hat leichtfertig die längst herumschwirrenden schwarzen Schwäne wie Pandemie, Russlandkrise, Ukraine-Überfall, Energiekrise oder chinesische Wirtschaftsschwäche übersehen. Es hat Energie, Rohstoffe, Nahrungsmittel und Medikamente von außen bezogen, in Luftschlössern gelebt und ist von einer Ideologiefalle in die nächste getappt. Dies war und ist in Österreich besonders ausgeprägt, mit dem Ergebnis, dass die Schweiz davonzieht, Tschechien aufholt und Österreich zurückfällt. Zwar hat der Ukrainekrieg (bisher) nicht die von Putin erwartete Spaltung der Europäer bewirkt, dennoch wächst die Zahl jener, die sich wieder den Nationalstaaten zuwenden, wo sie Vertrautheit und Schutz zu finden glauben. Gleichzeitig hängt die Handlungsfähigkeit der EU, wenn nicht sogar ihre Überlebensfähigkeit auf globaler Ebene mehr denn je von ihrem gemeinsamen, zielgerichteten Auftreten ab – steht doch möglicherweise „in diesem Jahrhundert die Selbstbehauptung der europäischen Zivilisation auf dem Spiel".[12]

Auch die Frage, wo Europa liegt bzw. bis wohin es reicht, bekommt in diesem Zusammenhang wieder Bedeutung. So gibt es in den Mitgliedstaaten der EU sehr unterschiedliche Ansichten darüber, ob überhaupt und wenn ja, welche Länder noch in die Gemeinschaft aufgenommen werden sollen. Vor allem aber können die Regierungsspitzen der einzelnen Mitgliedsländer aufgrund des in vielen Bereichen bestehenden Einstimmigkeitsprinzips immer noch wichtige Entscheidungen blockieren. Wie soll daher dem immer wieder vorgebrachten Vorwurf des Demokratiedefizits der EU begegnet werden angesichts der Tatsache, dass mit fortschreitender Integration notwendigerweise auch ein schleichender Kompetenzverlust der Mitgliedsstaaten einhergeht, der von manchen Ländern, namentlich Polen und Ungarn, immer seltener akzeptiert wird? Gleichzeitig ist aber auch klar, dass es aufgrund der zahlreichen aktuellen Problemlagen mehr Kooperation jenseits nationaler Egoismen braucht, zumal mit dem Klimawandel, dem aktuellen technologischen Umbruch (‚Vierte Industrielle Revolution'), der Digitalisierung und

---

12   Helmut SCHMIDT, *Mein Europa* – Reden und Aufsätze (Hamburg 2013), S. 8.

nicht zuletzt der Neuformation der Weltordnung wirklich zukunftsentscheidende Herausforderungen bestehen. All diese Entwicklungen können nicht in nationalstaatlichen Alleingängen bewältigt werden, denn selbst die größten Länder Europas fallen global betrachtet kaum ins Gewicht.

Europas Einigung – eine unvollendete Geschichte

Als Folge der dramatischen geoökonomischen und geopolitischen Veränderungen wird unsere Weltkarte – sei es durch die Klimakrise, sei es bei der Energie- oder Rohstoffversorgung, sei es bei der Nahrungsmittel- oder Medikamentenproduktion – wohl neu gezeichnet, und dies auf einem deutlich höheren Preisniveau als bisher und mit weiteren hohen Energieabhängigkeiten Europas. Dennoch zeigt ein Blick auf den Anteil verschiedener Länder bzw. Ländergruppen am Weltsozialprodukt, dass die Europäische Union ein gänzlich anderes Gewicht hat, als es selbst seinen größten Mitgliedsstaaten allein jemals möglich wäre. Angesichts der Vielzahl und der Komplexität der Herausforderungen, mit denen Europa und die Welt heute konfrontiert sind, liegt es folglich auf der Hand, dass die EU nur durch das gemeinsame Vorgehen ihrer Mitglieder erfolgreich sein kann. Mit seiner Bevölkerungsgröße, seinem Bruttoinlandsprodukt und seinem wissenschaftlichen und innovatorischen Potenzial erfüllt die EU zumindest auf dem Papier alle Voraussetzungen, einer der möglichen Akteure in der internationalen Arena zu sein, aber nur dann, wenn es mit einer Stimme spricht und seine moralisierende Besserwisserei und den missionarischen Eurozentrismus aufgibt, auf die Regulierungswut verzichtet und seine Kräfte für einen gemeinsamen Aufbruch bündelt. Diese Aufgabe wurde einerseits durch den Überfall Putins auf die Ukraine befördert und andererseits aber auch erschwert. Das Fenster, das Peter der Große vor 300 Jahren weit nach Westen geöffnet hat, wurde brutal zugeschlagen. Es wird schwierig sein und viel Zeit benötigen, um es wieder zu öffnen.

Es bedarf daher deutlich größerer Anstrengungen, um am gemeinsamen Europa weiterzubauen. Doch was ist diese Idee von Europa heute? Welche Konzepte gibt es für die Zukunft des europäischen Projekts? Wie soll oder kann die EU sich weiterentwickeln, um die vielfältigen Herausforderungen des 21. Jahrhunderts erfolgreich bewältigen zu können, zumal unter den Rahmenbedingungen einer neuen Weltordnung? Darüber finden kaum nennenswerte Diskussionen statt – ein strategisches Defizit, das der Historiker Werner Weidenfeld als „Achillesferse Europas"[13] bezeichnet und das wir endlich

---

13   Werner WEIDENFELD, *Europa:* Eine Strategie (München 2014), S. 109.

überwinden müssen. Was wir jetzt brauchen, sind Konzeptionen für die wirtschaftliche, ökologische, soziale und sicherheitspolitische Erneuerung der EU. Zusammengefasst heißt das: Europa muss mehr (Selbst-)Verantwortung übernehmen.

LITERATUR:

Peter BURKE, *Die Explosion des Wissens:* Von der Encyclopédie bis Wikipedia (Berlin 2014)

John Gareth DARWIN, *Unlocking the world* (London 2020)

Francis FUKUYAMA, *The end of history?* In: The National Interest, No. 16 (Summer 1989), S. 3-18

Yuval N. HARARI, *Eine kurze Geschichte der Menschheit* (Bonn 2013)

Eric JONES, *Das Wunder Europa* – Umwelt, Wirtschaft und Geopolitik in der Geschichte Europas und Asiens (Tübingen 2012)

Jacques LE GOFF, *Das alte Europa und die Welt der Moderne* (München 1994)

Ulrich MENZEL, *Die Ordnung der Welt* – Imperium oder Hegemonie in der Hierarchie der Staatenwelt (Berlin 2015)

Herfried MÜNKLER, *Notwendige Enttäuschungsverarbeitung der EU.* In: Der Standard, 24.11.2022, S. 30f.

Helmut SCHMIDT, *Mein Europa* – Reden und Aufsätze (Hamburg 2013),

William T. STEAD, *The Americanization of the World, or The Trend of the Twentieth Century* (New York/ London 1902)

Werner WEIDENFELD, *Europa:* Eine Strategie (München 2014)

Jürgen WERTHEIMER, *Europa* – Eine Geschichte seiner Kulturen (München 2022)

Karl Schwarzenberg

„*Was Busek in Mittel- und Südosteuropa geschaffen hat, ist nie genügend hoch eingeschätzt worden.* "

Interview[1]

Anlässlich des Todes von Erhard Busek wurden Sie in einer Zeitung mit der Aussage zitiert: „Leider hat Österreich und auch die ÖVP nie richtig seine Bedeutung erfasst." Können Sie das etwas näher ausführen?

Erhard Busek hat frühzeitig die Entwicklung in den Ländern hinter dem Eisernen Vorhang erfasst. Er war einer der ersten, der Beziehungen zur Solidarność, zur Charta 77 etc. geknüpft hat. Dass er nicht österreichischer Außenminister wurde oder zumindest eine wesentliche Rolle in der österreichischen Außenpolitik gespielt hat, war eine entsetzliche Versäumnis der ÖVP. Auch auf anderen Gebieten war er einer der intelligentesten und aufgewecktesten Politiker in Österreich, aber die wirklich Begabten werden bekanntlich von den Parteien ausgeschieden, so wie zum Beispiel die Sozialdemokratie Hannes Androsch nie mehr eine Möglichkeit gegeben hat.

Sie unterstützten als gebürtiger Böhme schon früh Dissidenten in der Tschechoslowakei, Erhard Busek zählt zu den wenigen österreichischen Politikern, die sich ebenfalls in diesem Bereich engagierten. Wann lernten Sie sich kennen und gab es gemeinsame Aktivitäten in diesem Bereich?

Wir haben einiges miteinander getan, aber nichts, soviel ich weiß, Wesentliches bezüglich der Dissidenten in Böhmen. Ich habe das hauptsächlich in der Position des Präsidenten der Helsinki-Föderation (1984-1991) gemacht. Erhard hat in Österreich eine starke Stellung gehabt, aber wir haben natürlich Informationen ausgetauscht und viel über die Möglichkeiten diskutiert.

Busek engagierte sich sehr für den mitteleuropäischen Raum, in unseren Nachbarstaaten. Welchen Eindruck gewannen Sie persönlich von der österreichischen Nachbarschaftspolitik nach 1989?

---

1 Die Fragen wurden den Herausgebern von Karl Schwarzenberg im Dezember 2022 schriftlich beantwortet.

In den ersten Jahren nach 1989 war das wesentlichste Interesse der österreichischen Außenpolitik der Eintritt in die Europäische Gemeinschaft (EG). Man wollte sich damals nicht belasten mit den armen Nachbarn und Vettern und hat infolgedessen damals, leider Gottes, einen intensiven Kontakt mit den östlichen Nachbarstaaten vermieden. Die haben dann eigene Organisationen gegründet wie Visegrád und andere mehr, aber Österreich hat damals die Chance versäumt, eine führende Stelle einzunehmen. Aus verständlichen Gründen war der Eintritt in die EG die oberste Priorität, und Österreich hatte den Eindruck, dass die Verbindung zu den Nachbarn mehr eine Belastung gewesen wäre.

Später engagierten Sie sich in der tschechischen Politik, Busek begann eine neue Phase seines politischen Lebens als internationaler Netzwerker, vor allem für die Zusammenarbeit in Mitteleuropa und Südosteuropa. Wie erlebten Sie ihn in diesen Funktionen?

Was Busek in den 1980er- und 1990er-Jahren bezüglich des Netzwerkes in Mittel- und Südosteuropa geschaffen und getan hat, ist nie genügend hoch eingeschätzt worden. Ich weiß von Zeugnissen vieler Politiker, sei es in Polen, sei es in Ungarn, sei es am Balkan, wie sehr seine Arbeit geschätzt wurde und wie sehr sie Erhard Busek persönlich schätzten, auch wie er dann in Brüssel tätig war. Ich erlebte ihn in diesen Funktionen und ich gebe zu, er war in manchem ein Vorbild.

Erhard Busek war in den 1990er-Jahren Bundesparteiobmann der ÖVP, Sie waren Vorsitzender von TOP 09; beide Parteien sind Mitglied der christdemokratischen EVP. Welche Aufgabe hat/hätte die Christdemokratie heute in Europa?

Wenn die EVP (Europäische Volkspartei) wirklich noch christdemokratisch wäre, hätte sie manche Aufgabe in Europa – darüber könnte man eine Stunde lang vortragen, leider Gottes ist bei all diesen Parteien, ob CDU oder ÖVP und anderen, in den letzten 20 Jahren ein Abbau des christlichen Gedankens zu beobachten. Wenn sie sich dieser Wurzel besinnen würden, hätten sie viele Aufgaben. Derzeit sind sie gesichtslose Parteien und das ist Mitschuld an ihrem geringen Erfolg.

Wie haben Sie Erhard Busek persönlich, im Umgang mit anderen Menschen, erlebt?

Einer der besten Seiten an Erhard Busek war sein stets vorhandener Humor, wobei er bei seinem Spott sich selbst nie ausnahm. Das hat den Umgang mit ihm ungeheuer erleichtert.

SPHÄREN

Erhard Busek war nie nur in einer ‚Welt' zu Hause. Der zweite Teil versammelt Texte zu den geistigen ‚Sphären', in und zwischen denen er sich bewegte, sei es in der Wissenschaft und hier insbesondere in der Geschichte, der Politik, der Religion oder der Kultur. Alle diese Bereiche prägten ihn, wie er auch sie prägte.

Der Diplomat *Emil Brix*, Direktor der Diplomatischen Akademie Wien, analysiert die Bedeutung der Geschichte für Buseks Denken. Für diesen sei sie „Grundlage und Voraussetzung für die erfolgreiche Gestaltung der Zukunft" gewesen. Zu seinen Markenzeichen wurden das Eintreten für ein mitteleuropäisches, Grenzen überschreitendes historisches Denken, die Wiederentdeckung der Wiener Moderne, aber auch die Förderung geistes- und kulturwissenschaftlicher Forschung und Lehre.

Heinrich Neisser, Politikwissenschaftler und langjähriger Spitzenpolitiker, arbeitet die besonderen Begabungen Erhard Buseks für ein Wirken in der Politik heraus. Seine rhetorischen Fähigkeiten verband er „mit einer enormen Raschheit in dem Erkennen von Situationen" und entsprechendem Handeln. Der Autor weist aber auch auf Buseks Mut zur Selbstkritik und Emotionalität für jene Themen, die ihm am Herzen lagen, hin. So konnte sein „ständig reflektierender Geist" über Jahrzehnte Österreichs Politik begleiten und gestalten.

Lojze Wieser, Verleger und Autor in Klagenfurt/Celovec, beschreibt das tiefe Verständnis Buseks für die Kultur als verbindendes Element der Völker Europas. Er lässt den Verstorbenen ausführlich selbst zu Wort kommen, um dazulegen, wie sehr dieser davon überzeugt war, dass insbesondere die Literatur politische und kulturelle Unterschiede zu verstehen hilft. Er trat stets für ein „kreatives Zusammenleben aus der Mischung der Kulturen, Sprachen und historischen Erfahrungen" ein – darin sah er die Zukunft Europas.

Thomas Walter Köhler, Geisteswissenschaftler sowie Psycho- und Logotherapeut in Wien, betont Erhard Busek als ‚Christ und Demokrat in Einheit aus Vielfalt'. Geprägt durch die Nachkriegszeit und das Zweite Vatikanische Konzil nahm er immer wieder die Position gleichsam eines ‚Oppositionellen' im eigenen Land wie in der eigenen Partei ein. Verkrustete Strukturen versuchte er aufzubrechen: in verschiedenen Rollen als Vizebürgermeister Wiens oder Vizekanzler Österreichs.

Die Journalistin und Publizistin *Trautl Brandstaller* geht der Sozialisation Buseks in der Kirche des Zweiten Vatikanischen Konzils und in der von Karl Strobl geleiteten Katholischen Hochschulgemeinde nach, die auch sein politisches Wirken als Christdemokrat inspirierte. Auch wenn sich seine Beziehungen zur Kirche und ihren offiziellen Vertretern lockerten, bedauerte er deren Niedergang in Österreich wie jenen der ÖVP. Beide Entwicklungen hätten ihn zuletzt „ziemlich heimatlos gemacht", konstatiert die Autorin.

Der Pastoraltheologe *Paul M. Zulehner* stellte für den Band eine bearbeitete Version der von ihm gehaltenen Predigt anlässlich des Begräbnisses von Erhard Busek zur Verfügung. Er arbeitet die Bedeutung des Glaubens für diesen heraus, der als Mitglied einer Weltkirche das Globale mit dem Lokalen verband. Zum „Talent Glauben" sei bei ihm das „Talent intellektuelle Brillanz" getreten. Er habe Gesinnung und Verantwortung zusammengehalten und sich als christdemokratischer Grundsatzdenker profiliert.

Emil Brix

In der Geschichte leben

> *„[…] eine jüngere Generation hat wohl zu wenig*
> *Geschichte und Geschichten erzählt bekommen."*

Erhard Busek (2001)[1]

In der politischen Praxis beschäftigen sich Politiker in der Regel nur dann mit Geschichte, wenn es entweder unvermeidbar oder zumindest opportun ist. Im Falle der österreichischen Zweiten Republik gilt ersteres für die Mitverantwortung von Österreichern am Nationalsozialismus und am Zweiten Weltkrieg. Zweiteres gilt für wichtige Ereignisse in der österreichischen Geschichte, die geeignet erscheinen zur nationalen Identitätsstiftung und in weltanschaulicher Hinsicht zur Reputation des eigenen politischen Lagers beizutragen. Für derartige Formen einer ‚reputierlichen' Geschichtspolitik hatte Erhard Busek wenig übrig. Er nannte dies wiederholt eine spezifisch österreichische Form von Geschichtsvergessenheit, die noch dazu seit 1955, geprägt vom Umgang mit dem Verfassungsgrundsatz der ‚Neutralität', zu einer Überzeugung von Schicksalslosigkeit geführt habe.

Erhard Busek hat demgegenüber in seinem gesamten politischen und intellektuellen Handeln immer gefordert, Geschichte nicht auszublenden, sondern als Grundlage und Voraussetzung für die erfolgreiche Gestaltung von Zukunft ernst zu nehmen. Eigentlich war es eine Aufforderung „in der Geschichte" zu leben, eine Aufforderung zur „Zeitgenossenschaft", die Erhard Busek für Wien und Österreich einforderte. Sein Eintreten für ein mitteleuropäisches, nationale Grenzen überschreitendes historisches Denken, für moderne Museen, die den Zugang zur eigenen Geschichte schaffen, für mehr geistes- und kulturwissenschaftliche Forschung und Lehre in Österreich, für eine Wiederentdeckung der kreativen ‚conditions of excellence' des multinationalen Wiener Fin de Siècle (‚Wien um 1900') – all das war ein Ausdruck einer bürgerlichen Modernität. Dies mag als Ergebnis seiner eigenen humanistischen Bildung und seiner christdemokratischen Überzeugung gelten. Für einen konservativen Politiker war dies aber zeit seines Lebens keine Position, die in der eigenen Wählerschaft mehrheitsfähig war. Mit seinem liberalen Zugang zu Fragen der Nation und der Religion polarisierte er innerhalb einer seit ihrer Gründung nach dem Ende des Zweiten Weltkrieges mehr ländlich als urban geprägten ÖVP.

---

1   Erhard BUSEK, *Eine Reise ins Innere Europas* (Klagenfurt 2001), S. 72.

Er wollte nie auf sein eigenes Urteil verzichten, weil ihm Traditionen nur dann wichtig waren, wenn sie eine Bewahrung des Feuers und nicht eine Anbetung der Asche ermöglichten: „Was kann man sich mehr wünschen, als an einer Zeit teilzuhaben, die einen bewegt und die man auch bewegen kann, die nach Veränderungen ruft und die Veränderungen zum Besseren möglich macht?"[2] Dieses Zitat bezieht sich auf das Ende der ideologischen Teilung Europas im ‚magischen Jahr‘ 1989, aber es steht stellvertretend für seine generelle Überzeugung, dass ein moderner Konservativer Veränderungen mit Offenheit und einer Bereitschaft zur eigenständigen Beurteilung begegnen müsse. Ähnlich hatte dies der konservative Politiker und Historiker Edmund Burke Ende des 18. Jahrhunderts formuliert: „Euer Repräsentant schuldet euch nicht nur seinen Fleiß, sondern auch sein Urteil."[3]

Um Wissenschaftler in Österreich zu mehr Urteilskraft und zum Stellen und Beantworten aktueller Fragen zu ermutigen, hat er 1977 als junger oppositioneller Wiener Kommunalpolitiker die ‚Österreichische Forschungsgemeinschaft‘ gegründet.[4]

Ein Projekt für die Fortsetzung der Geschichte der Aufklärung und gegen Wissenschaftsskepsis

Politikern wird in Österreich oft der Vorwurf gemacht, dass sie Wissenschaft und Forschung in ihrer Bedeutung für die Gesellschaft zu wenig ernst nehmen, weil damit keine Wahlen zu gewinnen seien. Das Leben und Wirken von Erhard Busek, einem der Gründer und von 1979 bis 1989 Präsidenten der Österreichischen Forschungsgemeinschaft, stellte dagegen das Bekenntnis dar, dass kein europäischer Staat ohne eine aktive Wissenschaftspolitik erfolgreich sein kann. Die großen Leistungen in seiner Zeit als Wissenschafts- und später Unterrichtsminister wie besonders die Universitätsautonomie und das System der Fachhochschulen hatte er bereits während der Zeit als ÖFG-Präsident innerhalb der Vereinsgremien heftig und oft kontroversiell diskutieren lassen. Er glaubte an die Kraft der intellektuellen Auseinandersetzung.

Sein besonderes Interesse galt immer den Geisteswissenschaften. In der österreichischen Identitätsdebatte sollte nicht auf die intellektuellen Traditionen der Pluralität der späten Habsburgermonarchie verzichtet werden. Er

---

2   Zit. in: Kurt STEINER, *Der Liberale*. In: Elisabeth WELZIG (Hg.), *Erhard Busek – Ein Portrait* (Wien/Köln/Weimar 1992), S. 129.

3   Ibidem, S. 128.

4   Österreichische Forschungsgemeinschaft, *Aufgaben und Ziele* [https://www.oefg.at/organisa-tion/aufgaben-ziele/; aufgerufen am 24.12.2022].

initiierte zur Förderung der Humanwissenschaften in Österreich Wissen-
schaftspreise der ÖFG ('Anton-Gindely-Preis', 'Ludwig-Wittgenstein-Preis')
und ich selbst durfte in der ÖFG lange die Arbeitsgemeinschaft 'Wien um
1900' betreuen. Er motivierte Humanwissenschaftler wie Gerald Stourzh,
Oswald Panagl oder Wolfgang Mantl, aber auch Naturwissenschaftler und
Mediziner wie Hans Tuppy, Meinrad Peterlik, Werner Waldhäusl oder Fritz
Paschke zur Mitarbeit an einer Weiterentwicklung der Forschungspolitik.
Die Schwäche der liberalen politischen Traditionen sollte nicht länger als
Vorwand für die fehlende strukturelle Modernisierung dienen können. Wien
sollte sein urbanes Potenzial als Großstadt in Mitteleuropa nutzen und die
österreichische Neutralität sollte nicht zur Schicksalslosigkeit verkümmern.
Moderne bürgerliche Politik und ein aufgeklärter Katholizismus benötigen
weniger ideologisch vorbestimmte Haltungen und erlauben dennoch mehr
wertorientierte Lösungsansätze. Er sah wohl erstmals seit 1945 in Österreich
die Möglichkeit, ein bürgerlich-liberales Konzept der Moderne zu entwer-
fen, das klassische linke Modernisierungsstrategien kritisch in Frage stellen
konnte ohne sofort als reaktionär oder provinziell angreifbar zu sein.

In einem Interview aus Anlass des 40. Jahrestages der Gründung der Österreichischen Forschungsgemeinschaft hat Erhard Busek 2017 seine Überlegungen für die Gründung der ÖFG in der ihm eigenen Direktheit formuliert:
„Als Wissenschaftssprecher der ÖVP wurde ich gefragt, warum die SPÖ die
Boltzmann-Gesellschaft habe, die ÖVP aber kein vergleichbares Instrument.
Es gab Förderungen der ÖVP-Bundesländer, aber keine gemeinsame Strategie. So wurde ich von vielen Wissenschaftlerinnen und Wissenschaftlern
gedrängt, eine Gründung vorzunehmen, um vor allem Themen zu behan-
deln, die bei der Boltzmann-Gesellschaft kaum vorkamen. Das waren vor
allem Geisteswissenschaften." Tatsächlich hat er mit der ÖFG immer das
Ziel verfolgt, dass die Wissenschaftlerinnen und Wissenschaftler selbst für die
Modernisierung der Universitäten und Forschungseinrichtungen Vorschläge
machen und Verantwortung übernehmen. Und er war überzeugt, dass Wissenschaftler sich der Öffentlichkeit erklären müssen, um mehr Interesse an
Wissenschaft und Forschung zu erwecken.

Geschichte als Bedingung von Identitätsbildung

Historische Mythen und Geschichtserzählungen stellen die Grundlage kultureller Identitäten von Gemeinschaften dar. Im mitteleuropäischen Raum
haben der häufige Wandel von Grenzen, Regimen und Ideologien sowie
Bevölkerungsverschiebungen, Migrationen und Prozesse der Assimilation
seit der Aufklärung eine besondere Sensibilität für historische Prozesse und

ihre Rolle bei der Konstituierung und Veränderung von kollektiven Identitäten geschaffen.

Exklusive ethnische und weltanschauliche Geschichtsbilder wurden dabei besonders im 20. Jahrhundert zu konkurrierenden politischen Argumenten für Gemeinschaftsbildungen, die Teile der eigenen Traditionen ausblenden und verdrängen sollten. Die europäische Gegenwart seit dem Ende des Eisernen Vorhangs wird daher vor allem in den Reformstaaten Mitteleuropas als ‚Rückkehr der Geschichte‘ interpretiert. Die ideologische Teilung Europas zwischen 1945 und 1989 hatte weder im Westen noch im Osten des Kontinents historisch legitimierten Identitäten großen politischen Gestaltungsraum gegeben. Die in Jalta festgelegte Nachkriegsordnung sollte im Osten und im Westen neue Traditionen begründen. Es wurde eine Grenze zwischen Vergangenheit und Gegenwart gezogen, die erst nach mehr als 50 Jahren als unhaltbar erkannt wurde. Im Westen sollten die Verheerungen der nationalsozialistischen Rassenpolitik von einem aufgeklärten und demokratischen europäischen Integrationsprojekt abgelöst werden. Im kommunistischen Osten Europas sollte ein bürgerliches Weltbild beseitigt werden. Dieses politisch motivierte Ausblenden von Teilen der Geschichte erlebte Busek bei seinen zahlreichen Reisen in die kommunistisch regierten Nachbarstaaten Österreichs, wo er sich seit den 1970er-Jahren mit ‚Dissidenten‘ traf, die mit viel persönlichem Mut gegen ein Ausblenden der Geschichte vor der Zeit der kommunistischen Herrschaft – in den Worten des polnischen Philosophen und Priesters Józef Tischner gegen den „homo sovieticus" – eintraten.

Mit dem Fall totalitärer Regime in Mittel- und Osteuropa wurde Geschichte danach wieder zu einem Beweismittel für Kontinuität und gleichzeitig Lernfähigkeit von Gesellschaften. Seit 1989 konkurrieren dabei die Vorstellungen von Geschichte als Instrument der Aufklärung und als Mittel zur Bildung von Gemeinschaftsbewusstsein (sprachlich, ethnisch, staatlich). Ein Symptom dafür ist, dass historische Tabuthemen öffentlich diskutiert werden und dabei Aufklärung und kollektive Identitätsbildung zunehmend komplementär gesehen werden.

Dabei kann Geschichte wieder zum Stoff für politische Konflikte werden (z.B. über die Rolle von ethnischen und staatlichen Gemeinschaften im Nationalsozialismus, ethnisch begründete massenweise Vertreibungen nach dem Ende des Zweiten Weltkriegs, individuelle Verantwortung im Kommunismus). Dies signalisiert, dass die Aufklärungsfunktion von Geschichte auch in Fragen von Gemeinschaftsbildungen an Bedeutung gewinnt. Österreich hat dies in der Waldheim-Diskussion und in Diskussionen um den Anschluss 1938 erlebt. In den mitteleuropäischen Staaten werden Diskussionen um die ‚richtige Geschichte‘ und um die Stereotypen der Nachbarschaft weiter zunehmen. Dies ist Teil gesellschaftlicher Lernprozesse in der Demokratie. Historiker und Sozialwissenschaftler Mitteleuropas versuchen, dies möglichst gemeinsam zu diskutieren, und auch dafür hat Busek politische Initiativen gesetzt, so etwa, um gemeinsame Geschichtsmaterialien für Tschechien und Österreich oder für Südosteuropa zu erstellen. Er wusste, dass diese Aufgabe nicht einfach ist. Eine permanente Identitätssuche und die Leichtigkeit, daraus Konflikte zu formen, hat den beliebigen Umgang mit Traditionen zum Regelfall gemacht. So konnten der Wiener Bürgermeister Karl Lueger um 1900 genauso wie die polnischen Kommunisten in den 1960er-Jahren und der ungarische Ministerpräsident Viktor Orbán in diesen Jahren antisemitische Stereotypen für ihre jeweilige politische Argumentation nutzen. In der Literatur, bei Robert Musil und auch bei Thomas Bernhard, wird dies als ‚Scheinhaftigkeit‘ der Wirklichkeit verarbeitet. Man kann dafür ebenso auf die Versuche der späten Habsburgermonarchie, eine österreichische ‚Reichs-idee‘ populär zu machen, verweisen wie auf die Postulierung nationaler Traditionen in den Staaten der Zwischenkriegszeit. Am deutlichsten wurde dies nach 1918 in der offiziellen ‚Entösterreichungskampagne‘ der jungen Tschechoslowakei. Daran konnten auch die kommunistischen Regime nach 1945 anknüpfen, die über Jahrzehnte das Geschichtsbewusstsein in ihrem Sinne formten und Teile des kulturellen Gedächtnisses blockieren wollten.

Was Busek bewegte, war die Frage, welche Geschichte seit 1989 nach Mitteleuropa zurückkehrt. Im Selbstverständnis konservativer Regierungen in Polen, Ungarn oder auch Bulgarien scheinen in erster Linie die ethnisch-nationalen Erzählungen dieses Raumes zurückzukehren. Gleichzeitig besteht aber ein Interesse an der Aufarbeitung von verdrängten Themen, die den europäischen Kontext in der Geschichte der neuen Demokratien von den baltischen Staaten bis in den Westbalkan betonen. Was ihm Sorge bereitete, war die Frage, ob sich aus nationalen Geschichtsmythen heute ein gemeinsames Europa aufbauen lässt. Er glaubte nicht, dass die zunehmenden außereuropäischen Migrationsströme in die Europäische Union durch Zäune oder Mauern an den Außengrenzen reguliert werden können, um auf diese Weise nationalpopulistische Strömungen nicht zu stärken. Ich zitiere nachfolgend aus dem von mir mit Erhard Busek 2018 gemeinsam geschriebenen Buch ‚Mitteleuropa Revisited‘, das den Ambivalenzen in der Geschichte und Geschichtsinterpretationen des mitteleuropäischen Raumes breiten Platz einräumt:

„Es lohnt sich, an die Geschichtserzählungen dieses Raumes und an die Erfahrungen des 20. Jahrhunderts zu erinnern. Grenzverschiebungen als Folge des Zweiten Weltkriegs, Vertreibungen und Umsiedlungen ethnischer Minderheiten widersprechen jeder These der Kontinuität. Die Rückkehr der Geschichte in diese Länder ist nicht nur eine Befreiung vom Kommunismus, sondern auch die Wiederkehr der Geschichte der nationalen Gruppen in jener Form, die nationale Anknüpfungspunkte zulässt. Zumeist handelt es sich dabei um die Zwischenkriegszeit. Die Geschichte der Zwischenkriegszeit ist aber keine Geschichte des demokratischen Aufbruchs. Autoritäre Machtstrukturen, politische Illusionen und nationale Geschichtsfälschungen gehörten zu den Merkmalen der nach 1918 entstandenen Staaten. Auch darauf konnte der Kommunismus nach 1945 aufbauen. Die mitteleuropäische Staatenwelt nach 1918 war vom Erbe des altösterreichischen Nationalitätenkampfes geprägt. Die nationalen Mythen der ethnischen Gruppen im mitteleuropäischen Raum – es sind immer Geschichtsmythen – entstanden aus dem Geist der Romantik und nicht aus dem der Aufklärung und enthalten stets zwei Elemente des Nationalismus, die prinzipieller Natur sind: erstens die Überzeugung, dass die eigene Nation in Abgrenzung zu den Nachbarvölkern zu definieren ist (Ausgrenzungstheorie), und zweitens das Streben nach politisch-kultureller Überlegenheit (Überlegenheitstheorie). Dieser Raum war lange nicht von Traditionen der Gleichberechtigung geprägt, sondern von der Überzeugung, dass nur die ‚Vorherrschaft‘ im Sinne einer Abgrenzung und der Vermittlung kultureller Überlegenheit das nationale Überleben sichert. Derartige Traditionen erklären, warum heute Politiker wie Jarosław Kaczyński in Polen oder Viktor Orbán in Ungarn mit einer gegen liberale, offene Gesellschaften gerichteten Politik erfolgreich sein können. Sie versprechen, den Kampf um die Nation noch einmal zu schlagen.

Die ideologische Teilung Europas bis 1989 konservierte in der Mitte Europas langfristige Traditionen der kulturellen Inhomogenität, die Manès Sperber als ‚merkwürdige Präsenz der Geschichte‘ bezeichnete. Daher kommt der Geschichtsforschung, der Vermittlung von Gemeinschaft (Identität) durch Geschichtsbilder und dem Kampf um das Gedächtnis im politischen und sozialen Wandel Mittel-, Ost- und Südosteuropas Bedeutung zu. Geschichtsdiskurse begleiten den politischen Wandel und prägen ihn mit Argumenten translokaler kultureller Traditionszusammenhänge. Sie erfüllen legitimierende Funktionen (nationale Geschichtsmythen) und bestimmen öffentliche Diskussionen in und über die neuen Demokratien (Aufarbeitung der Geschichte des Zweiten Weltkriegs und des Kommunismus). Geschichte ist seit 1989 weit mehr als ein Streitgegenstand für Historiker, sie wurde zum Medium und Mittel der Konstruktion politischer und nationaler Identitäten. Die Interpretationen der Lage nach 1989 reichen dabei von der ‚Rückkehr der Geschichte‘ bis zum ‚Ende der Geschichte‘. Die Repräsentation von Geschichte wird im Wandel zum Instrument der Selbstvergewisserung (Geschichte als Teil der politischen Kultur), die sich auf die Begriffe Wahrheit und Erinnerung beruft. Gleichzeitig werden Widersprüche deutlich zwischen den heute gängigen Geschichtstheorien der Dekonstruktion (cultural studies), die den Repräsentationscharakter von Geschichte (Sprache und Symbole) untersuchen, und Vorstellungen von historischer Wahrheit, die im politischen

Wandel Aufklärungstraditionen verpflichtet sind. Geschichtsbilder werden als spezifische Traditionsmuster aktualisiert, die an die Stelle des Ost-West-Gegensatzes treten können, der traditionelle Konflikte, Vorurteile und Gemeinsamkeiten verdrängt, aber konserviert hatte."[5]

Geschichte, Geschichten und Geschichterln

Die Förderung der gemeinsamen Aufarbeitung und Vermittlung der Geschichte, besonders über die aktuellen nationalen Grenzen hinaus, galten Busek als zentrales Anliegen, wie die Versöhnung am Westbalkan und die Wiederentdeckung der Potenziale mitteleuropäischer Nachbarschaftsbeziehungen. Die Forderung nach einer ‚Entprovinzialisierung' des österreichischen Geistes, wie Busek sie bei so unterschiedlichen Vorbildern wie Otto Mauer, Kardinal Franz König, Friedrich Heer und Jörg Mauthe spürte, hatte nichts mit Habsburgernostalgie oder postimperialer Selbstüberschätzung zu tun. Er warnte sogar vor der Illusion, dass Österreich aufgrund seiner Geschichte und geografischen Lage eine ‚Brücke' oder eine ‚Drehscheibe' sein wolle. Es genüge, ein guter Nachbar und ein Dolmetsch „so mancher Situationen in unserer Gegend des Kontinents" zu sein. Aber gesellschaftlicher Fortschritt war für ihn ein Ergebnis von mehr Wissen. Wie oft hatte er in öffentlichen Reden vom kreativen Milieu des pluralistischen Wiens um 1900 gesprochen! Wie oft hat er formuliert, dass die Entfernung von Wien nach Lviv/Lemberg nicht weiter als jene nach Bregenz ist und dass Prag westlicher als Wien liegt! Die Aktualität der Geschichte (und insgesamt der Geisteswissenschaften) war für ihn Faszinosum und Auftrag. Ich kenne keine Stelle, an der er Friedrich Nietzsche mit seiner Arbeit ‚Vom Nutzen und Nachteil der Historie für das Leben' zitiert, aber er schätzte die auf Nietzsche beruhenden kritischen Arbeiten über moralisierendes Geschichtsbewusstsein des Philosophen (und ehemaligen Mitarbeiters in der Zeit als Wissenschaftsminister) Rudolf Burger.[6] Die Aktualität von Geschichte war für Busek unentrinnbar: „Wir werden uns den Rückzug aus der Aktualität, aus der Geschichte und der Zukunft nicht leisten können; denn egal, ob wir nun bereit sind, diese neuen Wirklichkeiten zur Kenntnis zu nehmen oder nicht: sie passieren. Und vor allem – sie passieren *uns*!"[7] Dies klingt schon sehr wie Nietzsches Warnung vor Geschichte im archivarischen Sinn, aber dessen Erkenntnis, dass man

---

5   Emil BRIX/Erhard BUSEK, *Mitteleuropa Revisited* – Warum Europas Zukunft in Mitteleuropa entschieden wird (Wien 2018), S. 22-24.

6   S. Rudolf BURGER, *Wozu Geschichte?* Eine Warnung zur rechten Zeit (Wien 2018).

7   Erhard BUSEK, *Nichts bleibt gleich*. In: WELZIG (Hg.), *Erhard Busek*, S. 280.

Geschichte kennen muss, um innovativ zu sein und um die Potenziale der Zukunft verstehen zu können.

Busek hat seine eigene, eigenwillige Kategorisierung der unterschiedlichen Formen der Geschichte vorgenommen: „Ich bin immer überzeugt gewesen, dass man Geschichte, Geschichten und Geschichterln kennen muss, um sich leichter zu orientieren."[8] Seine Unterscheidung zwischen „Geschichte", „Geschichten" und „Geschichterln" entspricht in der akademischen Literatur über die Formen des kulturellen Gedächtnisses am ehesten der Differenzierung zwischen Geschichte als akademischer Disziplin, Geschichten als Ausformungen des kollektiven Gedächtnisses und Geschichterln als Ausdruck des kommunikativen Gedächtnisses.[9]

Der ‚Zeitgenosse‘

Erhard Busek hat als Politiker in Österreich und in Europa in den Jahrzehnten vor und nach dem Fall des ‚Eisernen Vorhangs‘ Geschichte gemacht (mitgestaltet) sowie Institutionen und Strukturen gefördert, die Geschichtsbewusstsein stärken sollten. Er hat als Intellektueller Geschichten über die Geschichte (und Zukunft) Mitteleuropas, des Donauraums, des Balkans und Europas geschrieben und in unzähligen Reden vermittelt. Und er hat bis zu den letzten Tagen seines Lebens als ‚Zeitgenosse‘ Zeugnis von der Geschichte seiner Generation abgegeben. Als Wiener Vizebürgermeister hat er Ende 1986 den katholischen polnischen Wissenschaftler und späteren Politiker Władysław Bartoszewski nach Wien zu einem Vortrag in dem von ihm gegründeten Club ‚Pro Wien‘ eingeladen, um über ‚Aus der Geschichte lernen – Kein Frieden ohne Freiheit‘ zu sprechen. Nur wenige Tage vor seinem Ableben hat Erhard Busek in der polnischen Botschaft in Wien an einer Veranstaltung zur Erinnerung an den 100. Geburtstag von Bartoszewski teilgenommen, um dort im besten Busek'schen Sinn ‚Geschichterln‘ über den großen Humanisten Bartoszewski zu erzählen. Er wollte der Geschichte nicht entkommen, sondern in der Geschichte leben. Die letzten Stunden vor seinem überraschenden Tod verbrachte er bei einem Konzert zur Unterstützung der Ukraine und zur Erinnerung an die Opfer der russischen Invasion in der Ukraine.

---

8 Ds., *Eine Reise ins Innere Europas*, S. 12.

9 S. dazu die Theoriebildung von Aleida Assmann: Aleida ASSMANN, *Der lange Schatten der Vergangenheit:* Erinnerungskultur und Geschichtspolitik (München 2006).

Heinrich Neisser

Erhard Busek – Österreicher und Kosmopolit

Die Zweite Republik ist in der bereits mehr als 100-jährigen Geschichte der österreichischen Republik eine Periode einer beachtenswerten Entwicklung und eines anerkannten Aufstieges. Mit dem Ende des Zweiten Weltkrieges und des totalitären Systems des Nationalsozialismus hat in Österreich eine Generation von Politikern Verantwortung übernommen, um das Land in eine neue Zukunft zu führen. Ein gemeinsames Bekenntnis zu Österreich war die Grundlage für einen Neuaufbau unseres Landes. Die Namen Renner, Körner, Raab, Figl u. v. a. sind mit den Ereignissen des Jahres 1945 untrennbar verbunden. Nach der Erlangung der vollen Unabhängigkeit durch den Staatsvertrag von Wien im Jahr 1955 fand auch in der Politik ein Generationenwechsel statt. Die Vertreter und Vertreterinnen einer jungen Generation kamen in die Arena der Politik und beeinflussten das politische Geschehen. Zwei aufeinanderfolgende Perioden von Alleinregierungen – nämlich die Regierung Klaus von 1966 bis 1970 und danach eine dreimalige Alleinregierung unter Kreisky von 1970 bis 1983 – führten auch innerhalb dieser Parteien zu Bewegung und Veränderung und gaben einem politischem Nachwuchs Chancen für ein politisches Engagement. Mit Klaus und Kreisky begann ein Modernisierungsprozess in Staat und Gesellschaft, der Österreich maßgeblich prägte.

Busek war fünf Jahre jünger als ich, unser Auftritt auf dem politischen Parkett begann ziemlich gleichzeitig. Wir hatten ein politisch-gesellschaftliches Biotop, dem wir am Anfang zugeordnet wurden. Ich trat am Beginn meines Studiums einer CV-Verbindung bei und war daher ‚CVer‘; Erhard kam aus dem Kreise der Katholischen Hochschuljugend, einer Gruppe, die zahlreiche kritische und aufgeschlossene junge Menschen vereinte. Zwischen beiden Biotopen gab es öfter ein kritisches Spannungsfeld. Man beobachtete sich von der Ferne, auch mit einer gewissen Zurückhaltung.

Erhard Busek spielte viel früher als ich eine Rolle im politischen Geschehen. Die Österreichische Volkspartei erkannte sein Talent, er zählte zu den ‚jungen Löwen‘ und fand bald bei maßgeblichen Politikern dieser Partei Rückhalt und Unterstützung. Seine Begabung für Wort und Schrift gab ihm nicht nur die Fähigkeit zu einer beeindruckenden politischen Rhetorik, sondern verband sich mit einer enormen Raschheit in dem Erkennen von Situationen und einem entsprechenden Handeln. Seine Begabungen waren zahlreich. Der großartige österreichische Kabarettist Hans Peter Heinzl hat bei einer Geburtstagsfeier für Erhard Busek im Metropol im 17.

Wiener Gemeindebezirk den Song kreiert: „Wo denn der Erhard das alles her hat?"

Erhard Busek hat es gut verstanden, seine persönlichen Fähigkeiten und seine Geschicklichkeit in politische Aktionen einzubringen. Dies wurde bei seinem ersten großen politischen Erfolg in Wien deutlich. Wien, die ‚rote Hofburg', galt als uneinnehmbar. Die Österreichische Volkspartei schien in eine Zuseherrolle verbannt zu sein. Die Freundschaft zwischen Erhard und dem beeindruckenden Literaten Jörg Mauthe machte es möglich, die Grenzen der Sozialdemokratie in der österreichischen Bundeshauptstadt aufzuzeigen und für die ÖVP einen kaum erwarteten Wahlerfolg einzubringen. Die Zusammenarbeit des Duos Busek-Mauthe war ein Musterbeispiel politischer Innovation, der Belebung der Kultur der Großstadt und einer Oppositionspolitik, die immer auch das Gesamtwohl der Großstadt im Auge behielt. Die ÖVP hat diese Herausforderungen nicht weiter verfolgt und versinkt heute mehr denn je im Stadium der politischen Aussichtslosigkeit.

Erhard Busek hatte viele Fähigkeiten, die für einen erfolgreichen und verantwortungsvollen Politiker notwendig sind. Mich hat besonders sein Mut zur Selbstkritik und seine Empfindsamkeit für wahrscheinlich zukünftige Entwicklungen beeindruckt. Sie waren Ausdruck einer besonderen Sensibilität für Veränderungen und notwendige Anpassungen im Hinblick auf zukünftige Entwicklungen. Das wird deutlich in einem Buch, das Busek im Jahr 2010 unter dem Titel ‚Was haben wir falsch gemacht? Eine Generation nimmt Stellung'[1] herausgab. Darin haben 25 Autoren der ‚Generation 60plus' Überlegungen über „Fehler der Vergangenheit – Perspektiven für die Zukunft" angestellt. Busek als Herausgeber schrieb ein Vorwort, wo er am Anfang meinte: „Meine Generation kann mit Fug und Recht behaupten, dass ihr Vieles gelungen ist." Dem schloss er jedoch eine brillant geschriebene Warnung vor einer Zukunft an, die auf besorgniserregende Versäumnisse der Vergangenheit und Probleme der Gegenwart, die daraus entstanden sind, Bezug nahm. Busek beklagte, dass sich ein geistiger Provinzialismus breit mache, der zu einem Unwillen führe, sich mit einzelnen Situationen kritisch auseinanderzusetzen. Das führe zu einer insularen Befindlichkeit, die Ursache einer gefährlichen Gleichgültigkeit gegenüber den großen Herausforderungen der Zukunft sei. Es fehle die Kraft zu inneren Reformen, seit dem Beitritt zur Europäischen Union haben wir den Platz in Europa noch nicht gefunden. Busek schreibt wörtlich: „Wir haben ein Talent entwickelt, notwendige Reformen zu verta-

---

1   Erhard BUSEK (Hg.), *Was haben wir falsch gemacht? Eine Generation nimmt Stellung* (Wien 2010); die Zitate stammen aus Buseks Vorwort, S. 7ff.

gen, etwa des Bundesstaates, des Bildungswesens, der Qualitätssicherung an den Universitäten und Forschungseinrichtungen, der Anpassung des Sozialstaates an die Notwendigkeiten und Möglichkeiten unserer Zeit (Alterung der Bevölkerung, Kostendämpfung im Gesundheitswesen, Integration der Immigration etc.)."

Busek äußert schließlich auch seine Sorge über die von Meinungsumfragen geortete Sehnsucht nach einem ‚starken Mann'. Die Qualität der Politik sei zumindestens fraglich geworden, „hier und anderswo" habe die Demokratie die Problemlösungskompetenz verloren.

Mehr als zehn Jahre nach dem Erscheinen des zitierten Buches ist die Kritik des Herausgebers unverändert aktuell und beweist dessen Sensibilität für Einschätzung politischer Entwicklungen.

Manche Kritiker haben Erhard Busek als distanzierte, eher kühle Persönlichkeit angesehen, in deren Leben Emotionen eine kaum wahrnehmbare Bedeutung hatten. Dies ist meiner Meinung nach eine grundsätzliche Fehleinschätzung, die weder dem Politiker noch dem Menschen Busek gerecht wird.

Ein beeindruckendes Beispiel für den ‚emotionalen' Busek ist seine Beziehung zum Begriff der ‚Heimat'. In einer Festschrift, die mir gewidmet war, schrieb er über ein Thema, das ihn immer beschäftigte: ‚Europa – nicht gewonnene Heimat?'. Er meinte, dass es die eigentliche Aufgabe dieser Zeit sein werde, eine Vielfalt von Ideen, Maßnahmen, Gefühlen und Regungen zu nützen, um den Menschen das Gefühl der Heimat zu geben. Wir reden oft von Empathie, von der Fähigkeit, sich einzufühlen, wobei es aber nicht nur um das Zwischenmenschliche, sondern auch im Hinblick auf eine umgebende Welt, die im Großen ja letztlich unsere Heimat ist, geht. Busek meinte, dass es zweckmäßiger wäre, anstelle von analytischen Studien und Dokumenten viel mehr der Komponente von Gefühlen, der menschlichen Regung und der Sehnsucht Raum zu geben. Für ihn war und ist Heimat Bindung, allerdings nicht als mechanistische Vorstellung oder ein primitives ‚Angebundensein', sondern als Gefühl, sich wohl zu fühlen, Möglichkeiten des Lebens vorzufinden und Teile einer produktiven Entwicklung im menschlichen Zusammenwirken zu sein. Das sei eine zentrale Aufgabe der Politik. In ihr sei man nie für sich allein, sondern immer in Beziehungen zu Anderen und zu einem Umfeld, in dem man zuhause ist oder versucht, es zu sein. Das habe eine romantische Komponente, gleichzeitig aber auch eine hohe rationale, nämlich alle Bemühungen zu unterstützen, die auf dieses Ziel gerichtet sind und auch die entsprechenden Ergebnisse zeitigen. Politik muss in der Lage sein, um eine Heimat zu bereiten, diese weiter zu entwickeln und weiterzugeben, dies sei die eigentliche Aufgabe des Ringens um die Gestaltung unserer uns anvertrauten Welt.

Am Schluss dieses Beitrages hat Erhard Busek für mich lobende Worte gefunden, die ich nicht aus Eitelkeit zitiere, sondern weil sie Ausdruck meiner persönlichen Verbindung zu ihm waren. Er schrieb, dass mit mir zu reden für ihn „immer Trost und Ermunterung waren, weil mein ständig reflektierender Geist die Zeit begleitet hat und stets nach Antworten suchte."[2] Diese Worte sind für mich nicht nur ein ehrendes Kompliment eines langjährigen Weggefährten und politischen Freundes, sondern sie sind vor allem auch in besonderer Weise für Erhard Busek selbst bestimmend: Sein ständig reflektierender Geist hat über Jahrzehnte die Politik nicht nur begleitet, sondern auch maßgeblich gestaltet und nach Antworten gesucht und auch gefunden. Das war in knappen Worten die Bedeutung von Erhard Busek.

Am Schluss meiner Ausführungen möchte ich noch auf ein Thema Bezug nehmen, ohne das die Erinnerung an den europäischen Politiker Erhard Busek nur fragmentarischen Charakter hätte. Es war seine Einstellung zu Europa und zum europäischen Einigungsprozess. Dieses Thema verband uns in besonderer Weise. Für ihn war sein Engagement im österreichischen Beitrittsprozess nicht nur eine Aufgabe des politischen Alltags, sondern die Mitarbeit an der Erfüllung eines historischen Gedankens – der von Anfang an den gesamten Kontinent Europa in eine neue Zukunft der Demokratie und des Friedens führen sollte. Buseks Einsatz, auch Mittel- und Osteuropa in einen europäischen Raum zu integrieren, war andauernd und vielfältig. Für ihn waren europäische Flüsse das geografische Zentrum einer europäischen Verbindung. Die deutsch-französische Aussöhnung gewährleistete das friedliche Zusammenleben der Menschen entlang des Rheins. Die Donau sollte zum zweiten Fluss der europäischen Integration werden, als Schauplatz für das friedliche Zusammenleben von Menschen. Es galt, alte Ressentiments zu überwinden, Mauern und Zäune zu beseitigen bzw. ihr Entstehen zu verhindern. Das war besonders nach dem Jahr 1989 und dem damit beginnenden Transformationsprozess eine der größten Herausforderungen der Europapolitik, im Besonderen auch einer konstruktiven österreichischen Europapolitik.
Erhard Buseks Einsatz für Mittel- und Osteuropa begann nicht erst mit der Erweiterung der Europäischen Union in den Jahren 2004 und 2007, durch die zwölf neue Mitgliedstaaten aufgenommen wurden, untern ihnen die meisten aus dem mittel- und osteuropäischen Raum. Schon Jahre vorher, lange

---

2   Ds., *Europa – nicht gewonnene Heimat?*. In: Peter HILPOLD/Andreas RAFFEINER/Walter STEINMAIR (Hg.), *Rechtsstaatlichkeit, Grundrechte und Solidarität in Österreich und in Europa* – Festgabe zum 85. Geburtstag von Professor Heinrich Neisser, einem europäischen Humanisten (Wien 2021), S. 143-160.

vor 1989, suchte Erhard Busek Kontakte zur kritischen Gesellschaft in den damaligen kommunistischen Staaten Mittel- und Osteuropas, um Dissidenten kennen zu lernen und zu ermutigen, in ihren Diktaturen Widerstand zu leisten. Dieser Aktionismus verlangte besonderen persönlichen Mut und bedeutete auch die Inkaufnahme zahlreicher Risken. Er offenbarte aber auch die Fähigkeit zu einem Dialog, der Vertrauen aufbaute und viele Impulse zu einer europäischen Gesinnung vermittelte.

Von den zahlreichen Gesprächspartnern dieser Treffen erinnere ich besonders an Václav Havel, der als erster Präsident der Tschechischen Republik nach der Öffnung Mittel- und Osteuropas politische Verantwortung übernahm. Er war Schriftsteller, der in der kommunistischen Ära im Gefängnis saß und davon überzeugt war, dass Politik moralischen Grundsätzen folgen müsste. Er debattierte offen über Fehlentwicklungen des Transformationsprozesses und engagierte sich uneingeschränkt für die Staatsform der Demokratie, die sich nach Jahrzehnten der kommunistischen Diktatur bewähren musste. Karl Schwarzenberg und Erhard Busek waren für ihn wichtige Beobachter der politischen Entwicklung und Ratgeber vor allem in europäischen Fragen.

Erhard Busek musste noch in den letzten Wochen seines Lebens den brutalen russischen Angriff gegen die Ukraine miterleben. Für ihn war dies ein unvorstellbarer Schock und eine Gefahr für die europäischen Werte und die freie Welt. Es war das letzte Leiden in einem erfüllten Leben, das dem bedingungslosen Einsatz für die unverzichtbaren Werte unseres Lebens gewidmet war.

Lojze Wieser

„Wir gehen den Weg, der nutzlos scheint. Er wird jedoch dringender als je benötigt. "

Erhard Busek und europäische Kultur

Ich habe Erhard Busek über ‚Tantadruj‘, die Novelle von Ciril Kosmač, kennengelernt. Auf der Buchmesse in Frankfurt in den frühen 1980er-Jahren. ‚Tantadruj‘ wurde in den Jahrzehnten unseres Begegnens und Tuns fast zum Codewort. Jahre später, bei Zusammenkünften: „Er liegt noch immer auf dem Nachtkasterl. […] Ich lese immer wieder darin. […] Erfreulich-trauriges Buch, wie das Leben selbst."
Ein Buch, das verbindet.
Der Beginn eines Gesprächs.

Wie oft haben wir über die zu Unrecht vergessenen Kulturen der einzelnen Sprachen in den europäischen Staaten gesprochen, sind doch die wenigen Nationalstaaten in Europa nur ein müder Abklatsch des vielfältigen kulturellen Ausdrucks, der in ihnen pulsiert.
Wie viele Staaten bilden heute die EU? 26? 27? Aus wie vielen Staaten besteht Europa? 47? Mehr? Weniger? Und: Wie viele Sprachen werden in diesen gesprochen? Wissen Sie es? Die oft gestellte Frage in Diskussionsveranstaltungen, bei Debatten.
Bevor wir in der WEEO 2001 den Band 10 ‚Lexikon der Sprachen des europäischen Ostens‘ herausbrachten, wussten wir es selbst nicht. Die Vermutung lag bei 50 bis 70 Sprachen in ganz Europa.

Dann kam es auf Initiative von mir, in Zusammenarbeit mit der Alpen-Adria-Universität und dem damaligen Rektor Günther Hödl, zur Gründung der ‚Enzyklopädie des europäischen Ostens‘. Zur besseren Wiedererkennung riet mir Erhard Busek in einem Gespräch, in den Namen der Enzyklopädie den des Erfinders, des Gründers einzufügen, ‚Wieser‘ voranzustellen, was ich, auch aus Rücksicht auf die vielen Beteiligten, unterlassen hatte. „Nenne es doch simpel ‚Wieser Enzyklopädie des europäischen Ostens – WEEO‘, du hast etwas Solitäres geschaffen und herzuzeigen […]." Was mir unmittelbar eine Reihe Feindschaften, Intrigen und Unterstellungen aus den Reihen der Beamtenschaft und der Mitarbeiter an der WEEO einbrachte.

Buseks Wissenschaftsministerium förderte als erstes die Arbeit am Band 10, dem ‚Lexikon der Sprachen des europäischen Ostens‘. Zu dritt baten wir ihn bei einem offiziellen Termin, bei dem auch Peter Mahringer, Sektionschef und langjähriger Leiter der Ministerbüros von Erhard Busek, anwesend war, darum: Günther Hödl, Feliks J. Bister und ich. Diese Förderschiene hat später auch Minister Casper Einem verdienstvoll fortgeführt.

Im Jahr 2000 haben wir während der politischen Gespräche beim Europaforum die WEEO in einem Hintergrundgespräch den Medien präsentiert. Das Augenmerk wurde auf die Frage von Kultur und Sprache gelenkt. Ich zitiere einen kurzen Bericht, der zuerst 2004 im Czernin Verlag erschienen ist:

„Während der politischen Gespräche beim Europaforum Alpbach ergab es sich, dass sich sowohl Erhard Busek als auch der dort anwesende Spitzendiplomat und Hohe Repräsentant für Bosnien und Herzegowina Wolfgang Petritsch bereit erklärten, die ‚Wieser Enzyklopädie des europäischen Ostens‘ (WEEO) in einem Hintergrundgespräch Vertretern der Medien zu präsentieren. Das war in den Tagen, als versucht wurde, Erhard Busek als Regierungsbeauftragten für die Osterweiterung in der Öffentlichkeit zu diskreditieren.

Die politischen Gespräche in Alpbach standen unter dem Motto der europäischen Integration. Für mich waren die Diskussionen um die Fragen der europäischen Integration unwahrscheinlich spannend. Nicht nur, weil ich seit fast zwei Jahrzehnten damit beschäftigt bin, Literatur und Kultur aus der anderen Hälfte Europas zu vermitteln, also in konkreter Form mit den Integrationsbemühungen auf Tuchfühlung lebe, sondern auch, weil die seit nunmehr gut sieben Jahren dauernden Vorbereitungen zur Herausgabe einer Enzyklopädie des europäischen Ostens in eine sehr konkrete Phase übergehen. Heuer im Herbst soll der erste Band der WEEO erscheinen, der Band über die Sprachen in der östlichen Hälfte des europäischen Kontinents.

Aber zurück zu Alpbach. Ich denke, es ist kein Zufall, dass diese Fragen zunehmend emotional und kontroversiell diskutiert werden. Der Krieg in Ex-Jugoslawien hat uns deutlich vor Augen geführt, dass es Europa bisher nicht gelungen ist, an die Frage der kulturellen und der wirtschaftlichen Unterschiede so heranzugehen, dass dadurch nicht ein neuer Konfliktstoff entsteht. Ein Blick auf die Definitionen, die bei diesem Treffen gegeben wurden, was Europa ist und worunter Europa zu verstehen ist, wird die Tiefe der Verwirrung und die Breite der Ratlosigkeit deutlich machen.

Von einigen der dort Anwesenden wurden Positionen vertreten wie: Die 15 EU-Staaten sind Europa; das Europa des Euro; das Europa von Schengen; das Europa von Maastricht; Europa sind diejenigen Länder, in denen die römisch-katholische Religion vorherrscht; die abendländische Kultur ist Europa. Wer zu Europa gehört, nach welchen Kriterien er dazu gezählt werden kann, ab wann und vor allem auf welcher ethnischen und ethischen Grundlage, war nicht nur Gegenstand heftiger

Dispute, es zeigte auch die heillose Verwirrung, die um sich gegriffen hat, und wo die verschiedensten Meinungen nicht nur konkurrieren, sondern versuchen, ihre theoretische Begründung für die Dominanz der eigenen gegenüber der fremden Meinung zu liefern.

In einer Zeit, in der sich die Magier der Neustaaterei, wie es Jiří Gruša, Schriftsteller, Mitbegründer der Charta 77, Botschafter der Republik Tschechien in Österreich und ab 2004 Präsident des Internationalen Schriftstellerverbandes PEN, formulierte, am Prozess der Souveränitätsminderung beteiligen, in einer Zeit, in der die Identitätsfalle immer schneller und eindeutiger zuschnappt, wo das Gleiche bloß gefordert wird, um nur seinesgleichen zu bewahren, nehmen Propheten und Evangelisten überhand. Sie fuchteln mit einer europäisch gestempelten Green Card und möchten am liebsten allen, die in die EU eintreten möchten, das Recht auf eigene Sprache verwehren. Man habe schon mit den drei dominierenden Sprachen der EU genug Probleme, und man wisse um die Probleme des Europarats, der sich mit den elf (!) anerkannten (!!) Sprachen herumzuschlagen hat. Allein im Osten Europas werden weit über 70 Sprachen gesprochen, ungefähr gleich viele wie im Westen.

Wir leben in einer Zeit, in der Hegemonien auf intellektueller Ebene ausgeübt werden, und es zeichnet sich ein Interventionismus durch Unterlassung ab. Oder wie soll man es deuten, wenn ernstlich darüber debattiert wird, dass 1500 englische Wörter für eine gesamteuropäische Verständigung genügen! Wie soll sich ein kroatischer Fischer oder ein tschechischer Schneider authentisch an die EU wenden, wenn ihm das Instrument der Sprache von vornherein genommen bzw. auf ein unwürdiges Maß in einer ihm fremden Sprache gekürzt wird? Um keine Missverständnisse aufkommen zu lassen: Jeder soll, so es nur irgend möglich, Englisch lernen. Auch andere Sprachen soll er/sie beherrschen. Aber seine eigene Ursächlichkeit, seine Psyche und seine Seele, sein Tun und Wollen, sein Lachen und sein Weinen, das soll er in der jeweiligen mit der Muttermilch mitgegebenen Sprache tun können. […]

Darum ist diesen Theoretikern der eingeschränkten europäischen Einheit die Sprache und Kultur eine Bürde und Erschwernis, die man bei Gott nicht einmal ansprechen, geschweige denn anrühren soll. Deswegen beharren sie auf der schon längst und immer häufiger in Frage gestellten Nationalstaatlichkeit, deshalb sprechen sie von einem Europa der Vaterländer und Regionen, und deshalb ist ihnen ein Europa der Muttersprachen und Kulturen unvorstellbar, weil ungewohnt. Sie hoffen durch Ignorieren der kulturellen Unterschiede die zuhauf aufbrechenden Trennlinien in Europa auch weiterhin überdecken bzw. im Nebel der Verwirrung Menschen und Kulturen gegeneinander ausspielen zu können. […]

Die Gefahr ist sehr groß, dass unter solchen Gesichtspunkten angeblich marginale Fragen wie Sprache und Kultur unter den Tisch fallen und dass die Sensibilität gegenüber den Befürchtungen von Außer-EU-Staaten, Menschen, Minderheiten und Völkern, die sich sehr häufig in der Geschichte als ante-mural und unerwünscht gefühlt haben, gar nicht aufkommt. Wenn man sich die Argumente aus Alpbach vor Augen hält, scheint dies nicht ganz unbegründet zu sein. Von Seiten zahlreicher Diskutanten ist man offensichtlich so überzeugt von der eigenen Richtigkeit – um nicht zu sagen hegemonialen Voreingenommenheit –, dass scheinbar neuerlich über Fragen hinweggewischt wird, die unseren Kontinent seit nun gut eineinhalb Jahrhunderten mit tiefen Gräben durchziehen."[1]

Leider hat die Klagenfurter Uni den Wert der Kooperation mit dem Wieser Verlag bei der WEEO nach dem Tod von Günther Hödl nicht erkannt und die Zusammenarbeit einseitig eingestellt. Als Verlag setzen wir die notwendige, aber mühevolle Arbeit im Rahmen unserer Möglichkeiten fort.

Wie oft noch kamen in den folgenden Jahren unsere Gespräche mit Erhard Busek auf die Rolle der Kultur und ihre unterschätzte Einordnung im europäischen Einigungs- und Friedensprozess – ausgehend von der Erfahrung mit dem 1981 als These verkündeten „einheitlichen oder gemeinsamen slowenischen Kulturraum", den ich anlässlich der Präsentation der Neuauflage des 1972 bei Obzorja in Maribor/Marburg erschienenen slowenischen Romans ‚Zmote dijaka Tjaža' (Original 1972, slowenische Neuauflage bei Drava-ZTT/EST, November 1981; ‚Der Zögling Tjaž', übersetzt v. Peter Handke u. Helga Mračnikar, erschien im Frühjahr des Jahres 1981 beim Residenz Verlag in Salzburg) von Florjan Lipuš im Hotel Moser Verdino in Klagenfurt/Celovec erstmals auf Slowenisch formulierte. Das Buch war bei zwei Minderheitenverlagen in Triest/Trst und Klagenfurt/Celovec erschienen. Die damit formulierte zukunftsweisende These war diametral den bis dahin vorherrschenden nationalistischen Ideen entgegengesetzt. Sie öffnete Raum und Geist, sie hob Grenzen auf und wies ihnen, den Grenzen, einzig die ordnende Rolle in der zwischenmenschlichen Straßenverkehrsordnung zu. Sie relativiert Zahlen und Größen und führt zum Wesentlichen, nämlich, dass Sprache Rückgrat des einzelnen Menschen ist. Jegliche Sprache, ob durch Nationalstaat vermeintlich geadelt oder nicht. Sprache, so die herausgearbeitete Zuspitzung der These, braucht, um existieren zu können, kein Territorium, wohl aber ein geistig offenes, demokratisches Umfeld. (Mit dieser These wird auch auf eine mögliche Antwort in Bezug auf die überdimensionierte Wahrnehmung von Migration und Emigration implizit hingewiesen, deren Lösung nicht im Mauerbau und Schutz der eigenen Privilegien besteht, sondern vielmehr in der Schaffung von Lebensbedingungen, die allen Menschen den Hunger

---

1 Aus: Lojze WIESER, *Die Zunge reicht weiter als die Hand* – Anmerkungen eines Grenzverlegers (Wien 2004), S. 196-200.

86

nimmt und ihnen Freiheit der Bewegung und des Arbeitens ermöglicht. Das, was man gemeinhin unter dem Begriff Demokratie, Achtung, Würde und Menschenrechte subsumiert.)

Diese Gedanken ermöglichten erstmals, einen Weg zu beschreiten, der die nationale Frage nicht als ideologische, völkische und rassische behandelt, vielmehr als menschliche, als seelische (wie es Peter Handke nennt), als individuelle – ausgehend von der Achtung und Würde jedes Einzelnen und jeder Einzelnen.

So illusorisch dieser Gedanke Anfang der 1980er-Jahre auch erschienen sein mag, umso deutlicher wurden – mit den Jahrzehnten – dessen Intentionen. Erstmals wurden diese Überlegungen im Jugoslawienkrieg in der Wirklichkeit auf ihre Tauglichkeit geprüft und drohten anfänglich sogar, zu verblassen, bis nach all den zahlreichen Neugründungen von Staaten auf dem Boden des ehemaligen Jugoslawien immer mehr Sand im Getriebe immer lauter und lauter zu knirschen begann (siehe oben Jiří Grušas Worte zu den „Magiern der Neustaaterei").

Ich erinnere mich an ein Gespräch, das wir mit Busek in Brüssel führten, als Erhard der Koordinator des Stabilitätspaktes bzw. Regierungsbeauftragter für die Osterweiterung war. Es fand in seinem Büro statt, wo ich ihn einige Monate zuvor schon mit der damaligen Grünen-Abgeordneten Mercedes Echerer besucht hatte. Beim zweiten Besuch unterhielten wir uns darüber, ob eine vermeintliche wirtschaftliche Stabilität, die sich am Balkan noch immer nicht abzeichnen wollte, durch die Annäherung an die NATO tatsächlich auch Sicherheit und Stabilität bringen würde.

Ich insistierte, dass möglicherweise eine Kenntnis der kulturellen Besonderheit jeder einzelnen Sprache und Kultur in diesem Raum auf Dauer mehr Stabilität zustande brächte, und bat ihn, diesen Gedanken zu unterstützen – nämlich dass von allen zur wirtschaftlichen, politischen und militärischen Stabilität ausgegebenen Mitteln ein gewisser Prozentsatz für kulturelles Kennenlernen (sprich Übersetzungen, Europa erlesen, Sprachlexikon) reserviert werden sollte, damit die Kenntnis über Menschen, Kultur und Raum und ihren historischen Werdegang für eine breitere Öffentlichkeit Europas sichtbar und erfahrbar gemacht werden würde. Erst wenn man die verschiedenen, differenzierten und besonderen Erfahrungen jedes Einzelnen nachvollziehen würde können, käme man sich wirklich näher und brächte mehr Verständnis dafür auf, wo einen der Schuh drückt. Bei all den Milliarden, die da in die Hand genommen werden, meinte ich, genügten wohl Summen, die sich im unteren Zehntel- oder Hundertstelbereich bewegen würden.

Der Gedanke gefiel ihm, wiewohl er seine Zweifel anmeldete, dass es den für den Stabilitätspakt Verantwortlichen gefallen würde, die für Kultur an sich schon kein Verständnis hätten. Er gab mir recht, wohl wissend, dass die Organe der EU dafür keinen Finger rühren würden, da sie der Maxime folgten, dass zuerst die wirtschaftliche Stabilität gefestigt werden müsse, bevor man sich der ‚Orchideenzucht' widmet. Offensichtlich sah er mir die Enttäuschung an. Um mich nicht ganz deprimiert ziehen zu lassen, riet er mir, mich auf die Suche nach möglichen ‚freien Buchungsstellen' in der EU-Buchhaltung zu machen, was ich denn auch aufgriff. Mit Hilfe zahlreicher Abgeordneter und hoher Repräsentanten – von Elmar Brok, Herbert Bösch über Mercedes Echerer bis Hannes Swoboda – begannen wir in tagelanger Arbeit alle in Frage kommenden Konten der EU-Buchhaltung auf taugliche kulturelle Fördermöglichkeiten zu durchleuchten, um zur – befürchteten – Erkenntnis zu gelangen, dass es – zu dieser Zeit, Ende der 1990er-, Anfang der 2000er-Jahre – kein einziges Programm gab, das sich mit der kulturellen Annäherung nicht nur der Mitgliedsstaaten der EU, sondern vor allem der vielen in diesen Staaten lebenden Minderheiten beschäftigte oder ihnen wenigstens Aufmerksamkeit schenkte. Der Wunsch nach einer europäischen Austauschbibliothek zerrann wie die Pasterze im Klimawandel. So mussten wir uns eingestehen: In der EU gibt es keine Buchungsstelle für flächendeckende kulturelle Integration. Ende der 1990er-, Anfang der 2000er-Jahre wäre damit ein wirksamer Hebel geschaffen worden, der den neu erwachten Demagogen in Europa und anderswo Wind aus den Segeln genommen hätte.

Dass jedoch der Gedanke Erhard Busek nicht mehr losließ, sieht man an dem Kapitel ‚Die Zunge reicht weiter als die Hand' in seinem 2001 in meinem Verlag erschienenen Buch ‚Eine Reise ins Innere Europas', das ich hier wegen der klaren Gedanken zur europäischen Kulturpolitik als Ganzes gerne zur neuerlichen Lesung wiedergeben möchte:

„Dem Polen Stanisław Jerzy Lec sind manch scharfe Aperçus zu verdanken. Dieser von Karl Dedecius ins Deutsche übertragene Satz zur Reichweite des Wortes erfasst aber eine unendlich wichtige politische Weisheit. Es ist außer Frage, dass Literatur viel von dem vermittelt, was moderne Gesellschaftswissenschaften trotz aller Raffinesse der heutigen Forschungstechnik nie transportieren können: das Gefühl für Atmosphäre, geschichtliche Wurzeln und Perspektiven von Entwicklungen und letztlich ein inneres Verstehen einer Situation. Dass sich unser Zeitalter mit dem Emotionalen und daher auch oft mit dem Wort trotz der allgemeinen Logorrhö schwertut, wird niemand bestreiten. Darin ist wohl einer der Gründe zu sehen, warum sich niemand aus dem ‚Westen' für jene Literatur interessierte, die in einem reichen Ausmaß in Ost- und Südosteuropa gediehen ist und gedeiht. Hätte man etwa rechtzeitig den serbischen Schriftsteller und Kurzzeit-Staatspräsidenten von Miloševićs Gnaden, Dobrica Ćosić, früher gelesen, wäre manches an unterschiedlichem Geschichts- und Weltverständnis zwischen Serbien und dem Rest von Europa früher sichtbar geworden – auch hätte man Strategien entwickeln können, um dem zu begegnen. Ćosić hat eine fast triumphalistische Geschichtsauffassung seines Landes präsentiert, das dem Leid der Serben eine moralische Überlegenheit gegenüber Europa zugrunde legt, eine sozialistische Gesellschaftsauffassung begründet und Kampf und Krieg rechtfertigt. Persönlich bin ich überzeugt, dass diese Ignoranz des freien Europa gerade gegenüber den ‚Schluchten des Balkan' sehr stark war und ist, und wahrscheinlich ist das Bild vieler von der Erinnerung an die Karl-May-Lektüre der Jugend geprägt, vermehrt um Horrorbilder der elektronischen Medien aus der letzten Zeit, die so ein differenziertes Urteil über diese Region verhindert haben. Den heutigen Transformationsstaaten Polen, Tschechische Republik, Ungarn und ihrer Literatur, aber auch Russ-land wurde mehr Interesse entgegengebracht, weil es eine durchgehende Tradition der Übersetzung ins Deutsche gegeben hat. So unterscheidet sich die Perzeption Ostmitteleuropas und Osteuropas auch im Literarischen sehr wesentlich und schon lange vom Südosten des Kontinents.

Statistik ist meistens nicht umfassend informativ, doch einige Zahlen geben hier einen ausdrucksvollen Überblick: in 125 Jahren erschienen in deutschsprachigen Übersetzungen rund 480 Werke einzelner Autoren, vorwiegend aus der slowenischen, kroatischen und serbischen Sprache, vereinzelt auch der makedonischen. Weiters erschienen rund 420 Anthologien in einem Zeitraum von 185 Jahren. Das sind weniger als vier Werke pro Jahr und knapp zwei Anthologien pro Jahr. Zur Relativierung muss gesagt werden, dass hier sowohl Nachdrucke wie auch Hörspiele in Manuskriptform und Theaterübersetzungen mitgezählt sind. Somit reduziert sich die Veröffentlichung eigentlich literarischer Werke auf gerade ein bis zwei Ausgaben pro Jahr. Der Verleger dieses Buches, Lojze Wieser, selbst österreichischer Slowene, hat diese Statistik noch mehr ins Detail bemüht. Zwischen 1775 und 1918, also der Zeit der k. k. Monarchie, wurden 54 Werke und 208 Anthologien, also 29 % des Volumens, angeboten, wobei es sich natürlich auf Autoren slowenischer und kroatischer, aber auch montenegrinischer Herkunft konzentrierte. Von 1918 bis 1933 erschienen nur mehr 15 Einzelwerke bzw. 29 Anthologien (4 %) aus den gleichen Sprachen, wobei auch Serben übersetzt wurden. Zwischen 1933 und 1945 sind es 27 Werke und 26 Anthologien, also 6 %, von 1945 bis 1977, in der Zeit von Titos Jugoslawien, das zu dieser Zeit Europa näher war, sind 306 Werke und 155 Anthologien, also 51 % des gesamten Œuvres übersetzt worden, wobei Anfang der 60er Jahre ein gewisser Aufwärtstrend erkennbar war. Einige Verlage des deutschsprachigen Raums wie Hanser, Suhrkamp, Fischer, Rowohlt und Stiasny haben sich große Verdienste erworben. Ivo Andrić allein kann 58 Publikationen auf sich verbuchen, wobei die Vergabe des Nobelpreises für Literatur an ihn 1961 sicher auf dem Markt förderlich war. Er war aber auch der Einzige aus diesem Raum, der auf diese Weise international Anerkennung fand. Miroslav Krleža folgt mit 24 Werken weit abgeschlagen. Autoren wie Danilo Kiš, Milovan Djilas oder der Slowene Drago Jančar und der Serbe

Bulatović folgen hinten nach, wobei ihre Übersetzungen entweder in Verlagen der ehemaligen DDR erschienen sind oder den Weg in den deutschen Sprachraum (wie Kiš und Kadare) meistens über den Umweg der französischen Übersetzungen zu uns gefunden haben. Die Dramatik dieses Versäumnisses kommt schon dadurch zum Ausdruck, dass seit 1945 vergleichsweise über 1.500 Übersetzungen von polnischer Literatur Eingang in den deutschen Sprachraum gefunden haben. Man könnte das als eine kompensatorische Entwicklung zu den Konflikten vor 1938 interpretieren, aber schließlich gilt Gleiches für Südosteuropa.

Es ist kein Zweifel, dass der Eiserne Vorhang auch kulturell wirksam war. Nicht zuletzt ist es ein Verdienst der schon erwähnten Helsinki-Akte und des legendären ‚Korb drei' und der darin verankerten Maßnahmen, dass die Ost-West-Teilung Schritt um Schritt überwunden werden konnte. Die Wirkungen sind aber tiefgehend und heute noch spürbar. Es muss auch registriert werden, dass etwa für Wirtschaft und Tourismus bis hin zu den politischen Beziehungen das Jugoslawien Titos durchaus ein selbstverständlicher Partner war, während kulturell vieles zurückblieb, nicht interessierte und uns daher der Blick auf die reale Situation dieser Länder verborgen blieb. Um so überraschter sind wir heute, als es seit dem Zerfall von Jugoslawien 1991 immerhin vier Balkankriege (Slowenien, Kroatien, Bosnien und Herzegowina, Kosovo) gegeben hat, die in unterschiedlichem Ausmaß nicht nur verheerende Opfer, sondern auch bleibende Instabilitäten und oft widerwillig wahrgenommene Verpflichtungen Europas und der übrigen Welt erzeugt haben. Wir hätten es voraussehen können, wäre die Literatur dieses Raumes gelesen und für das übrige Europa übersetzt worden. Ihre Aktualität ist bedrängender denn je.

Ein besonderes Kapitel ist das Verhalten der Intellektuellen der freien Demokratien. So sehr es eine entwickelte Sensibilität gegenüber der Vergangenheit des Dritten Reiches gibt, so ist doch eine weitgehende Ignoranz gegenüber den Verwerfungen im Balkan festzustellen. Die großen Romane zur Situation des geteilten Europa sind überhaupt noch ausgeblieben, die Auseinandersetzung mit der Wiedergewinnung unseres Kontinentes und seiner Gestaltungsmöglichkeit fehlt völlig. Einzig die französischen Intellektuellen haben während des Bosnienkonflikts eine Haltungsänderung ihres Staatspräsidenten François Mitterand bewirkt. Auf eine eigenartige Weise hat es zweifellos Peter Handke getan, was grundsätzliche Anerkennung verdient, wenngleich ich mir persönlich mit seinen Befunden über Serbien äußerst schwertue. Auch habe ich nicht verstanden, dass er nach einer langen Zeit der Zuwendung zur slowenischen Literatur sich von diesem Land und seinen Schriftstellern abrupt verabschiedet hat, um vorurteilslos gegenüber der Politik von Milošević ein Mitstreiter zu sein. Man muss ihm aber auch dafür dankbar sein, weil es eine der wenigen Reaktionen der europäischen Schriftsteller zu dieser Situation darstellt. Ergänzend muss gesagt werden, dass beginnend in den 60er Jahren auf dem Boden der alten Habsburger-Monarchie eine gewisse literarische Auseinandersetzung mit der Region begann und noch stattfindet, die Claudio Magris mit seinem Werk über den Habsburger-Mythos in der österreichischen Literatur begonnen hat. Er wie auch Peter Esterhazy haben darüber in unterschiedlicher Weise geschrieben, ebenso ist einiges in der polnischen und tschechischen Literatur erschienen, das darauf Bezug hat. Man kann es aber durchaus nicht als eine Auseinandersetzung mit der gespaltenen politischen Situation des Kontinents verstehen, es ist vielmehr eine Mischung von Aufarbeitung und Wiederentdeckung mit einem Schuss Nostalgie und für den Balkan irrelevant.

Warum aber hat das überhaupt Bedeutung in der gegenwärtigen politischen Situation? Dieser Frage möchte ich mich nicht als Literaturwissenschafter nähern, der ich nicht bin, sondern durchaus aus einer politischen Perspektive. Es ist außer Frage, dass Literatur in Umbruchsituationen eine unendliche Bedeutung hat. Das, was Robert Musil (,Der Mann ohne Eigenschaften') und Stefan Zweig (,Die Welt von Gestern') über ein sich verabschiedendes Europa des 19. Jahrhunderts veröffentlicht haben, hatte durchaus auch eine Vorwarnfunktion für die Katastrophen des 20. Jahrhunderts. Was Ivo Andrić in ,Wesire und Konsuln' über die kulturellen Brüche in Südosteuropa geschrieben hat, würde auch heute noch manchen westlichen Diplomaten helfen, politische Unterschiede zu verstehen. Robert Musil hat in seinem Essay ,Hilfloses Europa' Hinweise auf eine Situation gegeben, der nach dem Zweiten Weltkrieg mit einigem Erfolg auf der einen Seite des Eisernen Vorhangs gegengesteuert wurde. Persönlich bin ich überzeugt, dass im deutschsprachigen Raum die Fixierung der ,68er-Generation' auf die Vergangenheit und das Ringen um spätmarxistische Positionen bis heute den Blick auf die Wirklichkeiten in der europäischen Nachbarschaft verstellt hat. Mag es der Traum vom ,dritten Weg' gewesen sein oder andere gesellschaftspolitische Illusionen, jedenfalls existiert eine gewisse Blindheit gegenüber Ländern, die für die heutige europäische Befindlichkeit von unendlicher Bedeutung sind. Sich damit auseinanderzusetzen ist aber nicht zu spät.

Anerkennend muss gesagt werden, dass es offensichtlich aufgrund der Konflikte in dieser Region ein Mehr an angebotenen Übersetzungen gibt, die in der Unmittelbarkeit der Literatur, die sie offenbaren, die Situation wiedergeben, in der sich das übrige Europa engagiert hat, um eine bleibende Stabilität für den ganzen Kontinent herbeizuführen. Das verlangt Auseinandersetzung und Hinweise, wobei deren Bedeutung der Friedenspreisträger des Deutschen Buchhandels Karl Dedecius in seinem Vorwort seines Polonica-Katalogs in genereller Gültigkeit treffend beschrieben hat: ,Die Literatur eines Volkes ist wie ein Fenster, aus dem dieses Volk den Fremden ansieht, doch dass der Fremde in den Lebensbereich dieses Volkes Einblick gewinnen kann. Unser Blick durch das offene Fenster des Buches in die geistige Wirklichkeit des Nachbarn ist notwendig und nützlich.' Es verdient der Überlegung, warum in unserer Informationsgesellschaft vorhandene Literatur insbesondere im Hinblick auf menschliche Erfahrungen, Vorurteile und Gefühle, so wenig herangezogen wird, um ein Verständnis für das Andere, das Fremde zu erzielen. Dabei ist gerade damit die Schlüsselfrage des Miteinanderlebens in Europa berührt. Die Veränderungen der letzten Jahre bringen es mit sich, dass wir auch an den Beziehungen unserer Nachbarn neue oder vielleicht auch alte kulturelle Mechanismen erleben. Das Hereinbrechen einer bisher hermetisch abgeschlossenen Welt, die nur wenige Spuren bei uns hinterlassen hat, hat ein ganzes Areal von neuen Spannungsmöglichkeiten eröffnet. Minderheitenkonflikte (Kosovo) und ‚ethnic cleansing‘ (Bosnien und Herzegowina, Kroatien etc.) sind ein dramatischer Ausdruck dessen.

Was wir für den heutigen Zustand Europas lernen können, ist wohl die Unterschiedlichkeit der Beziehungen zu den Mitmenschen. Wann bezeichnen wir heute jemanden wirklich als Nachbarn? Wenn wir Haus an Haus mit ihm wohnen? Oder ist auch einer ein Nachbar, der im Nachbarland zu Hause ist, in der Geschichte möglicherweise oft unser Schicksal geteilt hat und mit dem uns heute wieder ein gemeinsames Interesse verbindet? Was ist uns an ihm fremd und was kennen wir? Was lassen wir an ihm fremd sein, um uns nicht mit ihm auseinandersetzen zu müssen? Wer ist uns als Gastfreund willkommen, und wer ist willkommen, vielleicht bleibend unser Freund zu werden? Die Auseinandersetzung mit diesen Fragen war schon lange vor 1989 notwendig. Die Problematik der Begriffe ist schon anlässlich der Auseinandersetzung um die ‚korrekte‘ Bezeichnung für die Arbeiter aus einem anderen Land sichtbar geworden: Sollte man ‚Fremdarbeiter‘ oder ‚Gastarbeiter‘ sagen? Sprachenempfindlichkeit ist berechtigt, meist aber hat sie an der Art der Behandlung des Menschen nichts geändert. Die richtige Distanz zu finden, ist schon in vergleichsweise banalen Situationen schwierig. Ich beobachte stets mit Vergnügen, wenn eine Wienerin oder ein Wiener von einem Ausländer befragt wird. Wenn es auf Deutsch geschieht, dann verfallen meine Landsleute immer in ein ganz eigenartiges Idiom, so als hätten sie Deutsch erst vor kurzem gelernt: ‚Du gehen rechts, dann abbiegen links …‘ Dabei könnte es gut sein, dass der Gesprächspartner zwar Deutsch nicht fehlerfrei spricht – wer kann das schon, selbst von den Eingeborenen? –, aber eine normale Sprache durchaus versteht. Es ist eine Art Verfremdungsphänomen, das relativ bald Platz greift. Wird besagter Dialog auf Englisch geführt, ist das Distanzproblem geringer – offensichtlich durch die Tatsache, dass es die Lingua franca unserer Zeit geworden ist. Hat der Ausländer jedoch einen Akzent im Deutschen, der deutlich anzeigt, dass er östlich oder südöstlich von uns zu Hause ist, wird die Primitivisierung der Sprache zur Selbstverständlichkeit. Die Öffnung unserer Grenzen hat keinen starken Impuls bedeutet, die Sprachen der Nachbarn zu erlernen. Darüber hinaus ist die Sprachendifferenzierung heute stärker zu beachten, denn offiziell gibt es das Serbokroatische nicht mehr, und zwischen Tschechisch und Slowakisch will unterschieden sein. Selbstverständlich muss es heute in Europa für Ukrainisch gleichfalls einen Lehrstuhl geben – die Liste ließe sich beliebig fortsetzen.

Das Europa des 19. Jahrhunderts hat sich da leichter getan, weil das Zusammenleben von Menschen vieler Sprachen in einem größeren Raum dazu geführt hat, dass jemand, der etwa in der Verwaltung Erfolg haben wollte, ganz selbstverständlich einige dieser Sprachen beherrschen musste. Manche haben sie beim Militär gelernt, andere wieder haben durch Familie und Beruf zusätzliche Kenntnisse erlangt. Daher war auch die Übersetzung von Literatur dieser Sprachen selbstverständlicher als heute, obwohl es Europa im heutigen Sinn noch nicht gegeben hat. Warum ist das so wichtig? Weil unsere Nachbarn sicher eher noch unsere Sprachen lernen, Englisch ganz selbstverständlich, aber immerhin auch Deutsch, denn wirtschaftliche Notwendigkeiten wie Investitionen und Tourismus gewinnen für sie an Bedeutung. Wenn sich unsere Nachbarn noch dazu gewisse Russischkenntnisse erhalten, sind sie für künftige Märkte gerüstet. Sind wir das auch? Es wäre zu primitiv, das Problem allein auf das ökonomische zu reduzieren. Mit dem andern reden zu können, um damit überhaupt fähig zu sein, ihn zu verstehen und ihn gegebenenfalls auch aufzunehmen, wenigstens innerlich, wenn schon nicht äußerlich, ist wohl eine der Selbstverständlichkeiten des Zusammenlebens auf einem Kontinent. Seine Literatur zu kennen und lesen zu können, ist es ebenso, so wie wir erwarten, dass man Hermann Böll, Günther Grass oder Heiner Müller und Thomas Bernhard bei den Nachbarn kennt.

Für ein geeintes Europa kommen aber noch zusätzliche Aspekte dazu. Wer miteinander gestalten will, muss auch für die Sprache des anderen und damit seine Befindlichkeit ein Gefühl entwickeln. Wir können nicht mehr mit der Kavalkade von Dolmetschern durch dieses Europa gehen, sondern brauchen eine gewisse sprachliche Grundausstattung. Das ‚Weißbuch über Bildung' der EU verlangt daher mit Recht, dass jeder Europäer drei Gemeinschaftssprachen beherrschen muss. Die Begrenztheit der EU wird darin sichtbar, dass in diesem Weißbuch keine einzige slawische Sprache erfasst ist.

Das ‚Andere' muss aber auch in der medialen Wirklichkeit von heute sichtbar werden. Es gäbe einen faszinierenden Kontrast, wenn sich der Einheitsbrei der heutigen TV-Programme mit farbigen Flecken verschiedener Kulturen aus Europa schmücken könnte. Das Theater- und Musikleben ist vielfältiger, meist jedoch einer gewissen Schichtvorbehalten. Elektronische Massenkommunikationsmittel könnten hier weitaus mehr Möglichkeiten eröffnen. Ob nicht die unter dem Einfluss der Staaten stehenden Rundfunk- und Fernsehanstalten in einem richtig verstandenen ‚public broadcasting' darin eine lohnende Aufgabe hätten?

Positives sei auch vermerkt: Wer heute an Festen in vielen Städten Europas teilnimmt, dem wird immer wieder die Präsenz von Musik- und Tanzgruppen aus den verschiedenen Teilen Europas auffallen. Damit ist nicht billige Folklore gemeint, sondern eine Präsentation europäischer Vielfalt, die zur Selbstverständlichkeit werden kann. Auch in der Gastronomie zeichnet sich das ab, wenngleich es da und dort Modetrends gibt. Aber es wird üblicher, verschiedene europäische Küchen zu kennen und sie auch zu genießen. Wenngleich Essen und Trinken relativ primitive Lebensäußerungen sind, ist doch auch damit schon ein Bezug gegeben. Lesen und Verstehen ist eigentlich die nächste Stufe. Bei einer bewussten und sanft durchgezogenen Strategie können wir erreichen, dass uns das Fremde nicht mehr fremd und das andere interessant erscheint, der Gastfreund zum Nachbarn wird und wir so eine Art von europäischer Freundschaft entwickeln, ohne die der Weg der Integration und damit der Stabilität Europas nicht möglich ist.

Karl Schwarzenberg, europäischer Aristokrat und erster Kanzler von Václav Havel, hat einmal das Bild von Europa als einem Dorf entworfen, in dem ein Teil durch eine Mauer abgetrennt war. Nun aber habe man Gelegenheit, nicht nur gemeinsam Straßen und Märkte, Gassen und Plätze zu bauen, für Wasser und Kanal zu sorgen, über hinreichend Arbeitsplätze und Geschäfte zu verfügen, sondern auch die Schulen und Wirtshäuser zu gestalten, für Feuerwehr und Gendarmerie zu sorgen und dabei nicht ganz auf die Kirche als Symbol der Werte zu vergessen, die eine Gemeinschaft braucht, um miteinander leben zu können. Der Vorteil dieses Bildes besteht darin, dass die Verschiedenheit bleibt, denn es gibt größere und kleinere Häuser, in die wir uns unter verschiedenen Umständen zurückziehen können. Wir wissen aber, dass wir mit dem Nachbarn leben müssen, wir sind sogar daran interessiert, dass es ihm gut geht. Kann man davon einen Nachbarn ausschließen? Dass die Bewohner eines Dorfes miteinander reden können und füreinander eine Sprache finden, ist dafür eine Voraussetzung – Verständigung und Verstehen sind ein Begriffspaar.

Nun könnte man sagen, dass damit eigentlich Fragen berührt sind, die uns westlich orientierte Europäer, die glücklichen Besitzer eines bislang mehr oder weniger funktionierenden Integrationsprozesses, gar nicht berührt. Nicht wenige Stimmen sind es, die auch empfehlen, die Menschen im Osten und Südosten Europas dort eben zu belassen und sich nicht weiter darum zu kümmern. Das Wort von der ‚Festung Europa‘ wird zwar von den Politikern öffentlich nicht gebraucht, aber in Hirnen und Herzen vieler gedacht. Was dabei verkannt wird, ist, dass mit dieser Auseinandersetzung die eigentliche Identität Europas – ein unerträglich oft bemühtes Wort – berührt ist. Wir sind gerade dabei festzuschreiben, was wir unter Europa überhaupt verstehen. Der Begriff verträgt etwa den geographischen Ausschluss bestimmter Regionen nicht, schon gar nicht jenen von kulturellen Bereichen wie etwa der Gebiete, die von slawischer Sprache oder orthodoxer Denktradition geprägt sind. Die Ironie will es, dass wir uns gleichzeitig darüber beschweren, dass eine amerikanisch gesteuerte Zivilisation uns zunehmend beeinflusst. Wem das nicht passt, der kann in der Vielfalt Europas die entsprechende Antwort finden.

Die Auseinandersetzung mit den Literaturen dieser vergessenen Regionen ist daher eine europäische Aufgabe weit über den Auftrag der Informationsgesellschaft hinaus. Es gibt eigentlich eine moralische Verpflichtung, Möglichkeiten zu schaffen, die Tendenzen der Literatur dieses Raumes in den europäischen Prozess mit einzubringen. Lojze Wieser hat es einmal zusammengefasst: ‚Sie alle hatten viel Eigenständigkeit und Innovation, viel Surreales und Reales, Ahnung und Erinnerung entfaltet. Sie alle haben auf das Europa geschaut, das sie so wenig beachtet hat, und sie alle haben diesem Europa etwas gegeben, das dieses von ihnen kaum annehmen wollte, und doch ist es geschrieben worden, und doch hat es seinen Einfluss auf alle diese Veränderungen gehabt, ohne die wir heute nicht von einer Renaissance der Ostliteratur in deutschsprachigen Übersetzungen reden könnten.' Es gibt in der Erweiterungspolitik der EU leider keinerlei strategischen Ansatz, die Europäer auch im Wege der Sprache – der Zunge – zueinander zu bringen, damit sie sich auch die Hand reichen wollen.

Es ist daher auf jene aufmerksam zu machen, die Fundstellen für ein besseres Verständnis anderer Europäer sind, die uns manches Urtümliches vermitteln, was wir infolge zivilisatorischer Entfremdung gar nicht mehr spüren. Nicht zuletzt ist es eine Hilfe, Vorgänge besser zu verstehen, die uns unendlich beeinflussen, ob wir wollen oder nicht. So ist zu hoffen, dass das, was Milovan Djilas einmal mit der Situation eines einseitigen Telefons verglichen hat, nun beendet ist. ‚Wir sprachen, sie hörten; wenn sie redeten, kam ihre Botschaft nicht an.‘ In aller Liebe zu meiner Heimat muss ich sagen, dass diese Kritik von Djilas in einem hohen Ausmaß gerade für Österreich gilt, dessen Entsorgung der Geschichte nicht nur den sieben Jahren des Tausendjährigen Reiches, und was vorher geschah, galt, sondern leider auch den positiven Errungenschaften gegenseitigen Verstehens aus der Vergangenheit. Der Osten war literarisch wenig bekannt, um nicht zu sagen, abgeschlossen. Aus den tiefen Räumen der ehemaligen Monarchie fanden Autoren zum österreichischen Publikum nur den Weg über Paris oder Frankfurt. György Konrad, Ismael Kadare, Paul Goma, Milan Kundera, Andrej Szypiorski, Bohumil Hrabal und viele andere mussten diesen Weg nehmen. Mag sein, dass auch der Mangel an Sprachkenntnissen mit eine Rolle gespielt hat.

Bewegung kam allerdings schon vor geraumer Zeit von den Rändern. Mag sein, dass darin auch einige der positiven Ergebnisse mancher Provokationen zu sehen sind, die dazu führten, dass die Kärntner Slowenen ein neues kulturelles Selbstbewusstsein an den Tag legten. Der Drava Verlag war einer dieser Gründungen, auch der Verlag Hermagoras sowie der Wieser Verlag taten ähnliches, einem deutschsprachigen Publikum slowenische Literatur, später Werke aus dem Balkanraum zu präsentieren. Dabei sind diese Verlage damit ein ungeheures Risiko eingegangen, weil sie ihre Verlagsliste fast nur auf Mittel- und Südosteuropa aufbauten, während größere Häuser wie Suhrkamp, Hanser, Zsolnay, Rowohlt, Haymon und Otto Müller ein breites Angebot haben und Neues mit Gewöhntem kombinieren können. Bereits in den 80er Jahren hat Florjan Lipuš im Residenzverlag Salzburg über Vermittlung von Peter Handke Wirkung in der literarischen Welt gezeigt, wobei einerseits ein Rückgriff etwa mit Scipio Slataper, der im Ersten Weltkrieg starb, als auch mit Fulvio Tomizza aus Triest wieder jemand auf Grenzsituationen Europas aufmerksam machte. Ivan Cankar, Ciril Kosmač und Prežihov Voranc beeindruckten die Literaturszene und wurden zum selbstverständlichen Bestandteil, wobei man die Tiefen Jugoslawiens damals noch nicht so recht auslotete, sondern lediglich Slowenien als einen Teil quasi des Westens verstanden hat, was wohl einer verständlichen Grenzüberschreitung entsprochen hat, kaum aber europäisch wirksam wurde. Es muss hier auch noch festgehalten werden, dass eigentlich Wien, ohnehin schwach in der Verlagsszene, in diesem Zusammenhang keine wie immer geartete Rolle spielte. Gedanklich ist dabei bereits abzulesen gewesen, was spätestens seit der Diskussion um die Erweiterung der Europäischen Union Gewissheit ist: Viele im Westen Europas nehmen an, dass Österreich und Wien eine besondere Rolle gerade im Hinblick auf die Nachbarschaft spielen könnten. Der Eiserne Vorhang und eine wirtschaftlich bedingte, geistig-kulturell nachvollzogene Hinwendung total zum Westen haben dazu geführt, dass das Sensorium für Ostmitteleuropa, Ost- und Südosteuropa auch literarisch leider äußerst schwach geworden ist.

Interesse verdient aber auch, welche Themen von den Autoren insbesondere der Region Südosteuropas aufgegriffen werden, die nicht nur über die Geschichte, sondern auch über die kulturellen Wurzeln der Region Auskunft geben, wobei es meistens familiengebundene Einbettungen sind, die auf diese Weise manchmal pointilistisch ein Bild einer allgemeinen Situation erahnen lassen. So aber wird die Unterschiedlichkeit der Landschaft sichtbar, die wir nur mühsam lernen, denn noch immer gibt es viele Europäer, die darüber verwundert sind, dass im Raume des alten Jugoslawien so viel Verschiedenheit bei aller Gemeinsamkeit zu Hause ist. Ärger ist es noch insbesondere hinsichtlich jener Autoren, deren nationaler, historischer und kultureller Hintergrund lange Zeit vor uns verborgen geblieben ist. Wer wusste schon wirklich über die Albaner, ihre illyrischen Wurzeln und ihre Präsenz nicht nur im ‚Land der Skipetaren‘, sondern in Jugoslawien und Mazedonien, in Griechenland, aber auch in Italien Bescheid? Wer kannte die Situation der Minderheiten – ja nicht einmal die Lage des Judentums ist uns bei aller Präsenz der beschämenden Entwicklung im 20. Jahrhundert am Balkan sehr bewusst. Aleksander Tišma (‚Das Buch Blam‘) blieb es vorbehalten, auf eine zurückhaltende Weise manches von dem aufzuzeigen, was zum Beispiel in der Vojvodina an Schrecklichem den Juden geschah. Noch viel fremder ist die Welt des Islams, die von Wien aus auch nach dem Zweiten Weltkrieg lange unter den historischen Perspektiven der 2. Türkenbelagerung 1683 gesehen wurde, um erst spät zu entdecken, in welchem Ausmaß uns die kulturellen Prägungen und deren Träger nahe sind, ja heute unter uns wohnen. Ein vielfältiger Geisteskontinent ist es, der hier durch Literatur entdeckt werden kann. Umfassend darüber zu berichten, ist mir nicht möglich, einige Punkte aber samt deren Repräsentanten seien mit Freude erwähnt und empfohlen.

Neben den eben erwähnten Namen muss wohl festgehalten werden, dass zunächst einmal die sich stärker abzeichnende Unterschiedlichkeit der Schriftsteller, die aus dem alten Jugoslawien hervorgegangen sind und nun in den seit 1991 neuen Staaten quasi Vertreter der jeweiligen Literatur sind, erwähnt werden muss. In Slowenien hat dieser Prozess früh begonnen, weil sich die Sprache neben dem Serbokroatischen immer behauptet hat und die Slowenische Schriftstellervereinigung im Demokratisierungsprozess sowie in der Entwicklung zur Eigenstaatlichkeit dieses Landes eine große Rolle spielt. Heute sind es Namen wie Drago Jančar, Berta Bojetu, Vlado Žabot, Aleš Debeljak, die feste Bestandteile der Literaturszene sind, die auch Beachtung in Europa findet. Stärker wird die Differenzierung zwischen Serben und Kroaten wirksam werden, die beide traditionell eine starke literarische Tätigkeit aufweisen. Manche unter ihnen betonen, dass sie immer noch serbokroatisch schreiben, andere wieder sind längst zum Bestandteil der jeweiligen Identität geworden. In Serbien sind es Dragan Velikić, Vasko Popa, Bora Čosić und als ein spezieller Fall David Albahari, der bewusst eine jüdische Spurensicherung in Jugoslawien vornimmt. Von den Kroaten sind wieder Slavko Mihalić, Dubrovka Ugresić, Zoran Ferič und Nedjeljko Fabrio zu erwähnen, wobei letzterer die gemischte kulturelle Situation Dalmatiens im Hinblick auf die venezianische Vergangenheit und die Unterschiede zwischen Küste und Hinterland sichtbar macht. Ein anderes Spannungsfeld wieder wird in Bosnien und Herzegowina sichtbar, weil die Fundstellen der vom Islam geprägten Kultur sichtbar werden, die Europa früher völlig negierte. Meša Selimović, Dževad Karahasan, Abdullah Sidran, Goran Todorović sind etwa Repräsentanten dieser Entwicklung, die uns die innere Welt der Bosniaken, die Wurzeln der Bogumilen, aber auch die Gräuel rund um die Belagerung Sarajevos aktuell sichtbar machen. Wieder eine neue Welt für uns ist die der Albaner, wobei es zur Zeit der Ausschließung Albaniens von der übrigen Welt unter Enver Hoxha dazu führte, dass sich manche quasi in den Kosovo ins Exil begaben, um angesichts der gegenwärtigen Situation erneut wieder auf der Wanderung zu sein. Neben dem international bekannten Ismael Kadare sind hier Rexhep Qosja, Ali Podrimja und Martin Camaj zu nennen. Außer dieser Unterscheidung der verschiedenen Wohngebiete der Albaner ist es auch eine Zerrissenheit der jeweiligen Prägung entweder durch christliche Konfessionen oder den Islam. Natürlich hat sich auch in Rumänien und Bulgarien viel getan, wobei hier auch Unterschiedlichkeiten erwähnt seien. Gellu Naum etwa vertritt die zum Osmanischen Reich gehörende Walachei, während Oskar Pastior die geistige Landschaft Siebenbürgens beschreibt sowie Róbert Reiter die des rumänischen Banats – beide Regionen geprägt durch die Habsburgermonarchie. Nikolaj Kančev hat eine umfangreiche Anthologie bulgarischer Lyrik herausgegeben, in der man die ganze Veränderung des Landes durch Geschichte und Politik seit den Publikationen von Roda Roda am Beginn dieses Jahrhunderts feststellen kann.

Vollständigkeit kann bei dieser Liste nicht gegeben sein, eingeschränkt ist sie durch die Zahl der Übersetzungen und die Schwierigkeit der umfassenden Kenntnis. Ihnen allen ist aber viel Gemeinsames eigen, das etwa den Fragmenten von Miroslav Krleža ‚Illyricum Sacrum' – erschienen 1944 – schon zu entnehmen ist. Es ist der bleibende

Ost-West-Konflikt, das Gefühl der Minderwertigkeit gegenüber den anderen Teilen Europas und der ständige Versuch, die eigene Identität zu definieren – ein Problem, das angesichts der total umgekrempelten Landkarte des Balkans nicht verwundern darf.

Wie ein roter Faden ziehen sich bestimmte Themen durch Romane, Erzählungen und Lyrik. Natürlich ist es der Zerfall Jugoslawiens, der mit einem Zerfall der Biographie von Personen beschrieben wird, weiters die Schwierigkeit der Mischverhältnisse zwischen den Völkern sowie die Zeit in einer Gesellschaft des totalitären Staates. Quasi kompensatorisch wird das mit Fabeln aufgearbeitet, die das Mosaik der Region beschreiben. Die Helden der Epen werden beschworen, das Leben in den Bergen, die archaischen Mythen und der Einfluss der Natur. Demgegenüber steht ein menschliches Erleben von Familiengeschichten, von Gräuel und Vergewaltigung, Zeiten im Gefängnis, das Erleben oder das Beteiligtsein an den Agitprop-Mechanismen der politischen Systeme, die Hoffnungen, die aus den Befreiungsschlägen im Zweiten Weltkrieg kamen und letztlich in enttäuschten Erwartungen endeten. Aber auch die letzten Balkankriege haben sich niedergeschlagen, wenn Soldaten nach dem Beispiel des Rambo beschrieben werden, denen Auslöschen und der Tod eine Gewohnheit sind, und die Zerstörung der Kulturdenkmäler wie Kirchen, Moscheen und Bibliotheken als Symbolwert überlegener Macht verstanden wird. Mag sein, dass der große Roman dieser Region in dieser Zeit noch nicht geschrieben ist, aber in vielen unterschiedlichen Bildern ergibt sich eine Gesamtsicht, die menschliche Schicksale und die Tragik des Geschehens eindrucksvoll darstellen. Wir haben heute schon auf jene ‚Trümmerliteratur‘ nach dem Zweiten Weltkrieg vergessen, die uns das schreckliche Geschehen der ersten Hälfte des 20. Jahrhunderts in unseren Landen beschert hat und zur Aufarbeitung zweifellos notwendig war. Umso sensibler müssten wir aus der eigenen Erfahrung zweier Generationen vor uns mit dem heute in der Nachbarschaft Erleb- und Spürbaren umgehen.

Wenn heute Europa daran arbeitet, dass wir uns über alte Grenzen hinweg die Hände reichen können, haben wir als Voraussetzung die Notwendigkeit, die Zunge, also die Sprache des anderen zu verstehen. Das alte biblische Bild von der Babylonischen Sprachenverwirrung mag uns jene Mahnung sein, denn dem Turmbau von Babel gleicht unsere Welt allemal, erst recht Südosteuropa. Übersetzte Literatur aus schwierigen Räumen Europas kann einem Pfingsterlebnis ähnlich werden, nämlich, dass ‚ein jeder den anderen in seiner Sprache reden hört‘. Voraussetzung ist aber, dass man von ihr überhaupt weiß. Literatur ist immer auch ein Protokoll über Landschaften und Zeitläufe.“[2]

---

2 Erhard BUSEK, *Eine Reise ins Innere Europas* – Protokoll eines Österreichers (Klagenfurt/ Celovec et al.), S. 151-168.

Dass „ein jeder den anderen in seiner Sprache reden hört", setzt voraus, „dass man von ihr [der anderen Sprache, L. W.] überhaupt weiß", resümiert Erhard Busek 2001 dieses Kapitel.

Ja, das sich Näherkommen über die literarischen und kulturellen Ausdrucksformen wäre wohl jener Weg, die frühzeitig drohenden Verschärfungen und die am Horizont dräuenden düsteren Wolken zu zerstäuben, so wie man einst mit dem Läuten der Kirchenglocken den Hagel vertrieben hat.

Die vergangenen zwei, drei Jahrzehnte werden wohl als jene der Versäumnisse in die Geschichte eingehen. Gerade heute, in Zeiten, wo wir Zeugen sind, wie Ahnungslosigkeit, Ängste um minimale Vorteile, Inflation und Verlust von Arbeit und Erspartem zu wachsender Zustimmung für Mauerbau, Ausgrenzung und Abschiebung und zum Wegschauen beim Ertrinken im Meer führt. Versuche, dem etwas entgegenzusetzen, gab es und gibt es bis heute, aber sie wurden und werden in nichtgenügender Weise zur Kenntnis genommen. Dazu passt die Feststellung von Erhard Busek, die er anlässlich der kleinen Feier zum 30. Geburtstag des Verlages im Jahre 2017 in seiner bekannten lakonischen Art zusammenfasste. Ich zitiere nach der slowenischen Tageszeitung ,Delo': „Busek stellte anlässlich des Geburtstages des Wieser Verlages fest, dass Lojze der Träger der ,unsichtbaren Medaille für seine Arbeit ist, von der Viele ihren Nutzen hatten, einschließlich Kärntens, […] doch wollten sie sie nicht haben'."[3]

Diese Erkenntnis kann auf Slowenien, aber auch auf die EU und die übrige Welt ausgedehnt werden.

Doch je bedrohlicher, je dunkler die Wolken, desto panischer, hektischer und wirtschaftszentrierter wurden und werden die Forderungen der Regierenden querfeldein. Und nicht nur einmal beklagte sich Busek in unseren Gesprächen über die Unverfrorenheit einiger sich wichtig nehmenden Personen, „die mit mir in Kontakt waren oder zu mir Kontakt aufnehmen wollten, wie sie sich gegenüber meiner guten Seele, ohne die ich nicht wäre, was ich bin, benehmen: unverschämt, fordernd, diktierend, bestimmend, herabwürdigend. Damit geben sie sich nur selbst eine Blöße und offenbaren, wie sie sich im Leben bewegen und benehmen." (Die „gute Seele" war Gabi Buchinger, seine Koordinatorin beim Institut für den Donauraum und Mitteleuropa [IDM].)

Demgegenüber dürfen trotzdem die wenigen Versuche und positiven Bemühungen nicht vergessen werden, die es auch gegeben hat: die

---

3   *30 Jahre* – Verlagsfest Wien/Dunaj. In: Delo, 19.05.2017.

‚EditionZwei' der Bank Austria, die ein Jahrzehnt lang in Zusammenarbeit mit ihren Exposituren im Osten Europas und unter der Welt-PEN-Präsidentschaft von Jiří Gruša (und nach dessen Tod 2011 von György Dalos) unveröffentlichte Literatur in Übersetzungen herausbrachte. Das spätere Übersetzungsprogramm der EU hat dahingehend viel bewegt, auch sei Traduki, ein europäisches Netzwerk für Übersetzungen, erwähnt, wiewohl beiden der Schönheitsfehler anhaftete, dass durch die Fokussierung auf Nationalstaatsinstitutionen vorwiegend Einreichungen aus den geltenden Staatssprachen der Nationalstaaten bevorzugt wurden.

Erhard Buseks sorgenvolles Vermächtnis war in seinem Tun tief verwurzelt. 2005 sagte er zu mir auf meine Frage, was er glaube, wo wir in zehn Jahren sein werden: „Näher am Dritten Weltkrieg, als wir uns das wünschen. Ob unser beider Arbeit was bewirken wird, weiß ich nicht."

Otmar Lahodynsky, langjähriger Außen- und Europapolitik-Journalist und Doyen der Branche, hat uns im Gespräch mit Klaus Puchleitner am 2. Juni 2022 folgende Gedanken von Erhard Busek mitgegeben:

> „Der Standard: Anders gefragt: Sie haben als Berichterstatter den Einmarsch der Sowjets in Afghanistan 1979 und die Verhängung des Kriegsrechts in Polen 1981 live miterlebt. Sind wir heute näher an einem Dritten Weltkrieg als damals?
>
> Otmar Lahodynsky: Ja. Ein Dritter Weltkrieg, der vor zehn Jahren noch undenkbar war, ist tatsächlich näher gerückt. Einen Tag vor dem Einmarsch der Russen in die Ukraine hat mir Erhard Busek unter Tränen gesagt, dass er das Gefühl habe, dass wir auf einen neuen Weltkrieg zusteuern. ‚Mein lebenslanger Kampf für ein friedliches, ungeteiltes Europa scheint umsonst gewesen zu sein', sagte er bitter. Und er war böse auf die vielen Putin-Versteher in Österreich. Vor allem auf Wolfgang Schüssel, der seinen gut bezahlten Job bei Lukoil lange nicht aufgeben wollte."[4]

Ob wir es denn nicht tun sollen, fragte ich Erhard Busek damals, 2005. Er, lachend: „Warum nicht? Gerade deswegen gehen wir ja diesen Weg, der nutzlos scheint und dringender als je benötigt wird." Alexandra Föderl-Schmid bestätigt dies in ihrem Nachruf in der ‚Süddeutschen Zeitung':

> „Busek war einer, der für offene Grenzen warb. Der Balkan war für ihn nicht ein Raum für Flüchtlinge, deren Routen unterbunden werden mussten, sondern eine Region, in der sich die Zukunft Europas entscheidet.

---

4 Association of European Journalists, *Lahodynsky Interview Der Standard* (online: https://aej. org/2022/06/02/lahodynsky-interview-der-standard-de/; abgerufen am 01.02.2023].

Busek interessierte sich für diesen Raum jenseits des Eisernen Vorhangs zu einer Zeit, als sich Außenpolitik darin erschöpfte, Österreich mit Deutschland zu vergleichen. Er knüpfte damals Kontakte zu Dissidenten wie Lech Wałęsa oder Václav Havel, die nach 1989 zu Führungsfiguren in ihren Ländern wurden."[5]

Und er war immer bereit, trotz aller möglichen Rückschläge, zu träumen. Im Band ‚Kärnten neu/Koroška na novo' anlässlich des 100. Jahrestags der Volksabstimmung formulierte er: „In diesen Zeiten ist es hilfreich zu träumen! In 50–100 Jahren hat es Kärnten geschafft, ein europäisches Land zu sein, seiner politischen Geographie folgend: ein kreatives Zusammenleben aus der Mischung der Kulturen, Sprachen und historischen Erfahrungen, die es ausmachen, zu zeigen – zur Freude Europas! Das wird ein Beispiel sein, dass wir fähig sind, aus der Geschichte zu lernen und damit Zukunft für Europa zu sein […]."[6]

---

5   Alexandra FÖDERL-SCHMID, *Zu gescheit für dieses Land*. In: Süddeutsche Zeitung, 18.03.2022 [https://www.sueddeutsche.de/politik/oesterreich-erhard-busek-nachruf-oevp-ukraine-1.5550226; abgerufen am 01.02.2023].

6   Lojze WIESER/Jani OSWALD (Hg.), *Kärnten neu* – Koroška na novo (Klagenfurt/Celovec 2020), S. 20.

Thomas Walter Köhler

Christ und Demokrat

Erhard Busek als Einheit in Vielfalt

Tritt man auf dem Wiener Zentralfriedhof aus der ‚Karl-Lueger-Kirche' die Treppen zu den Ehrengräbern hinab, so trifft man – bezeichnenderweise – nicht rechter, sondern linker Hand auf ein schlichtes Kreuz, worauf Vor- und Nachname sowie Geburts- und Sterbejahr von Erhard Busek verzeichnet sind. Dabei handelt es sich um die letzte bescheidene Botschaft eines 2022 mit achtzig Jahren verstorbenen Demokraten, die zugleich die erste eines Christen ist: Das Leben kommt von und geht in Gottes Hand. Erhard Busek bewies, dass wir gerade deshalb berufen sind, es im Wechselspiel aus Freiheit und Verantwortung zu führen. Er tat es aus Freude und Ärger zugleich.

Konstruktiv gegen Ignoranz gewandt

Vielleicht verkörperte Erhard Busek eine Art geistige Opposition in Permanenz: allerdings nicht in destruktiver, sondern in konstruktiver Hinsicht. Sei es in seiner römisch-katholischen Kirche oder in seiner christ(lich-)demokratischen Partei; sei es in Österreich oder in (Mittel-)Europa. Sein Habitus war dabei der eines Intellekts gegen die Ignoranz: Genau davor warnte er Wolfgang Schüssel als Nachfolger: Um nicht zu scheitern, sondern Erfolg zu haben, möge er seine Intelligenz eher ver- als entbergen. Denn „des woin's net." Ihm selbst war es freilich nicht gelungen.

Unbestritten ist, dass er dann und wann recht hatte mit seiner Skepsis gegenüber einer Seele der kleinen Alpenrepublik, der ein Geist der großen Donaumonarchie – verkörpert par excellence in Wissenschaft und Kunstschaffen von ‚Wien um 1900'[1] – eher fremd als eigen wurde. Erhard Busek war im Kopf Jurist und im Herz Historiker. Worunter er als Zoon politikon in und an Partei und Staat litt, war eine Enge – statt Weite – des österreichischen „Rests" nach 1918. Eine solche zu kritisieren wurde er bis zu seinem plötzlichen Tod vor den Iden eines März nicht müde.

---

1   S. Thomas Walter KÖHLER, *Ein Weltereignis* – Politik und Kultur in Wien um 1900 aus historischer sowie tiefen- und höhenpsychologischer Sicht. In: Ds./Christian MERTENS/ Anton PELINKA (Hg.), *Ein Hauch von Welt* – Österreich vor und nach Saint Germain (Wien 2020), S. 143-199.

Groß und weit statt klein und eng

Psychologisch gesprochen, bildete ‚Mitteleuropa' – das für Erhard Busek viel mehr nach Osten denn nach Westen reichte und heute beschossene Städte wie Lemberg und Czernowitz umfasste – eine Kompensation verlorener und zu gewinnender äußerer ‚Größe' statt ‚Kleine' dessen, was einst einer- und heute anderseits ‚Österreich' genannt wird. Jenes ferne Mitteleuropa blieb sein naher Traum. Dass dieser nach 1989 nicht in Erfüllung ging, ja gerade jetzt in Trümmern liegt, brach ihm das Herz. In einem seiner letzten Statements sprach er deshalb von enormer Sorge: nicht für sich oder die ältere Generation, sondern für die jüngere.

Der junge Erhard Busek wuchs in der Nachkriegszeit auf. Seine Mutter war Hausfrau und sein Vater war Baumeister. In Wort und Tat: Damals ging es um Wiederaufbau, indem man den inneren und äußeren Schutt entfernte, der Österreich belastete. Außen räumte man weg, baute man auf, riss man ab. Was für die Stadt galt, galt auch für das Land. Innen verbot man sich die Erinnerung an den Nationalsozialismus, als hätte es ihn beziehungsweise Österreichs Position dazu nicht gegeben. Gegen unbewusste Verdrängung forderte Erhard Busek bewusste Verantwortung ein. In solcher Haltung aus Freiheit wurden Historiker und Jurist eins.[2]

Österreichs Narrative

Als Junior hatte er 1955 erlebt, dass mit dem Abschluss des Staatsvertrags das erste Narrativ der Zweiten Republik positiv erreicht wurde: die staatliche Souveränität. Als Senior erlebte er an der Seite von Franz Vranitzky 1995 das positive Erreichen des Zweiten Narrativs: des Beitritts Österreichs zur Europäischen Union. Damit assoziierte er zugleich ein Überwinden der empfundenen alten Enge zugunsten einer neuen Weite. Umso mehr vergrämte ihn, der nun nicht mehr inner-, sondern außerhalb der Spitze von Staat und Partei wirkte, dass es just die Außen- und Innenpolitik war, die zu wenig mit Mitteleuropa kooperierte: dem heute mehr denn je gescheiterten Dritten Narrativ.

Ein besseres Ventil erkannte Erhard Busek in der Bildungs- und Kulturpolitik. Als Wissenschafts- und Unterrichtsminister nahm er nach dem christdemokratischen Prinzip der Subsidiarität – gegen viele Widerstände mancher Provinzialen – den Staat zurück und stärkte die Autonomie der Universitäten;

2 Vgl. Viktor Emil FRANKL, *Trotzdem Ja zum Leben sagen* – Ein Psychologe erlebt das Konzentrationslager (Wien 2018), S. 15-140.

führte im europäischen Kontext in Österreich die Fachhochschulen ein und schloss zugleich aus, dass jede Landesrätin und jeder Bürgermeister sofort eine bekamen; modernisierte die Museen und förderte in steter Erinnerung an Prälat Otto Mauer den Dialog zwischen Schulen und Künsten.

Metropole Urbanität

Was für den österreichischen Bundespolitiker galt, hatte auch für den Wiener Landespolitiker gegolten. Das in den 1970er-Jahren unter den damaligen „Sozialisten" noch graue Wien wurde durch die Impulse seines Teams, darunter der Dichter Jörg Mauthe, viel bunter. Typisch mag sein, dass SPÖ und Grüne viele seiner Vorstellungen übernahmen, während die nicht groß-, sondern kleinbürgerliche Stadt-ÖVP ihren Obmann absetzte. Der Parteitag von Oberlaa war ein ‚Waterloo'. Das Schicksal des Propheten ist ein Exil in der Heimat.

Um Erhard Busek als Gläubigen im Zweifel zu verstehen: Von Kardinal Franz König geprägt, warf er sich bis zum Schluss vor, Kurt Krenn als Bischof durch einen Widerspruch im Ministerrat nicht verhindert zu haben. Er dachte und fühlte dabei als Zeuge des Zweiten Vatikanischen Konzils. Damals war im Klerus quasi ein ‚Weltgeist' gegen einen ‚Dorfgeist' angetreten und hatte Papst Johannes XXIII. die für ihn bestimmenden Worte gesprochen, endlich „die Fenster zu öffnen und frische Luft zu atmen".[3]

Universell, nicht atomar: europäischer Christdemokrat

Erhard Busek blieb ‚katholischer' Christ und Demokrat im Wortsinn: universal und nicht atomar. In dem unter seinem Vorsitz beschlossenen Grundsatzprogramm bekannte sich die Volkspartei so sehr wie nie zuvor und danach zur Christlichen Demokratie: als Stamm mit drei Wurzeln: christ(lich-)sozial, -liberal und -konservativ, wie sie in und aus der Franzö-

---

3   S. Joseph RATZINGER (Benedikt XVI.), *Gott und die Welt* – Glauben und Leben in unserer Zeit (München 2009, S. 379-395; ds., *Licht der Welt* – Der Papst, die Kirche und die Zeichen der Zeit (Freiburg 2010), S. 161-216; Johannes KUNZ, *Der Brückenbauer* – Kardinal Franz König 1905-2004 (Wien 2004), S. 63-86; Christoph SCHÖNBORN, *Die Menschen, die Kirche, das Land* – Christentum als gesellschaftliche Herausforderung (Wien 1998), S. 11-39; vgl. Helmut KRÄTZL, *Das Konzil* – Ein Sprung vorwärts (Innsbruck 2013), S. 89-138; Paul Michael ZULEHNER, *Kirche für Menschen von heute* – Wenn aber das Salz schal wird… In: Sekretariat der Österreichischen Bischofskonferenz, *Kirche in der Gesellschaft* – Wege ins dritte Jahrtausend (Wien 1997), S. 52-57; Thomas Walter KÖHLER, *Auf dem Weg zu einer glaub-würdigeren Kirche*. In: Ibidem, S. 233-238.

sischen Revolution und den päpstlichen Enzykliken dialogisch zueinander entstanden waren.[4]

Damit war Erhard Busek nahe an Josef Klaus, während dessen Alleinregierung er, von Felix Hurdes geholt, dem ÖVP-Klub gedient hatte. Klaus hatte ebenso wie Hurdes das ideologische Bekenntnis der Bewegung zur Christdemokratie forciert, so auch eine Öffnung Österreichs nicht nur in Richtung Europäischer Union, sondern auch in Richtung Mitteleuropa, das damals großteils noch hinter dem Eisernen Vorhang lag. Wie Klaus war auch Busek dabei quasi ein Oppositioneller in der Partei.[5]

Cui bono sub specie aeternitatis

Weltoffenheit auf der Basis von Werten garantierte Erhard Busek gleichfalls als Präsident des Europäischen Forums Alpbach. Seine Kontakte schlossen – was durchaus als konstruktive Kritik zum Zeitraum nach ihm verstanden werden kann und soll – nicht nur den ‚Westen' des Kontinents, sondern auch dessen Mitte und Osten ein.

Dass er im ehemaligen ‚Ostblock' Kontakte zu Dissidenten schon unterhalten hatte, als es SPÖ und ÖGB noch unterlassen hatten, half ihm dabei ebenso wie in seiner späteren Rolle als renommierter Vortragender an internationalen Hochschulen und Präsident des Instituts für den Donauraum und Mitteleuropa.

Am 25. März – zu Mariae Verkündigung – war Erhard Buseks Geburtstag. Ob er ihn, wäre er noch am Leben, angesichts des Zustands der Welt gefeiert hätte, ist fraglich. Seine Stimme ist verstummt: diesseits wohl, jenseits nicht. Er hatte Humor: Ewig streitbar steht er – zum weiteren Diskurs bereit – gleichsam sub specie aeternitatis.

---

4   S. Hans MAIER, *Revolution und Kirche* – Zur Frühgeschichte der Christlichen Demokratie (Freiburg 1988). Vgl. Thomas Walter KÖHLER/Christian MERTENS et al. (Hg.), *Stromaufwärts* Christdemokratie in der Postmoderne des 21. Jahrhunderts (Wien 2003) mit Beiträgen von Alfred Payrleitner, Benita Ferrero-Waldner, Lukas Mandl, Franz Fischler, Rudolf Burger, Ulrich Zankanella, Paul Wuthe, Rainer Münz, Franz Küberl, Peter Kampits, Markus Hengstschläger, Josef Riegler, Wilfried Stadler, Johannes Hahn, Michael Landau, Gerhart Bruckmann, Johannes Hawlik, Rudolf Mitlöhner, Wolfgang Müller-Funk u. v. a. m.

5   Vgl. Thomas Walter KÖHLER/Christian MERTENS (Hg.), *Reform als Auftrag* – Josef Klaus und Erhard Busek als Wegbereiter einer modernen Christdemokratie (Wien 2016) mit Beiträgen von Harald Mahrer, Franz Schausberger, Helmut Wohnout, Oliver Rathkolb, Dieter A. Binder, Matthias Tschirf, Karl Lengheimer; Wolfgang Petritsch und den Herausgebern sowie Interviews der Herausgeber mit Waltraud Klasnic, Paul Lendvai, Peter Marboe, Karl Schwarzenberg, Herbert Vytiska und Erhard Busek selbst.

LITERATUR:

Viktor Emil FRANKL, *Trotzdem Ja zum Leben sagen* – Ein Psychologe erlebt das Konzentrationslager (Wien 2018)

Thomas Walter KÖHLER, *Ein Weltereignis* – Politik und Kultur in Wien um 1900 aus historischer sowie tiefen- und höhenpsychologischer Sicht. In: Ds./Christian MERTENS/Anton PELINKA (Hg.), *Ein Hauch von Welt* – Österreich vor und nach Saint Germain (Wien 2020)

Ds., *Auf dem Weg zu einer glaub-würdigeren Kirche.* In: Sekretariat der Österreichischen Bischofskonferenz, *Kirche in der Gesellschaft* – Wege ins dritte Jahrtausend (Wien 1997)

Ds./Christian MERTENS (Hg.), *Reform als Auftrag* – Josef Klaus und Erhard Busek als Wegbereiter einer modernen Christdemokratie (Wien 2016)

Ds./Christian MERTENS et al. (Hg.), *Stromaufwärts* – Christdemokratie in der Postmoderne des 21. Jahrhunderts (Wien 2003)

Helmut KRÄTZL, *Das Konzil* – Ein Sprung vorwärts (Innsbruck 2013)

Johannes KUNZ, *Der Brückenbauer* – Kardinal Franz König 1905-2004 (Wien 2004)

Hans MAIER, *Revolution und Kirche* – Zur Frühgeschichte der Christlichen Demokratie (Freiburg 1988)

Joseph RATZINGER (Benedikt XVI.), *Gott und die Welt* – Glauben und Leben in unserer Zeit (München 2009, S. 379-395

Ds., *Licht der Welt* – Der Papst, die Kirche und die Zeichen der Zeit (Freiburg 2010)

Christoph SCHÖNBORN, *Die Menschen, die Kirche, das Land* – Christentum als gesellschaftliche Herausforderung (Wien 1998)

Paul Michael ZULEHNER, *Kirche für Menschen von heute* – Wenn aber das Salz schal wird… In: Sekretariat der Österreichischen Bischofskonferenz, *Kirche in der Gesellschaft* – Wege ins dritte Jahrtausend (Wien 1997)

Trautl Brandstaller

Ein Liberaler – in Kirche und Partei

Es waren bewegte Zeiten, in denen Erhard Busek in die politische Arena stieg. Mitte der 1960er-Jahre geriet die Gesellschaft weltweit in Bewegung. Der Vietnamkrieg löste in den USA eine Friedensbewegung aus, die bald auch Europa erfasste. In Europa selbst wehrte sich eine junge Generation gegen die alten autoritären Muster, die nach 1945 das restaurative Klima prägten.

Und die Kirche versuchte, mit dem Zweiten Vatikanischen Konzil einen Aufbruch in die Gegenwart, sie öffnete die Fenster zur Welt. ‚Aggiornamento‘ hieß der hoffnungsvolle Slogan, mit dem die Modernisierung erreicht werden sollte. Viele der damals geplanten Reformen blieben zwar schon in den Anfängen stecken, doch einige veränderten die Kirche fundamental. Die Lesung von Messen in der Landessprache war ein wichtiges Zeichen, noch wichtiger aber war die neue Rolle, die den Nichtgeistlichen, den ‚Laien‘, zugewiesen wurde. Konzilsdekrete sprachen vom „gemeinsamen Priestertum", plädierten für ein neues Verhältnis zum Judentum und für einen Dialog mit Protestanten und orthodoxen Christen. In den Dokumenten zu Kirche und Welt nahm das Konzil deutlich gegen Wettrüsten und für den Frieden Stellung.

Erhard Busek, schon als Maturant politisch engagiert (er bewunderte damals Heinrich Drimmel!), wurde von Freunden für die Katholische Hochschuljugend angeworben. Im damaligen Kampf zwischen Vertretern des ‚alten politischen Katholizismus‘, den man im Cartellverband organisiert sah, und den neuen engagierten Laien, die sich in der Katholischen Aktion sammelten, wollte jede Organisation die besten Köpfe anwerben.

Während seines rechtswissenschaftlichen Studiums frequentierte Busek die Katholische Hochschulgemeinde in der Wiener Ebendorferstraße, hielt Vorträge und galt bald als ‚politische Hoffnung‘.

1964 suchte Felix Hurdes, einer der wenigen Widerstandskämpfer der ÖVP, die Katholische Hochschulgemeinde auf, die von Monsignore Karl Strobl geleitet wurde. Er wollte einen Nicht-CVer als zweiten Klubsekretär für den ÖVP-Parlamentsklub. Die alten Traditionen des politischen Katholizismus sollten gebrochen, neue Köpfe mit neuem Denken in die ÖVP geholt werden.

Das Zweite Vatikanische Konzil hatte erklärt, dass Christen in allen Parteien tätig werden können, wenn diese den Prinzipien der katholischen Soziallehre folgen. Das enge Bündnis zwischen Katholizismus und konservativen, christdemokratischen Parteien, das ‚Bündnis von Partei und Altar‘, war damit aufgelöst. In der politischen und gesellschaftlichen Realität wirkte das alte Denken aber noch lange nach. Man kann es sich heute kaum vorstellen: In den Jahren der ÖVP-Alleinregierung 1966 bis 1970 ließ Josef Klaus vor jedem Ministerrat im Bundeskanzleramt eine Messe lesen. Augenzeugen berichten, dass der damalige Kabinettschef Alois Mock jedes Mal zur Kommunion ging.

Auch in der Katholischen Hochschulgemeinde und im Katholischen Akademikerverband, beides Organisationen der Katholischen Aktion, wirkte das alte Denken nach: Die beiden Geistlichen an deren Spitze, Karl Strobl und Otto Mauer, trafen sich regelmäßig mit ÖVP-Politikern in einem Arbeitskreis zu Grundsatzfragen.

Und die Trias des ‚Linkskatholizismus‘, August Maria Knoll, Wilfried Daim und Friedrich Heer, wurde von den Vortragslisten gestrichen. Insbesondere Friedrich Heer, der international renommierte Kulturhistoriker und Philosoph, war der Stachel im Fleisch der Konservativen – sowohl seine Aufarbeitung über das Verhältnis von Judentum und Christentum (‚Gottes erste Liebe‘), den katholischen Antisemitismus, als auch sein Buch über Adolf Hitler (‚Der Glaube des Adolf Hitler‘) machten ihn für das traditionelle ‚Milieu‘ zum Erzfeind. Offiziell war man ‚liberal‘, in allen Grundsatzfragen der Kirche streng konservativ, Diskussionen waren ausgeschlossen.

Kardinal Franz König, so wichtig für Österreichs Kontakte mit den kommunistischen Nachbarländern, versäumte es, den Dialog zwischen den ideologischen Fronten zu fördern.

Einen Lichtblick in dieser Situation der Katholiken bildete Otto Mauer mit seiner ‚Galerie St. Stephan‘, die auf Drängen konservativer Kreise in ‚Galerie nächst St. Stephan‘ umbenannt werden musste. Otto Mauer, Intellektueller und Theologe, hatte die Idee, die Kirche mit der modernen Kunst zu konfrontieren. Seine Galerie wurde zum Treff- und Ausstellungsort der Abstrakten Malerei in Österreich. Nach Mauers Tod 1972 übernahm Busek den Vorsitz einer Stiftung, die die Kunstwerke aus der Galerie und aus Mauers Privatbesitz in das Wiener Dommuseum überführte.

Erhard Busek hielt sich in diesen Jahren aus den innerkatholischen Debatten eher heraus, er verfolgte konsequent seine politische Karriere. Im Parlament hatte er als Klubsekretär durch fleißige Arbeit Lorbeeren gesammelt. Seine politische Intelligenz, sein historisches Wissen und rhetorisches Talent waren gerade in der Ära Kreisky für die ÖVP unverzichtbar. Mit Josef Taus als Obmann wurde er 1975 Generalsekretär und konnte schon bei der ersten Pressekonferenz seinen Hang zum schnellen ‚Schmäh‘ nicht im Zaum halten. Taus und sich selbst bezeichnete er als „kalte Knackwürst‘ mit Brillen“.

Seine größten Unterstützer waren Josef Krainer, langjähriger Generalsekretär der Katholischen Aktion, der Organisation des ,Laienapostolats', die das Konzil anerkannt hatte, und auch die ,Kleine Zeitung', wo Karl Maria Stepan, einst Bundesleiter der Vaterländischen Front, 1945 ein neues Verhältnis von Kirche und ÖVP etabliert hatte. Gleichzeitig war Busek immer wieder in Auseinandersetzungen mit dem traditionsverpflichteten Cartellverband verwickelt – Laienapostolat versus politischen Katholizismus. Schon damals eine leicht anachronistische Auseinandersetzung, ein Hinweis, dass die ÖVP die Zeichen der Zeit nicht verstanden hatte. Der Vatikan und das Zweite Konzil hatten ihr die ideologische Basis, den Alleinvertretungsanspruch, das Monopol für die katholischen Wählerstimmen entzogen.

Busek, immer mit einem guten Sensorium für den Zeitgeist ausgestattet, revolutionierte die Personalauswahl, als er 1978 von der Parteispitze nach Wien geschickt wurde, um die ,rote Mehrheit' zu brechen. Er holte sich ,bunte Vögel' in die Stadtregierung: Manfried Welan (einen Universitätsprofessor für Verfassungsrecht), Dolores Bauer (eine katholische Journalistin) und Jörg Mauthe (einen bekannten Freimaurer). Mit diesem Team (das die alte Garnitur von Bezirksvorstehern und Kommerzialräten vor den Kopf stieß) begann er ein neues Kapitel in der Wiener Stadtpolitik. Nicht nur sein Team, auch die Stadt sollte ,bunter' werden. Ein Hauptthema war ,Stadterneuerung statt Stadterweiterung', damals eine progressive Vorstellung, die das Grau aus der Stadt entfernen sollte. Begonnen wurde ein umfassendes Sanierungsprogramm, nach dem die Stadt in neuem Glanz erstrahlte. Sein großes Ziel war die Wiederbelebung alter ,Grätzel', er gründete das Stadtfest, wo Kultur zu den Menschen gebracht wurde, er initiierte das Wiener Museumsquartier in den alten Stallungen der Monarchie. Damit erreichte er bei Gemeinderatswahlen heute unvorstellbare 35 Prozent der Wählerstimmen. Von 1978 bis 1987 war er Vizebürgermeister. Einer seiner größten Förderer in der ÖVP war der Chef der Wirtschaftskammer und des ÖVP-Wirtschaftsbundes, Rudolf Salinger, der in Busek eine Chance für die notwendige Erneuerung der Partei erkannte.

Diesem Erfolgsprogramm setzte Hans Dichand, Herausgeber der größten Tageszeitung des Landes, ein Ende. Er ließ Busek kommen, um ihm mitzuteilen, er werde ihn nicht mehr unterstützen, denn er unterstütze ab nun Helmut Zilk. Dieser war schon länger in der Stadtregierung als Kulturstadtrat tätig. Als Ombudsmann in der ,Krone' hatte er sich Dichands Gunst erworben. Zudem war er bereits ein sehr populärer Fernsehmoderator – er hatte u. a. die ,Stadtgespräche' erfunden. In der Kommunalpolitik übernahm er eine Vielzahl der Busek'schen Initiativen und setzte sie erfolgreich fort.

In seiner Wiener Zeit hatte sich Busek ein dichtes Netz von Kontakten in Mittel- und Osteuropa aufgebaut. Er profitierte dabei auch von den Beziehungen, die der damalige Kardinal Franz König initiiert hatte (er hatte u. a. dem ungarischen Kardinal József Mindszenty 1971 in Wien Exil angeboten). Während die SPÖ aus wirtschaftlichen Gründen Kontakte mit den kommunistischen Politikern pflegte, zog Busek es vor, Dissidenten zu besuchen und nach Wien einzuladen. Seine Wiener Wohnung wurde zum Treffpunkt für Intellektuelle wie Leszek Kołakowski und den späteren Präsidenten Lech Wałęsa, für Václav Havel und Ján Čarnogurský, für Milovan Đilas, Franjo Tuđman und Árpád Göncz, aber auch für die nordirischen Friedensnobelpreisträgerinnen Betty Williams und Mairead Corrigan.

Diese Verbindungen nach Mittel- und Osteuropa wurden ab 1989 zu seinem wichtigsten politischen Kapital, ein Kapital, von dem auch die Republik profitierte. Busek galt als Österreichs heimlicher Außenminister. Später integrierte er seine Verbindungen in das Institut für den Donauraum und Mitteleuropa, das lange Zeit zu seinem wichtigsten Arbeitsplatz avancierte. Das Institut wurde zur zentralen Drehscheibe für kulturelle und wissenschaftliche Zusammenarbeit in Mitteleuropa. Stipendien und Gastprofessuren führten zu einem intensiven persönlichen Austausch und bildeten die Basis für die spätere Aufnahme in die EU.

Mitteleuropa und der Donauraum bildeten auch die zentralen Themen seiner Publikationen. Das begann schon 1986 mit ‚Aufbruch nach Mitteleuropa – Rekonstruktion eines versunkenen Kontinents‘ ((gemeinsam mit Gerhard Wilflinger, Edition Atelier), 1997 folgte ‚Mitteleuropa – Eine Spurensicherung‘ (Kremayr&Scheriau), 1999 – nach Ende der Jugoslawienkriege – erschien ‚Österreich und der Balkan – Vom Umgang mit dem Pulverfass Europas‘ (Molden). Kurz vor der Osterweiterung erschien 2001 bei Wieser ‚Eine Reise ins Innere Europas‘. Gemeinsam mit Werner Mikulitsch veröffentlichte er 2003 ‚Die Europäische Union auf dem Weg nach Osten‘ (Wieser) und im selben Jahr ‚Offenes Tor nach Osten – Europas große Chance‘ (Molden).

Nach der großen Osterweiterung der EU begann sich Busek Sorgen über die ökonomistische Engführung des Europa-Projekts zu machen. 2008 veröffentlichte er ‚Eine Seele für Europa – Aufgaben für einen Kontinent‘ (Kremayr&Scheriau) und 2018 ‚Mitteleuropa revisited – Warum Europas Zukunft in Mitteleuropa entschieden wird‘ (gemeinsam mit Emil Brix, Kremayr&Scheriau).

Auch international wurde seine Tätigkeit in Südosteuropa anerkannt – er war ab 1996 Koordinator der Südosteuropa-Kooperationsinitiative (SECI), die sich zum Ziel gesetzt hatte, nach den Jugoslawienkriegen Freiheit und

Demokratie auf dem Westbalkan zu schaffen. Wenn diese Funktion auch nicht sehr erfolgreich war, so war die internationale Anerkennung für Busek äußerst wichtig. Denn in seiner Partei wurde er mehr und mehr isoliert.

Alois Mock, der seit 1979 Obmann der ÖVP war, zählte nicht zu den engen Freunden Buseks. Daran war nicht nur der Gegensatz CV versus KHG schuld. Buseks Informationen an die Presse betreffend Mocks Parkinson-Erkrankung belasteten das Verhältnis zwischen den beiden, aber auch die innerparteiliche Atmosphäre. Nach dem krankheitsbedingten Ausscheiden Alois Mocks aus der Parteiführung war Busek zunächst keine Alternative, zu heftig war die Kritik an ihm.

Es gelang ihm aber, seinen Freund Josef Riegler an die Parteispitze zu hieven. Dessen Konzept einer ‚ökosozialen Marktwirtschaft‘ legte die ÖVP schnell in die Schublade – es wäre ein Ausweg aus ihrem immer spürbarer werdenden ideologischen Dilemma gewesen. Schon Mock hatte 1986 eine Koalition mit dem neuen Parteichef der FPÖ Jörg Haider angestrebt, eine Option, die ihm von der Wirtschaft verwehrt wurde – dort hatte man zu große Angst vor Gewerkschaft und SPÖ. Aber die Idee, endlich die Große Koalition zu beenden, ließ sich in der ÖVP nicht mehr unterdrücken.

1989 wurde Busek als Mitglied der Regierung Vranitzky/Riegler Wissenschafts- und später kurzzeitiger Unterrichtsminister. Dort sammelte er nur wenig Lorbeeren, kritisiert wurde vor allem seine Neufassung des Universitäts-Organisationsgesetzes, mit dem 1975 die von Hertha Firnberg initiierte Demokratisierung der Hochschulen eingeleitet worden war. Buseks Argument, dass diese Reform einen exzessiven Bürokratismus erzeugt habe, erwies sich bald als trügerisch – seine eigene Reform produzierte mindestens eben so viel Bürokratismus.

Busek wurde 1991 zum Parteiobmann gewählt, konnte aber nie die Liebe seiner Partei gewinnen, vor allem im Westen fand man wenig Gefallen an seinem ‚Wiener Schmäh‘, vor allem aber gelangen ihm keine entscheidenden Stimmenzuwächse bei Wahlen. Die Wiedergewinnung des Bundeskanzlers schien in unerreichbarer Ferne. Auf Drängen der mittleren und höheren Parteifunktionäre musste Busek 1995 zurücktreten. Ein letzter Erfolg gelang ihm noch: Die Partei akzeptierte seinen alten Freund aus KHJ-Zeiten, Wolfgang Schüssel, Wirtschaftsminister der Regierung, als neuen Parteiobmann. Dahinter stand ein Geschäft unter Freunden – Busek wirbt für Schüssel, Schüssel macht Busek dafür zum offiziellen Außenminister.

Schüssel hielt sich nicht an die Vereinbarung, es kam zum tiefen Buch zwischen den beiden langjährigen Freunden. Die Wegkreuzung war nicht nur eine zwischen zwei Freunden, sondern eine ideologische Grundsatzentscheidung.

Für Busek und seine Weggefährten aus der KHJ war eine Koalition mit der FPÖ ein absolutes No-Go; die Nachfolger der Nazis in eine Regierung aufzunehmen, war für diese Gruppierung in der ÖVP, aber auch für aufgeklärte ‚Liberale‘ in der ÖVP wie Heinrich Neisser, ein absoluter Tabubruch. In privaten Gesprächen gestand Busek sogar, 1971 Bruno Kreisky gewählt zu haben, um eine Koalition SPÖ/FPÖ zu verhindern.

Schüssel hingegen hatte seine Pläne von langer Hand vorbereitet. Martin Bartenstein, den er statt Helga Rabl-Stadler zum Wirtschaftsminister machte, führte in seiner Jagdhütte in der Obersteiermark die ersten Gespräche mit Jörg Haider, Gespräche, die auch von Josef Krainer gefördert wurden. Der populäre steirische Landeshauptmann hatte seit der Wahl Haiders seinen politischen Kurs gewechselt, die Öffnung nach rechts passte auch in den Kurs der katholischen Kirche, die ja selbst seit dem polnischen Papst einen Rechtsruck samt ideologischem Backlash durchgemacht hatte.

Erhard Busek stand unvermittelt ohne Job da. Er nutzte dieses arbeitslose Jahr für einen Intensivkurs in Französisch, den er in Brüssel und Louvain absolvierte.

Seine Beziehung zur Kirche und ihren offiziellen Vertretern hatte sich im Lauf der Jahre gelockert, auch die Wahl des polnischen Papstes Johannes Paul II. im Jahr 1978, der den Sturz des Kommunismus in Polen und den anderen Ostblockländern zu seinem Lebensthema gemacht hatte, konnte daran nichts ändern. Denn die extrem konservative Personalpolitik, die dieser Papst in Österreich betrieb, leitete den seither nicht gestoppten Niedergang der katholischen Kirche in Österreich ein. Die Ernennung des erzreaktionären Ordensmannes Hans Hermann Groer zum Erzbischof von Wien, die Ernennung von Kurt Krenn zu dessen Weihbischof – man erinnert sich an seinen Spruch, man müsse jetzt „den durch Kardinal König zerstörten Weingarten, die Kirche, wieder in Ordnung bringen“ – waren deutliche Signale für die Rechtswende der Kirche.

Solche Aussagen, und mehr noch die bald überall auftauchenden Missbrauchsfälle, ließen Busek an seiner ursprünglichen geistigen Heimat mehr als einmal verzweifeln. Er versuchte, neue Wege der Spiritualität zu finden und gewann Erzbischof Franz Lackner für die Einführung einer ‚Ouverture spirituelle‘ zur Eröffnung der Salzburger Festspiele. Dort versammelte er Vertreter verschiedener Religionen zum interkonfessionellen Dialog und animierte den Festspielintendanten und die Präsidentin, ein passendes spirituelles Musikprogramm zu organisieren. Die Woche hatte großen Erfolg und wird den Tod ihres Gründers überleben.

Das Gespräch zwischen den Religionen war für ihn auch die notwendige Voraussetzung für einen humanen Umgang mit der Migration, die in den

1990er-Jahren immer stärker ins politische Zentrum rückte. 2015, im Jahr der großen Flüchtlingskrise, schrieb er einen offenen Brief an Kardinal Christoph Schönborn in der ‚Presse‘, wo er die Kirche aufforderte, sich in der Flüchtlingsfrage zu engagieren. Schließlich habe sie genug Räumlichkeiten zur Verfügung, die Stifte und Klöster stünden leer. Sein Appell bleibt ungehört.

Die Idee einer grundsätzlichen Reform der ÖVP, die er seit seinem Eintritt in die Politik immer wieder propagiert hatte, gab er angesichts der Stärke der beharrenden Kräfte bald auf. Noch in den 1980er-Jahren wollte er die bündische Struktur der ÖVP auflösen und ihr eine zentralistische Struktur verpassen. Ein Problem, mit dem sich auch heutige Parteivorsitzende herumschlagen.

Sein nächster Versuch war 2012 die Gründung einer neuen Partei, die junge, liberale Kräfte sammeln sollte. An der Gründung der NEOS war er persönlich beteiligt, deren erster Vorsitzender Matthias Strolz war Buseks enger Freund. Auch die Söhne und Töchter von Freunden und Bekannten wurden als Reformkräfte herangezogen.

Kontakte mit seinen Freunden aus der Katholischen Hochschuljugend (KHJ) hielt er bis an sein Lebensende. Und viele von ihnen folgten ihm auch in die ÖVP. Sein engster, nur vier Jahre jüngerer Freund war Wolfgang Schüssel, dazu zählten aber auch Josef Riegler, Wilhelm Molterer und – nicht zu vergessen – EU-Kommissar Franz Fischler, den er zu seinem Nachfolger beim Europäischen Forum Alpbach machte.

Seine Interessen entwickelten sich immer stärker in Richtung Kultur. Er unterstützte von Anfang an das burgenländische Kammermusik-Festival Lockenhaus, das Gidon Kremer ins Leben gerufen hatte. Lockenhaus war für ihn der ideale Weg, um durch Kultur Begegnung und Dialog zu fördern. Ungarische Künstler und Besucher aus dem Nachbarland waren immer ein fixer Programmpunkt. Ein zweiter Schwerpunkt seiner kulturellen Interessen war das European Chamber Orchestra, das Claudio Abbado gegründet hatte. Busek war dort seit seiner Wiener Vizebürgermeisterzeit Vorstandsmitglied. Zusammen mit seiner Frau Helga begleitete er Abbado und sein Orchester nach Kuba, wo sie von Fidel Castro empfangen wurden.

Im Jahr 2016 veröffentlichte Busek, gemeinsam mit der Autorin dieses Artikels, ein Buch mit dem Titel ‚Republik im Umbruch‘,[1] wo er wesentliche

---

1   Trautl BRANDSTALLER/Erhard BUSEK, *Republik im Umbruch* – Eine Streitschrift in zehn Kapiteln (Wien 2016). Die folgenden Zitate sind diesem Werk entnommen.

113

Veränderungen seiner Welt- und Kirchenanschauung beschreibt. Eine Bilanz nach 60 Jahren politischen, gesellschaftlichen und kulturellen Engagements für Österreich.

Er bedauert zwar den Niedergang der katholischen Kirche in Österreich, macht aber gleichzeitig darauf aufmerksam, dass die Kirchen, auch die evangelische, mehr und mehr in eine Minderheitenrolle kommen, aus der sie Konsequenzen zu ziehen haben. „Sehr bald wird die Frage auftauchen, ob der privilegierte Schutz christlicher Religionsgemeinschaften überhaupt noch der heutigen Situation entspricht. Wir haben diese Debatte schon beim Islamgesetz durchgemacht und meines Erachtens mehrheitlich bestanden, wobei es nicht um die Frage geht, ob es Kreuze in den Klassenzimmern gibt, sondern darum, die wechselseitige Akzeptanz von Religionen und ihrer Wertvorstellungen zu garantieren."

Auch der Niedergang der ÖVP konnte das Political Animal Busek nicht kalt lassen. Dass der aktuelle Parteiobmann über christliche Werte kein Wort verliert, und sich auf die Richtlinien des Strafrechts beschränkt, muss den Christdemokraten alter Schule geschmerzt haben. „Die politischen Parteien wurden einander immer ähnlicher, die ideologischen Unterschiede sind heute schwer auszumachen. Und beruhen bestenfalls auf sozialen Traditionen, weniger auf Überzeugungen. Das Ende des Eisernen Vorhangs hat das noch deutlicher gemacht. Es hat zwar nicht das von Francis Fukuyama verkündete ‚Ende der Geschichte' gegeben, die Relevanz der Ideologien für die Politik hat aber eindeutig abgenommen."

Beide Entwicklungen – in Kirche und ÖVP – haben Erhard Busek ziemlich heimatlos gemacht. Er war auf der Suche nach neuen Werten. Das politische Engagement in seinen letzten Lebensjahren galt daher vor allem der Zukunft Europas, wobei er bei diesem Thema die vielen versäumten Chancen Österreichs kritisierte:

„Das waren zum einen mit Sicherheit die Veränderung durch den Fall des Eisernen Vorhangs und die Gestaltung des Balkans. Die andere Problemstellung – und das fällt zeitlich zusammen – war der Eintritt in die Europäische Union. Wir hätten uns nicht nur überlegen müssen, was die Europäische Union für uns bedeutet, sondern auch, was wir aus unserer geopolitischen Lage in die Europäische Union einbringen können, auch mit unseren historischen Erfahrungen. Das haben wir wirklich erfolgreich verschlafen."

Aus der geopolitischen Lage Österreichs etwas zu machen, die Neutralität als friedenspolitisches Instrument zu nutzen – diese Ideen haben ihn bis zuletzt umgetrieben. Noch in seiner letzten Lebenswoche engagierte er sich mit Freunden für eine Friedensinitiative im Krieg Russlands gegen die Ukraine. Ein Text lag vor, ein Datum für ein Treffen war bestimmt. Am 14. März setzte der Tod seiner letzten Initiative ein Ende, auf der Heimfahrt von einem Benefiz-Konzert für die Ukraine.

Paul M. Zulehner

„*Es ging nicht um Bewahrung vor der Welt, sondern um Bewährung in der Welt.*"[1]

Es war das letzte E-Mail, das ich am 1. März 2022 von Erhard Busek erhalten habe: „Lieber Paul, hast Du einen Zugang nach Rom? Der Papst sollte versuchen, nach Moskau zu fahren, um Putin und den Patriarchen zu treffen! Bitte probiere es!" Ich habe sein dringliches Anliegen umgehend an gewichtige Leute im Vatikan weitergeleitet. Inzwischen ist Papst Franziskus zwar nicht nach Moskau oder auch nicht, was ihm näher läge, nach Kiew gefahren, wohl aber ist er friedenspolitisch engagiert tätig geworden. Am 13. März 2022 sagte Papst Franziskus mit Blick auf die leidende Zivilbevölkerung in Mariupol: „Das Einzige, was getan werden muss, ist, der inakzeptablen bewaffneten Aggression ein Ende zu setzen, bevor sie Städte in Friedhöfe verwandelt. […] Im Namen Gottes bitte ich Euch: Stoppt dieses Massaker!"[2]

Das E-Mail zeigt, wie wach sich Erhard Busek bis an das so überraschende Ende seines intensiven Lebens als Vollblutpolitiker eingesetzt hat und sein politisches Handeln keine Berührungsangst mit seiner Kirche kannte. Er war ein von seinem Glauben nachhaltig inspirierter Politiker.

Was ihm dabei wichtig war, soll in gebotener Kürze erzählt werden. Dabei blicke ich auf die Person und ihr Lebenswerk aus der Perspektive der beiden Schriftstellen, die soeben in Erinnerung gebracht worden sind: jene von den Talenten und die andere von der finalen Evaluierung jedes Lebens, über die Paulus mit den zerstrittenen Christen in Korinth meditierte.

> „*Da kam der, der die fünf Talente erhalten hatte, brachte fünf weitere und sagte: Herr, fünf Talente hast du mir gegeben; sieh her, ich habe noch fünf dazugewonnen.*"
>
> Matth. 25,20

Wahrscheinlich reicht für Erhard Busek diese Zahl fünf nicht. Denn – wie einer seiner Weggefährten, Heinz Nußbaumer, in der Furche schrieb – „ein

---

1   Bei diesem Text handelt es sich um die geringfügig adaptierte Predigt des Autors beim Begräbnis Erhard Buseks am 30. März 2022 in Wien. Zum Titelzitat s. Thomas Walter KÖHLER, *Sei wie Gott, werde Mensch* – Eine Archäologie der Christdemokratie. In: Thomas Walter KÖHLER/Christian MERTENS (Hg.), *Demokratie braucht Meinungen* – Andreas Khol zum 80. Geburtstag (Wien 2021), S. 294-317, hier S. 294 [Anmerkung der Herausgeber].

2   FRANZISKUS, *Angelus* – Petersplatz, Sonntag, 13. März 2022 [https://www.vatican.va/content/francesco/de/angelus/2022/documents/20220313-angelus.html; abgerufen am 19.01.2023].

Höherer hatte ihm so viele Talente in die Schürze geworfen".[3] Zwei seiner Talente will ich würdigen.

Talent Glauben

Seiner Biografie folgend nenne ich als erstes das Talent eines tragfähigen wie inspirierenden Glaubens. Er hatte das Glück, das elterliche Glaubenserbe bei herausragenden Persönlichkeiten und in Gemeinschaften der Kirche auf den Prüfstand der Vernunft zu stellen. Zu ihnen zählen gar viele: Karl Strobl, Otto Mauer, Kardinal König, die Katholische Hochschulgemeinde; ihn prägte das epochale Ereignis des Zweiten Vatikanums mit den großen Konzilstheologen Karl Rahner, Ives Congar, Edward Schillebeeckx oder Henri de Lubac. Wichtig war ihm auch Johann B. Metz, den er als Wissenschaftsminister – in meiner Amtszeit als Dekan – mit einem Lehrauftrag nach Wien einlud, als diesem Kardinal Ratzinger in München die Berufung verweigert hatte.

Gerade in der Aufbruchszeit des Konzils erlebte er die Weite einer Weltkirche: Katholisch konnotierte bei ihm nicht konfessionell, sondern universell: also ökumenisch, und das im Sinn der großen Ökumene der Religionen der Welt. Er war, wie ich aus eigenem Erleben weiß, im jüdischen Viertel in Krakau ebenso daheim wie er gute Beziehungen zum Großmufti von Sarajewo unterhielt, der ihm bei einem Besuch eine Liste mit 200 Namen von salafistisch ausgebildeten Religionslehrern überreichte und ihm riet, diese nicht in den Schuldienst aufzunehmen. „Christen, Juden und Muslime waren für ihn Blüten an einem Zweig." (Heinz Nußbaumer)

Seine kirchlichen Lehrmeister vermittelten ihm keinen frömmelnden Fundamentalismus, sondern eine geistesgegenwärtige, anspruchsvolle, hochpolitische Theologie. Es ging nicht um Bewahrung vor der Welt, sondern um Bewährung in der Welt. Man soll als Christ nicht nur selbst an der bösen Welt vorbei in den Himmel kommen, sondern daran tatkräftig mitwirken, dass der Himmel jetzt schon auf die Erde kommt: als das von Jesus ausgerufene ,Reich Gottes' in der Gestalt von Wahrheit, Gerechtigkeit und Frieden. Das wurde auch praktisch eingeübt: Schon in seiner Studentenzeit trugen Freunde mit ihm Kreuze an die ungarische Stacheldrahtgrenze, um ihrer Hoffnung nach Freiheit für die unterdrückten Länder in Osteuropa in einer starken Symbolhandlung Ausdruck zu verleihen.

In Zeiten weltanschaulicher Diffusion rang er um eine gerade für die Jungen zukunftsfähige Position und suchte durch alle Zweifel hindurch, das Erbe des

---

3   Heinz NUSSBAUMER, *Von der Freude, über alle Grenzen zu gehen* – Nachruf auf Erhard Busek. In: Die Furche, 16.03.2022.

Glaubens mit der modernen Zeit zu vereinbaren. Das machte ihn kritisch und loyal zugleich: in seiner Kirche ebenso wie in seiner Partei. Noch mehr, es machte ihn unbequem, kämpferisch, ja unbeugsam. Ein Zitat, das aus der Zeit seiner vielfältigen informellen Reisen in den kommunistischen Ostblock stammt, passt gut zu ihm. Es soll von Johannes Paul II. stammen, der auf dem Friedensplatz in Warschau vor einer Million Menschen gesagt haben soll: „Wer sein Knie vor Gott beugt, beugt es nie mehr vor der Partei." Gemeint ist hier die kommunistische Partei.

Als Mitglied einer Weltkirche, aber in der Lokalkirche gut verwurzelt, lernte er, das Globale mit dem Lokalen zusammenzuhalten. Er war ein visionärer Weltbürger ebenso wie ein nostalgischer Grätzelwiener. Er liebte den belasteten Begriff ‚Heimat', ein nationalistisches ‚Austria first' war ihm zugleich total fremd, was ihm von der Haider-Partei Häme einbrachte, indem sie ihn als „Mann mit tschechischen Vorfahren" und „Donaumonarchisten" verunglimpfte – was aber Erhard Busek durchaus als ehrenvoll betrachtete. Das Widersprüchliche gehört genauso zu ihm wie der Widerspruchsgeist gegen das Abgestandene und Leblose.

Talent intellektuelle Brillanz

Zum Talent eines inspirierenden Glaubens hatte Erhard Busek das Talent einer außergewöhnlichen intellektuellen Begabung erhalten. Kaum jemand, der oder die sie im Nachruf nicht würdigte. Schon bemerkenswerter, wie sie kommentiert wurde: „brillant", „unösterreichisch", aber auch „zu g'scheit für die Politik". Busek wurde als begnadeter Mundwerker bewundert, ein herausragendes rhetorisches Talent mit großer Lust an scharfer Rede. Er wusste um diese Begabung und die Gefährdung, die sie mit sich brachte und in der er eine frappierende Ähnlichkeit mit seinem Mentor Otto Mauer entwickelte. Er hatte allerdings im Vergleich zu diesem großen Humor, der ein gerütteltes Maß an Selbstkritik zuließ. So konnte er über sich sagen: „Meine Schwäche war immer ein Mangel an Geduld und eine gewisse Arroganz. Ich habe sehr vielen das Gefühl gegeben, dass ich sie für blöd halte. Was auch gestimmt hat." Paul Lendvai charakterisierte Busek als liebenswürdigen Zyniker, der für ein Bonmot manchmal seine Karriere geopfert hat.

Selbst intellektuell hochbegabt, förderte er im Lande Bildung, Wissenschaft, Kunst. Er hat Kultur geliebt und gelebt. In seiner Zeit wurde das neue Universitätsgesetz beschlossen. Mit den Fachhochschulen gelang ihm ein starker Beitrag zur sozialen Durchlässigkeit im Bildungsbereich.

Speziell die Musik lag ihm am Herzen. Eng verbunden war er mit dem Gustav-Mahler-Jugendorchester oder mit den Festspielen in Lockenhaus;

ich danke den Musikern von dort, dass sie den Verstorbenen mit Teilen aus Haydns ‚Die sieben letzten Worte unseres Erlösers am Kreuze' ehren. Noch am Abend seines Todes hat er mit seiner Frau Helga das Benefizkonzert für die Ukraine in St. Pölten besucht. Er selbst war dann noch mit dem Auto heimgefahren. Der slowenische Ministerpräsident Lojze Peterle meinte, der aggressive Angriff auf die freiheitsliebende Ukraine sei Erhard Busek so zu Herzen gegangen, dass dies zu seinem Tod beigetragen habe.

> *„Das Werk eines jeden wird offenbar werden, […]*
> *hält das stand, was er aufgebaut hat, so empfängt er Lohn."*

1 Kor 3, 13f.

Ich wende mich nunmehr der Lesung dieses Gottesdienstes zu, in dem Paulus mit den zerstrittenen Korinthern ringt. Er kommt dabei darauf zu reden, wie die finale Evaluierung eines Menschenlebens vor sich gehen könnte. Kurzum: Was nicht taugt, wird verbrannt; aber das Gelungene bleibt und wird belohnt, so ahnte er.

Lohn erhalten wird Erhard Busek bei der finalen Evaluierung seines Lebens zweifelsfrei für sein Engagement beim Friedensprojekt Europa. Auch darüber sind sich auch seine politischen Gegner einig.

Erhard Busek setzte dabei nicht nur auf Organisationen und Diplomatie. Vielmehr besuchte er Persönlichkeiten aus der zivilgesellschaftlichen Ebene quer durch Mittel- und Osteuropa bis tief in den Balkan hinab. Erhard Busek war ein begnadeter Vernetzer. Er gewann in allen Ländern der 40-jährigen „babylonischen Gefangenschaft im Totalitarismus" (András Máte-Tóth) demokratische Mitstreiter. Er kannte viele, die auf dem Weg zur, in und nach der Samtenen Revolution von 1989 eine historische Rolle spielten. Während sich das offizielle Österreich in dieser bewegten Zeit mit den kommunistischen Regierungsvertretern getroffen hatte, knüpfte Busek Kontakte zu Vertretern der Bürgerrechtsbewegung, wie Tadeusz Mazowiecki, Lech Wałęsa, Václav Havel, Václav Klaus, das Magyar Demokrata Fórum, József Antall oder Ján Čarnogurský. Er vernetzte diese herausragenden Dissidenten, unterstützte sie im Kampf um die Freiheit ebenso wie nach der Wende bei der mühsamen Implementierung der Demokratie in ihren lange unterdrückten Ländern, die bis heute nicht abgeschlossen erscheint. Diese Liste der Personen liest sich wie ein Who is who in der Befreiungsgeschichte Mittel- und Osteuropas vom Joch des totalitären Kommunismus.

Viele seiner Freunde und politischen Weggefährten nahm er auf unzählige Reisen in die unfreien Länder mit und traf sich dabei auch mit Führungspersönlichkeiten der Kirchen und Religionsgemeinschaften. Auch seine Salons in der Wohllebengasse werden wie mir vielen unvergesslich sein, mit seiner Frau Helga im diskreten Hintergrund.

Wie wichtig ihm das Vernetzen war, machte er noch einmal drei Tage vor seinem Tod deutlich, als er den Aufruf des derzeitigen Wissenschaftsministers kritisierte, alle wissenschaftliche Zusammenarbeit mit Russland zu beenden – Erhard Busek widersprach aus seiner langjährigen Erfahrung, dass die Vernetzung von Menschen gerade in Krisenzeiten langfristig zum Frieden beiträgt. Busek wörtlich im Interview: „Die Academia [soll alles tun], um im Austausch zu bleiben und Wege zum Frieden zu beeinflussen. Vom Hass können wir nicht leben und die Zukunft gestalten."[4] Ich habe das selbst unmittelbar erlebt, denn am Tag des Kriegsausbruchs war ich Referent auf einer Tagung in Lemberg/Lwiw und eine Woche später bei einer Konferenz der Geistlichen Akademie des Patriarchats in Moskau.

Im völkerrechtswidrigen Angriffskrieg auf die Ukraine sah er einen Angriff auf sein Lebensprojekt Europa, das er in einem seiner letzten Statements in die Pflicht nahm, wenn er in Richtung Europa sagte: „Ein bissl aufwachen tät' uns gut."[5] Der Krieg Putins in der Ukraine habe die Dimension, ein Weltkrieg zu werden.

Erhard Busek war einer jener Friedensstifter, welche die Bergpredigt seligpreist und die in der wankenden Welt so dringlich vonnöten sind. Um Europa zu befrieden, hatte Erhard Busek auf eine gewichtige Rolle des Donauraums und Mitteleuropas gesetzt und dazu das Institut für den Donauraum und Mitteleuropa (IDM) reaktiviert und sich im Forum Alpach engagiert. Wien sah er als Herz dieses Friedensraums, als eine „geistige Hauptstadt" (Paul Lendvai), einem Leuchtturm gleich.

Erhard Busek schätzte alles, was Europa in seiner bewegten Geschichte ausmacht. Angelehnt an den Wunsch von Jacques Delors, Europa eine Seele zu geben, veröffentlichte er ein Buch mit eben diesem Motto. Er kämpfte für die großen Werte, die in der Geschichte des Kontinents eine prägende Rolle spielten. Freiheit, Gerechtigkeit, Wahrheit und dank aller zusammen Frieden.

So war er ein unbeugsamer Anwalt der Freiheit gegen alle populistischen Umwandlungsversuche der liberalen Demokratie in eine illiberale. Als Mitgestalter des europäischen Friedensprojekts bedrückte Erhard Busek in den letzten Jahren der nationalistische Rückschritt in den Visegrád-Ländern. Hier werde, so befürchtete er, mehr zerstört als bloß die optimistische Illusion eines geeinten Europas.

---

4   LISA NIMMERVOLL, *Ex-Wissenschaftsminister Busek rät Unis, Kontakte mit Russland beizubehalten.* In: Der Standard, 11.03.2022.

5   *Busek über Ukraine-Krieg: „Ein bissl aufwachen tät' uns gut."* In: Die Presse, 08.03.2022.

Ganz im Sinn der katholischen Soziallehre setzte er friedenpolitisch nicht auf Waffen, sondern auf Gerechtigkeit, die auch und gerade durch Bildung gemehrt werden könne.

Nicht zuletzt war er sein Leben lang, wie sein Freund Václav Havel, an der Wahrheit interessiert. Was heute viele in den Parteien nicht zusammenhalten können, hielt er zusammen: Gesinnung und Verantwortung. Wenn die Gesinnung wegfällt, so warf er in einem Hintergrundgespräch im Jahre 2016 nicht nur seiner eigenen Partei vor, schrumpft der Horizont einer zukunftsfähigen staatsmännischen Politik vom Welt-Gemeinwohl, dem Einsatz für die sozial Geschwächten und die Sorge um die Mitwelt auf eine parteipolitische Machterhaltungspolitik ohne Zukunft. Seine Leidenschaft für eine Gesinnung verlieh ihm einen visionären Weitblick, was dazu führte, dass er seiner Zeit um Jahrzehnte voraus war: und dies insbesondere ökologisch als belächelter ‚bunter Vogel' im Wiener Stadtparlament, in dem er zudem Bürgernähe praktizierte.

Erhard Busek war ein christdemokratischer Grundsatzdenker. Er war ein dynamischer Konservativer, was er selbst so erklärte: „Konservativ sein bedeutet, eine Situation erhalten zu wollen. Und um eine Situation zu erhalten, muss man sie ständig ändern und sich an der Spitze des Fortschritts bewegen."[6] Damit grenzte er sich vom konträren Verständnis eines bockbeinigen Konservativen ab, die „traditionelle Strukturerhalter sind, die noch immer nicht überrissen haben, dass man die Dinge rasch ändern muss, damit sie so bleiben, wie sie sind."[7]

In seinem Vorausblick auf die finale Lebensevaluierung vermerkt der Apostel Paulus sodann im Brief an die Korinther: „Das Feuer wird prüfen, was das Werk eines jeden taugt […] brennt es nieder, dann muss er den Verlust tragen."[8] Dieser Prozess hat offenbar schon im Leben des Verstorbenen begonnen. Günter Nenning sagte einmal über Erhard Busek, er sei „höchst mißerfolgreich" gewesen. In der Tat haben sich manche seiner Visionen nicht realisiert. Vielleicht war er in manchen Belangen auch zu früh dran. Oder sollte gar die Vermutung von Karel Schwarzenberg, der es in Tschechien ins

---

6   Erhard BUSEK, *„ÖVP dient mehr dem Machterhalt"*. In: Kopf um Krone, 28.07.2016 [https://kopfumkrone.at/kabinett/erhard-busek-oevp-dient-mehr-dem-machterhalt; abgerufen am 20.01.2023].

7   Ibidem.

8   1 Kor 3,13 und 3,15.

Außenministerium schaffte, in seinem Nachruf auf Busek zutreffen, dass „leider Österreich und auch die eigene ÖVP nie richtig seine Bedeutung erfasst"[9] haben?

Erhard Busek haben die vielen Misserfolge ernüchtert. Um seine Enttäuschung intellektuell zu verarbeiten, gab er mit vielen Mitstreitenden 2010 ein Buch mit dem selbstkritischen Titel heraus: ‚Was haben wir falsch gemacht?'[10]

Die Fachleute für Parteiengeschichte werden manche innerparteilichen Konflikte zu verstehen versuchen, die mit Spannungen zwischen jenen zu tun haben, die aus dem CV oder aus der Strobl-Mauer-KHG kamen. Solche Rivalitäten hinderten aber Busek nicht daran, sich über solche Lagergrenzen hinweg zu verbünden, wenn es der Sache dienlich war: So engagierte er sich kirchenpolitisch in der Katholischen Laieninitiative zusammen mit Andreas Khol und Heribert Kohlmaier. Erfolgreich wirkte er in seiner Zeit als Vizekanzler daran mit, nach dem dramatischen Abgang von Kardinal Hans Hermann Groer die Berufung von Kurt Krenn als Erzbischof von Wien zu verhindern.

Nachdenklich machte Busek, „dass die Anzahl derer, die wissen, was christlich-sozial bedeutet, durchaus im Abnehmen ist. Ich bin darüber nicht sehr glücklich, laste diese Entwicklung aber den Christen an, und nicht der ÖVP. Wir kamen alle aus kirchlichen Jugendorganisationen. Das ist heute vorüber. Das werfe ich der ÖVP aber nicht vor. Das werfe ich – wenn man so will – der Kirche vor."[11]

Abgesang: Fegfeuer – Recht als Fragment in den Tod zu gehen

Und noch einmal kehre ich zur finalen Lebensevaluierung zurück, wie sie Paulus vorausahnte. Denn diese endet, so hofft der Europaapostel, für alle unerwartet tröstlich, auch wenn man bei solchem universellen Heilsoptimismus mit Blick auf die Verbrechen gegen die Menschlichkeit bange fragt: Auch für Stalin, Hitler, Pol Pot oder Putin?

Doch Paulus schränkt nicht ein: Selbst wenn manches nicht standhält und im Feuer verbrannt wird – im selben Feuer wird ja auch geprüft, was das Werk eines jeden taugt. Hält das stand, was er aufgebaut hat, so empfängt sie/er den Lohn. Noch mehr: Er/sie selbst wird gerettet werden, doch so wie durch Feuer

---

9   Zit. nach Alexandra FÖDERL-SCHMID, *Zu gescheit für dieses Land*. In: Süddeutsche Zeitung online, 19.03.2022 [https://www.sueddeutsche.de/politik/oesterreich-erhard-busek-nachruf-oevp-ukraine-1.5550226; abgerufen am 17.01.2023].

10   Erhard BUSEK (Hg.), *Was haben wir falsch gemacht?* (Wien 2010).

11   Ds., „*ÖVP dient mehr dem Machterhalt*".

hindurch. Und dies ist nicht das peinigende Fegfeuer, das noch meine Großeltern fürchteten, sondern das heilende Feuer göttlicher Liebe.

Das ist eine gute Nachricht für jeden von uns. Wir alle schaffen im Leben, auch in der Politik, nur Fragmente des Guten und der Liebe, für die wir geschaffen sind. Aber diese werden, so Paulus, bei der finalen Lebensbewertung ausreichen. Musikalisch ausgedrückt: Wir können wie Schubert oder Mozart als unvollendete Lebenssinfonien in den Tod gehen. Im Feuer der göttlichen Liebe wird zu Ende komponiert werden, was wir unvollendet in den Tod mitgebracht haben. Nicht nur bei jeder und jedem von uns: sondern eben auch bei Erhard Busek, vor dessen Person und Lebenswerk wir uns heute mit Achtung und Trauer verneigen.

FUNKTIONEN

Während seines mehr als acht Jahrzehnte umfassenden Lebens wirkte Erhard Busek in verschiedensten Funktionen. Die Beiträge in Abschnitt drei gehen seinen beruflichen wie ehrenamtlichen Stationen nach und zeigen seine Erfolge ebenso auf wie Projekte, in denen er weniger reüssierte. Bestimmte Themen, die ihm am Herzen lagen, aber auch typische Charakterzüge ziehen sich einem roten Faden gleich durch alle seine Tätigkeiten.

Hilde Hawlicek, zeitgleich mit Busek Mitglied der österreichischen Bundesregierung, erinnert sich an gemeinsame Jahre im Österreichischen Bundesjugendring. Schon damals fiel dieser durch Intellekt, Rhetorik, Belesenheit und Humor auf. Beide schätzten die dort gewonnene politische Erfahrung und die inhaltliche Zusammenarbeit, getragen von den Leitbildern der Solidarität und des Humanismus.

Der Historiker *Christian Mertens* behandelt die frühen politischen Stationen Buseks vom ÖVP-Parlamentsklub über die Neupositionierung des Wirtschaftsbundes bis hin zur Reorganisation der ÖVP-Bundespartei als deren Generalsekretär. Schon bald galt der pointierte Intellektuelle, der bereit war, über den ‚politischen Tellerrand‘ zu blicken, als Personalreserve für alle möglichen Positionen. Viele Reformideen, die der Politiker in späteren Jahren aufgriff, konnte er in diesen Jahren erproben oder im Rahmen seiner frühen Publikationen andenken.

Matthias Tschirf, Jurist und ehemaliger Klubobmann der ÖVP im Wiener Rathaus, befasst sich mit der ‚Wiener Phase‘ des Politikers. Als Landesparteiobmann der Wiener ÖVP gelang es Busek, bei zwei Gemeinderatswahlen deutlich zuzulegen, ehe sich die Rahmenbedingungen veränderten. Dieser vermochte es mit einem ausgeprägten Sensorium für Themen und Personen, ein bürgerliches Gegenmodell zum ‚Roten Wien‘, eine „andere Art von Politik", zu entwickeln. Auch verstand er es, Wien mit neuen Veranstaltungen zu beleben.

Ingrid Korosec, heute Präsidentin des Österreichischen Seniorenbundes, lässt in ihrem Beitrag ihre Zeit als Generalsekretärin unter Erhard Busek als Bundesparteiobmann Revue passieren. Sie erinnert an den aus finanziellen Gründen erfolgten Umzug der ÖVP-Parteizentrale, das 1995 verabschiedete neue Grundsatzprogramm (‚Wiener Programm‘), die erfolgreiche Präsidentschaftswahl 1992 und die EU-Volksabstimmung 1994, aber auch Probleme. In Summe wären vier Jahre zu kurz gewesen, um in der ÖVP große Reformen umzusetzen.

Friedrich Faulhammer, Rektor des Donau-Universität Krems und früherer Mitarbeiter im Bundesministerium für Wissenschaft und Forschung, ruft Buseks Leistungen und Initiativen als Wissenschaftsminister in Erinnerung.

Dazu zählt er etwa das Universitäts-Organisationsgesetz 1993, die Einführung von Fachhochschulen, die Sanierung der universitären Infrastruktur sowie nicht zuletzt die Kooperation von Hochschulen und den Austausch von Studierenden und Forschenden zwischen Österreich und den neuen Demokratien in Mitteleuropa.

Der Jurist und ehemalige Sektionschef im Wissenschaftsministerium *Raoul F. Kneucker* entwirft ein verwaltungswissenschaftliches Porträt der Ministerschaft Buseks. Er beschreibt dessen Amtsverständnis und Arbeitsweise nach innen wie nach außen. Busek betrachtete sein Haus „als einen Ort für europäische Politik" und verpasste ihm ein neues Wissensmanagement, das die interne Expertise der Organisation nutzte und um darauf fußender externer Expertise ergänzte. So wurde er zum „Mehrer des Reiches Wissenschaft".

Rudolf Schicker, ehemaliger Wiener Stadtrat und aktuell Vizepräsident des Instituts für den Donauraum und Mitteleuropa (IDM), beschreibt das Engagement Buseks im Rahmen der von diesem über Jahrzehnte geleiteten Institution. Ihm ging es besonders um den Austausch zwischen den jungen Menschen Mittel- und Südosteuropas, um die Unterstützung der Zivilgesellschaft in diesem Raum. Buseks besonderes Verdient sei es, in Österreich „das Gefühl dafür geweckt" zu haben, dass es auch Nachbarn im ‚Osten' gebe.

Der Journalist und Publizist *Claus Reitan* analysiert schließlich die Ära Busek an der Spitze des Europäischen Forum Alpbach. Dieser führte zahlreiche neue Formate und neue Themen ein, sorgte vor allem aber auch dafür, die Veranstaltung für die Jugend attraktiver zu machen. Ebenso bemühte er sich um mehr Teilnehmerinnen und Teilnehmer aus den Ländern Mittel- und Osteuropas sowie um renommierte internationale Referentinnen und Referenten. Unter seiner Leitung habe das Forum „eine Wiedergeburt und eine neue Dynamik" erfahren.

Hilde Hawlicek

Gemeinsame Jahre im
Österreichischen Bundesjugendring

Mit Erhard Busek verbindet mich Vieles. Unsere Zusammenarbeit hat 1966 im Österreichischen Bundesjugendring (ÖBJR) begonnen. Beide als Jugendfunktionäre – Busek aus der Katholischen Jugend und ich aus der Sozialistischen Jugend kommend.

Später beide als Abgeordnete im Parlament – beide Kultursprecher und schließlich beide am Minoritenplatz, Busek als Bundesminister für Wissenschaft und Forschung und ich als Bundesministerin für Unterricht, Kunst und Sport.

In der Broschüre ‚40 Jahre ÖBJR' – 1993 redigiert vom damaligen Generalsekretär Gerald Netzl (heute Vorsitzender der Sozialdemokratischen Freiheitskämpfer) – mit Vorworten von Bundespräsident Klestil und Bundeskanzler Vranitzky – sind alle Vorsitzenden und Ersten Sekretäre sowie viele Funktionäre mit Beiträgen vertreten. Buseks Beitrag beginnt:

„In meiner Zeit im österreichischen Bundesjugendring machte ich prägende Erfahrungen. […] Das eigentliche Erlebnis war aber, aus diesem Konkurrenzdenken herauszuwachsen und das Gemeinsame vor dem Trennenden zu sehen. Ich habe in dieser Zeit gelernt, dem Anderen zuzuhören, nachzudenken, warum er dies vorschlägt, seine Wurzeln zu suchen und damit den gesamten Mikrokosmos der österreichischen Landschaft kennenzulernen und zu erkennen.

Die Prägung durch mein Elternhaus war eine ‚österreichische' – aus der Erfahrung der Zeit vor, während und nach dem Zweiten Weltkrieg. Ich bin daraufhin ausgerichtet gewesen, zuerst die Heimat zu sehen, das Gemeinsame und dann erst auch die Unterschiede – diese aber auch genau, denn bei Prinzipien und Werten gibt es zwar die Toleranz, aber keine Verwischung – eine Unterscheidung der Geister ist immer notwendig.

Der Bundesjugendring war eine Schule durch die ganzen zwölf Jahre, die ich in irgendeiner Weise dort verbringen durfte. Ich habe dabei viele Freundschaften erworben, die mir heute noch helfen. Freundschaft sollte aber nicht zu billig gemeint sein; sie hat nicht zur Folge, dass man den Kompromiss um jeden Preis weiß, sondern dass die persönliche Wertschätzung doch so stark genug ist, um Meinungsunterschiede zu verkraften."[1]

---

1   *40 Jahre ÖBJR* – Erinnerungen ehemaliger Präsidiumsmitglieder (Wien 1993), S. 47f.

Ähnlich beginnt mein Beitrag:

„Ich erinnere mich an meine Zeit im Österreichischen Bundesjugendring sehr gerne, für mich hat die Arbeit im ÖBJR sehr viel bedeutet. Nicht nur, weil es direkt nach meinem Studium die erste Anstellung war, sondern weil ich zum ersten Mal andere Ideologien und Weltanschauungen kennenlernen konnte. Nach fast zehn Jahren ausschließlich sozialistischer Jugendarbeit hatte ich erstmals mit politischen Gegnern und weltanschaulich Andersdenkenden zu tun. […] Profitiert habe ich durch meine dreijährige Arbeit im ÖBJR, in dem ich, wie ich glaube, zu einer toleranten Politikerin wurde. Gelernt habe ich hier Konsensfähigkeit, Geduld bei Verhandlungen und Eingehen auf Andere. Dies ist mir sehr zugutegekommen bei meiner parlamentarischen Tätigkeit und bei meiner Regierungsarbeit.

Besonders viel bedeuten mir die persönlichen Freundschaften, die ich im ÖBJR schließen konnte. So habe ich mit meinen beiden Vorsitzenden und dem kompletten Präsidium während meiner Zeit in meinem jetzigen politischen Leben noch immer beste Kontakte. Mit Erhard Busek und Wolfgang Schüssel war ich in einer Bundesregierung. Mit Peter Schieder, Franz Mrkvicka, Fritz König und Josef Höchtl bin ich im Parlament. Durch die gemeinsame Arbeit im ÖBJR und die persönlichen Freundschaften, war sofort eine besondere Atmosphäre gegeben. Ob ich jetzt die ehemaligen Vorsitzenden Rupert Gnant als Personalvertreter im BMUKS wiedergetroffen habe oder Josef Finder, Sektionschef im Unterrichts- und dann im Familienministerium, war es mir immer eine besondere Freude."[2]

Genauso betonte Erhard Busek in seinem Beitrag wie wichtig ihm Freundschaften – ohne sie namentlich zu nennen – waren und sind. Er findet dafür für ihn selten emotionale Worte: „Es gibt eigentlich niemanden aus dieser Zeit, den ich nicht gerne wiedersehe, mit dem mich nicht ein bisschen mehr verbindet als das Du-Wort und die Erinnerung." Es wäre nicht Erhard, wenn er nicht noch kritische Bemerkungen hinzufügte, aber sein Schlusssatz lautet: „Trotzdem – die Zeit im Österreichischen Bundesjugendring war eine schöne!"[3]

Unsere Zusammenarbeit im ÖBJR funktionierte sofort bestens. Busek war durch sein bürgerlich katholisches Elternhaus geprägt und ich war stolz aus einer Arbeiterfamilie zu kommen und zu den damals nur drei Prozent Mädchen aus Arbeiterfamilien zu gehören, die ein Studium abgeschlossen hatten.

Ich habe von Anfang an Buseks Intellekt, seine Rhetorik, Belesenheit, seinen

---

2   Ibidem, S. 49f.
3   Ibidem, S. 48.

Humor inklusive Selbstironie bewundert. Einigen in der ÖVP war Busek „zu gescheit" für die Politik. Mir war er nicht zu gescheit. Ich habe es geschätzt, mit einem so Gescheiten zusammenzuarbeiten. Besonders erfreuten mich seine immer passenden Zitate aus der Literatur. Am liebsten zitierte er aus Karl Kraus' Werk ‚Die letzten Tage der Menschheit', das er, glaube ich, größtenteils auswendig kannte.

Als Erster Sekretär – ungegendert, so war mein Titel – war Busek mein Chef. Ich brachte ihm oft von unserem Büro am Friedrich-Schmidt-Platz, hinter dem Rathaus, Unterlagen und Unterschriftenmappen in den ÖVP-Klub und war nicht nur vom Parlament, sondern auch von Withalm beeindruckt, für den Erhard als Klubsekretär arbeitete.

Besondere Freude machte mir und Busek, im Auftrag der Bundesregierung zum Nationalfeiertag den ÖBJR und seine 15 Jugendorganisationen in der Stadthalle in einer Ausstellung vorzustellen. Ich durfte an den Besprechungen, unter Vorsitz von Bundeskanzler Josef Klaus, teilnehmen und registrierte mit Verwunderung, dass sich dieser persönliche Notizen in ein Schulheft machte. Seit damals hatte ich auch ein freundschaftliches Verhältnis zu seinem Sekretär Alois Mock. Ebenso mit seiner Frau Edith Mock. Wir beide haben das erste politische Bildungsseminar für AHS-Lehrer – übrigens in der Ferienzeit – organisiert von Bundesminister Sinowatz besucht. Erst 2022 habe ich übrigens wieder Edith Mock im Bildungsministerium bei der Eröffnung des ‚Mock-Zimmers' und der Ahnengalerie des Ministeriums getroffen.

Diese Ausstellung in der Stadthalle war ein großer Erfolg. Busek und ich haben abwechselnd Vertreter des öffentlichen Lebens, darunter Mitglieder der Bundesregierung, Funktionäre aus Gewerkschaft, Wirtschaft und Politik durch die Ausstellung geführt. Ich durfte Kreisky betreuen, der mir freundlich interessiert zuhörte, und ihm die Arbeit des ÖBJR nahebringen. Es war meine erste Begegnung mit ihm.

Wir haben uns damals als ÖBJR anerkannt gefühlt. Beim Lesen der 40-Jahre-Broschüre war ich sehr stark beeindruckt, wie wichtig die Jugendarbeit in jener Zeit genommen wurde. Bei der Gründung des ÖBJR waren Körner, Renner, Raab und Kreisky anwesend. Die zuständigen Minister Heinrich Drimmel als Unterrichtsminister und Anton Proksch als Sozialminister erarbeiten gemeinsam 1962 den Bundesjugendplan und haben damit die Finanzierung der selbständigen Jugendarbeit geschaffen.

Ihr Einsatz wurde auch von allen 15 Jugendorganisationen gewürdigt. Die Gelder im Bundesjugendplan machten auch andere Jugendorganisationen begehrlich, die dem ÖBJR beitreten wollten. Was damals von Busek und mir und allen anderen abgelehnt wurde, war die Aufnahme des ‚Ringes

Freiheitlicher Jugend' mit ihrem Obmann Jörg Haider. Das fehlende Bekenntnis zur österreichischen Demokratie und österreichischen Nation verhinderte auch beim 40-jährigen Jubiläum eine Aufnahme. Gerald Netzl schreibt in der Broschüre: „Eine Absage erteilte der ÖBJR rechtslastigen, ausländerfeindlichen Kräften im Land. Ein Aufnahmeantrag des Ringes Freiheitlicher Jugendlicher fand nicht die erforderliche Mehrheit."[4]

Erwähnen möchte ich auch hier, weil es unsere Abgrenzung nach links zeigt, dass im Jahr 1959 die Jugendorganisationen im ÖBJR und die österreichische Hochschülerschaft bei den in Wien erstmals außerhalb des Ostblocks stattfindenden kommunistischen Weltjugendfestspielen eine Aufklärungskampagne ‚Freiheit – Toleranz – und Demokratie' organisierten. Es gab eine Ausstellung im Künstlerhaus ‚Österreichs Jugend stellt sich vor' und eine eigenen Zeitung ‚Stimme der Jugend', die in Deutsch, Englisch, Französisch, Russisch und Spanisch herausgegeben, in alle Welt versandt und bei den Festspielen verteilt wurde. Damals habe ich als 17-jähriges VSM-Mitglied schon mitgearbeitet und selbstverständlich auch Erhard Busek, obwohl wir einander noch nicht kannten.

Inhaltliche Arbeit

Bei der Gründungsversammlung 1953 waren noch die Besatzungsmächte im Land und dem Vorsitzenden Leopold Prüller und dem Ersten Sekretär Fritz Marsch waren das Zustandekommen eines Jugendbeschäftigungsgesetzes in der Zeit der damaligen großen Jugendarbeitslosigkeit und die Vorbereitungen des Bundesjugendplans die ersten großen Ziele.

Schon damals wurden die Grundlagen für die zukünftige inhaltliche Arbeit gelegt:
- Memorandum zur Einführung eines 9. Schuljahres
- Jungbürgerfeiern in den österreichischen Gemeinden
- Prädikatisierung von geeigneten Filmen von Kindern und Jugendlichen gemeinsam mit dem Wiener Landesjugendreferat
- Memorandum ‚Jugend und Buch' in Zusammenarbeit mit dem Buch-klub der Jugend (‚Schmutz- und Schundkampagne')
- Zusammenarbeit mit dem Institut für Jugendkunde

An diesen Schwerpunkten orientierte sich auch die Zusammenarbeit im ÖBJR von Busek und mir. Humanismus und Solidarität waren die Leitbilder.

---

4 Gerald NETZL, *Einleitung*. In: ibidem, S. 13.

Neu dazu kam die Gründung eines europäischen Jugendrates CENYC und der Versuch verstärkter Ostkontakte. Der Österreichische Jugendrat für Entwicklungshilfe wurde gegründet. In dieser Zeit waren Europa und Entwicklungshilfe die großen Themen für den ÖBJR und seine Mitgliedsorganisationen.

Otto Kauer von der evangelischen Jugend, der 1966 zum Zweiten Sekretär bestellt wurde, avancierte 1970 zum Generalsekretär von CENYC. Besonders engagiert war Anton Salesny vom Kolpingwerk, der als niederösterreichischer Berufsschullehrer jahrzehntelang Seminare für die Berufsschuljugend Niederösterreichs im Parlament organisierte und bis heute noch über die Europaratspolitik informiert.

Schließlich kam noch das Begutachtungsrecht von Gesetzen, die die Jugend betreffen, vor der Beschlussfassung im Nationalrat dazu und die Vertretung des ÖBJR in der Schulreformkommission. – Das erlebte ich nicht mehr als Erster Sekretär, aber als Bundesministerin für Unterricht. In all diesen Institutionen und Dachorganisationen mussten Busek und ich den ÖBJR vertreten und Stellungnahmen abgeben. Nicht immer eine leichte Aufgabe!

Bei unserer politischen Arbeit im Parlament und am Minoritenplatz sind wir einander oft begegnet. Es gab sogar einige Treffen, aber natürlich verfolgte jeder seine eigene politische Aufgabe.

Als Bundesministerin für Unterricht, Kunst und Sport bemühte ich mich, die Bildungs- und Kulturpolitik meiner großen Vorbilder Hertha Firnberg und Fred Sinowatz fortzusetzen, die ich schon bei meiner Parlamentsarbeit kennenlernte. Mit Erhard Busek – immerhin drei Jahre gleichzeitig in der Regierung – Tür an Tür am Minoritenplatz hielt ich weiterhin Kontakt sowie mit Emil Brix oder Peter Mahringer.

Als Zeichen unseres nach wie vor bestehenden Zusammengehörigkeitsgefühls möchte ich nur unseren gemeinsamen Besuch und Empfang auf der Kunstmesse Basel erwähnen: Ich hatte bereits in meinem ersten Ministerjahr die Kunstmesse Basel besucht und für die österreichischen Künstler und Galeristen einen Empfang ausgerichtet. Plötzlich informierten mich teils aufgeregte Mitarbeiter, dass Busek ebenfalls Basel besuchen und einen Empfang ausrichten wollte. Ich besprach mich sofort mit Busek und seinem treuen Wegbegleiter Peter Mahringer und wir zelebrierten zur Verwunderung einiger und Freude vieler gemeinsam den Besuch der Baseler Kunstmesse.

So habe ich in meinen vier Ministerjahren sofort im ersten Jahr 1987 den ‚Ost Fonds' zur Unterstützung der Kunstförderung in den Ostblock-Staaten im Verein ‚Kulturkontakt' gegründet. 1989, nach dem Mauerfall, wurde die ‚Wiener Konferenz' der Kulturminister abgehalten, an der praktisch alle Kulturminister der neuen Demokratien wie Andrei Gabriel Pleşu

(Rumänien), Gregor Schirmer (DDR) und auch der russische Kulturminister teilnahmen.

Schließlich gelang auch die Gründung der österreichischen Schulen in Budapest und Prag.

Buseks Engagement für Mitteleuropa, schon als Vizebürgermeister Wiens, sowie im Europäischen Forum Alpbach, dem er bis 2012 vorstand, und vor allem seine Kontakte zu den Dissidenten Mittel- und Osteuropas haben die aktive Europapolitik Österreichs geprägt.

Das österreichische Veto zum Schengen-Beitritt Rumäniens und Bulgariens hat er nicht mehr erlebt.

Einträchtig in der Europapolitik haben Erhard und ich noch nach der gewonnenen EU-Beitrittsabstimmung im SPÖ-Zelt vor der Löwelstraße die ‚Internationale' gesungen. Ich bin am 1. Jänner 1995 als SPÖ-Delegationsleiterin in das EU-Parlament eingezogen.

In den letzten Jahren haben wir einander hin und wieder bei Kulturveranstaltungen getroffen, die Erhard mit seiner Frau Helga besuchte, die ich ebenfalls seit ÖBJR-Zeiten kenne und der ich durch unser beider Geschichts- und Germanistikstudium verbunden bin.

Wie Busek in seinem Beitrag in ‚40 Jahre ÖBJR' meinte, dass er die ÖBJR-Funktionäre gerne wiedersehe, habe auch ich mich immer gefreut ihn wiederzusehen. Ich möchte mit meinem Schlusssatz aus der ÖBJR-Broschüre enden: „Wir brauchen in unserem Land mehr positive Gesprächskultur und mehr politische Kultur."[5] – Im Bundesjugendring, den es in der damaligen Form heute nicht mehr gibt, wurde sie vorgelebt.

---

5   Ibidem, S. 50.

Christian Mertens

Nachwuchshoffnung der ÖVP

Ab 1964 war Erhard Busek in der Politik tätig und sammelte Erfahrungen auf verschiedensten Ebenen. Schon bald galt der pointierte Intellektuelle, der bereit war, über den parteipolitischen ‚Tellerrand' hinauszuschauen und Neues zu erproben, als Personalreserve für alle möglichen Positionen. Viele Reformideen, die Busek in späteren Jahren (vor allem) auf Wiener Landesebene oder (weniger) auf Bundesebene aufgriff, hatte er bereits Jahre zuvor in programmatischen Schriften angedacht oder auf den ‚Spielwiesen' seiner frühen Positionen praktiziert, sei es die Stimulierung von Eigenverantwortung im Rahmen der Nachbarschaftshilfe oder des zivilgesellschaftlichen Engagements, die Einbeziehung ökologischer Aspekte in die Politik oder die Etablierung neuer Partizipationsformen jenseits konventioneller Parteistrukturen.

Einstieg in die Politik: ÖVP-Parlamentsklub

Über Empfehlung des Hochschulseelsorgers Karl Strobl kam der eben promovierte Jurist 1964 zu Felix Hurdes, zu diesem Zeitpunkt Klubobmann der ÖVP im Nationalrat. Der nicht zuletzt durch seine eigenen Cartellbrüder innerparteilich schrittweise zurückgedrängte Programmatiker hatte die Möglichkeit bekommen, einen zweiten Klubsekretär anzustellen und suchte dafür bewusst einen katholischen Nicht-CVer. Die Arbeit im Parlament empfand Busek anfangs als „überhaupt nicht interessant",[1] dafür nahm er sich Zeit, die Geschäftsordnung – in Zeiten der Großen Koalition ohne große Bedeutung – zu studieren. Gerade dieses Wissen kam ihm in der Zeit der ÖVP-Alleinregierung zugute, in der das parlamentarische Spiel zwischen Regierung und Opposition massiv an Bedeutung gewann. Heinz Fischer, damals Klubsekretär im SPÖ-Parlamentsklub, wusste die Geschäftsordnung geschickt anzuwenden und die Regierung mittels parlamentarischer Instrumente zu fordern.[2]

Busek soll in diesen Jahren in einen „permanenten Mehrfrontenkrieg"[3]

---

1 Erhard BUSEK, *Ein Porträt aus der Nähe* – Im Gespräch mit Jelka Kušar (Klagenfurt et al. 2006), S. 69.

2 Vgl. Ute SASSADECK, *Der Politiker*. In: Elisabeth WELZIG (Hg.), *Erhard Busek – Ein Porträt* (Wien/Köln/Weimar 1992), S. 19-55, hier S. 22ff.

3 Vgl. Alexander VODOPIVEC, *Taus & Busek* – Persönlichkeit, Konzept und Stil des neuen Führungsteams der ÖVP (Wien/München/Zürich 1975), S. 43.

zwischen Bundesregierung und Parlamentsfraktion verwickelt gewesen sein. Faktum ist jedenfalls, dass er sich nach vier Jahren verändern wollte. Dabei kam ihm zugute, dass der Präsident der Bundeskammer der gewerblichen Wirtschaft Rudolf Sallinger junge Leute für die Bundesleitung des Wirtschaftsbundes suchte. Über Vermittlung Hermann Withalms und/oder des Abgeordneten Josef Gruber[4] wechselte der Jurist schließlich im Juli 1968 – zunächst als Organisationsreferent und bald darauf als stellvertretender Generalsekretär – in die Falkestraße, den damaligen Sitz des ÖVP-Bundes.

Neupositionierung des Wirtschaftsbundes unter Mentor Sallinger

Der Zustand des Wirtschaftsbundes Mitte der 1960er-Jahre wird rückblickend mit Begriffen wie ‚Traditionspflege‘ oder ‚verstaubt‘ umschrieben. Rudolf Sallinger bemühte sich um eine Modernisierung der Organisation und ließ seinem jungen Mitarbeiter dabei breiten Spielraum. Busek galt dem patriarchalischen Kämmerer, der selbst keinen leiblichen Sohn hatte, als eine Art Ziehsohn, den er nach Kräften förderte.

Zu den von ihm eingeleiteten und seinem Mentor wohlwollend geförderten Maßnahmen zählen die Ausarbeitung wissenschaftlich fundierter Programme, neue Veranstaltungsformate, öffentlichkeitswirksame Aktionen und die Erprobung origineller Werbemittel. Organisatorisch verbreiterte sich der Wirtschaftsbund durch Gründungen wie ‚Frau in der Wirtschaft‘, ‚Die junge Wirtschaft‘ oder den ‚Management Club‘. Ziel dieser Institutionen war und ist es, Menschen mit ähnlichen Interessen eine Begegnungs- und Diskussionsplattform jenseits des Parteibuchs anzubieten, andererseits als Parteiorganisation von der Expertise der Teilnehmenden zu profitieren. Das machte den Wirtschaftsbund in jenen Jahren zu einem intellektuellen Zentrum für Zukunftsstrategien der seit 1970 in Opposition befindlichen ÖVP. Im Rahmen verschiedenen Arbeitsgruppen arbeiteten unabhängige Expertinnen und Experten mit, deren Ergebnisse dann in die parlamentarische Arbeit einflossen. In vielerlei Hinsicht kann Buseks Zeit beim Wirtschaftsbund als Versuchs- und Experimentierfeld für seine Wiener Zeit gesehen werden.

Mit Jahresbeginn 1972 rückte er formal in die Position des Generalsekretärs auf und somit noch stärker an die Seite seines Mentors. Schon zuvor hatte er begonnen, sich innerhalb des Bundes eine politische Hausmacht aufzubauen und alle Gegenden Österreichs für Vorträge oder Versammlungen zu bereisen. Zusammen mit Alois Mock, Bundesobmann des ÖAAB, Sixtus

---

4   Dazu gibt es in der Literatur unterschiedliche Angaben.

Lanner, Direktor des Österreichischen Bauernbundes, sowie Josef Krainer jun., Landesrat in der Steiermark, zählte Busek zu den ,jungen Löwen', den Nachwuchshoffnungen der ÖVP. Auch bei der Erstellung des ,Salzburger Programms', des ÖVP-Grundsatzprogramms aus dem Jahr 1972, wirkte der intellektuelle Vordenker als „maßgeblicher Mitautor"[5] mit.

Bereits im Herbst 1974 gab es auf dem Bundesparteitag in Linz erste Versuche, den Generalsekretär des Wirtschaftsbundes zu jenem der Gesamtpartei – an Stelle des wenig beliebten Herbert Kohlmaier – zu machen.[6]

Drei Säulen für die ÖVP: Busek als Generalsekretär der Gesamtpartei

War dieser vor allem auf den steirischen Landeshauptmann Friedrich Niederl und Rudolf Sallinger zurückgehende Initiative noch kein Erfolg beschieden, änderte sich die Situation nach dem Unfalltod des ÖVP-Bundesparteiobmannes Karl Schleinzer am 15. August 1975. Noch am Tag des Begräbnisses einigte sich die Parteispitze auf Josef Taus als neuen Vorsitzenden, der Busek als seinen Wunschkandidaten für den Posten des Generalsekretärs nominierte. Dieser konnte sich schließlich gegen den bisherigen Amtsinhaber durchsetzen. Angesichts des Alters des neuen Führungsteams – Taus war zu diesem Zeitpunkt 42, Busek 34 Jahre alt – kokettierte der schon damals für seine pointierten Formulierungen bekannte Busek mit der Bezeichnung „Schnullerbrigade".[7] Alternativ wählte er gegenüber Medien die ironische Selbstbezeichnung „kalte Knackwürst' mit Brillen".[8]

Eine erste Bewährungsprobe hatte der neue Generalsekretär mit der ,Affäre Helbich' zu meistern: Der Abgeordnete zum Nationalrat Leopold Helbich hatte im Nationalratswahlkampf 1975 versucht, einen Journalisten mit Geld für eine ÖVP-freundliche Berichterstattung zu ködern. Obwohl Helbich sofort seine Kandidatur zurückzog, löste dies eine SPÖ-Kampagne aus, die nun jeden positive Artikel über die ÖVP unter Bestechungsverdacht stellte.[9]

Nach der Nationalratswahl begann Busek mit einer Neuorganisation der Bundespartei. Sie sollte die seit 1970 in Opposition befindliche Partei schlagkräftiger machen und sie für jene öffnen, die mit herkömmlicher Parteiarbeit

---

5   VODOPIVEC, *Taus & Busek*, S. 49.

6   Vgl. Robert KRIECHBAUMER, *Österreichs Innenpolitik 1970-1975* (München/Wien 1981), S. 306.

7   SASSADECK, *Der Politiker*, S. 31.

8   Ibidem, S. 32.

9   Vgl. Gerald STIFTER, *Die ÖVP in der Ära Kreisky 1970-1983* (Innsbruck/Wien/Bozen 2006), S. 118.

wenig anfangen konnten. In einem ersten Schritt begann er die Organisationsstrukturen der Parteizentrale umzukrempeln. Die von ihm als ineffizient empfundene Kooperation der bisherigen Abteilungen gipfelten in dem Satz: „Ich kann in einem Haus, das wie ein Ministerium funktioniert, nicht arbeiten."[10] Bis Sommer 1976 stellte der Generalsekretär die Parteizentrale auf drei neue ‚Säulen', die wiederum von drei profilierten Persönlichkeiten geleitet wurden: Kurt Bergmann, bis dahin Landesintendant des ORF in Niederösterreich, übernahm den Bereich Öffentlichkeitsarbeit, Wahlkampfleitung und Organisation, Heribert Steinbauer wurde für politische Planung, die Koordination der Bereichssprecher und die Zukunftskommission verantwortlich, während Peter Bochskanl für innerparteiliche Information und technische Einrichtungen zuständig war.[11]

Nach nur einem Jahr in der Parteizentrale in der Kärntner Straße wechselte Erhard Busek an die Spitze der Wiener ÖVP. Manchen schien dieses Revirement ein ‚Abschieben' Buseks aus der Parteizentrale zu sein, andererseits gab es deutliche Wünsche aus der Wiener Landespartei, den politisch Hochbegabten in die Falkestraße, den damaligen Sitz der Wiener ÖVP, zu holen. Möglicherweise war es eine Mischung von beidem. Ute Sassadeck weist darauf hin, dass Taus und Busek „nie ein harmonisches Duo" waren, da sich die beiden Intellektuellen „in vielem zu ähnlich"[12] waren.

Reform von Demokratie und Marktwirtschaft: frühe Publikationen

Außer im Rahmen kleinerer Beiträge goss Erhard Busek schon in den späten 1960er- und frühen 1970er-Jahren seine Reformideen in Publikationen, meist als Herausgeber von Sammelbänden. Dem Verfasser scheinen insbesondere zwei dieser frühen Werke von besonderer Bedeutung:

Anlässlich der 50-Jahr-Feier der Republik 1968 erschien ‚Die unvollendete Republik'. Aus Sicht der jüngeren Generation sollten Schwachstellen im politischen System und Wege zu deren Beseitigung aufgezeigt werden. In seinem eigenen Beitrag[13] spannt Busek einen weiten thematischen Bogen, den er mit der Außenpolitik beginnen lässt. Er übt Kritik an Gemeinplätzen wie ‚Brückenfunktion' und einer Überhöhung der Neutralität, „die nicht

---

10 Zit. nach ibidem, S. 126.

11 Vgl. ibidem, S. 126f.

12 SASSADECK, *Der Politiker*, S. 32.

13 Erhard BUSEK, *Die ‚unvollendete' Republik*. In: Ds./Meinrad PETERLIK (Hg.), *Die unvollendete Republik* (Wien 1968), S. 61–91. Die folgenden Zitate stammen aus diesem Beitrag.

Außenpolitik ersetzen kann". Schon damals urgiert er die Notwendigkeit, die Beziehungen zu Österreichs kommunistischen Nachbarländern auf politischer, kultureller und wissenschaftlicher Ebene auszubauen. Konkret nennt er Jugend- und Studierendenaustausch über ein ‚Jugendwerk des Donauraums' als sinnvolle Schritte. Ebenso wären Kulturinstitute als Kommunikationsdrehscheiben in diesen Ländern auszubauen wie auch das Potenzial der ehemaligen europäischen Metropole Wien durch aktive Stadtaußenpolitik viel besser genützt werden müsse.

Hart ins Gericht geht der spätere Bundesparteiobmann mit dem Zustand der österreichischen Parteien und des österreichischen Parlamentarismus, den er in Zusammenhang mit dem Kandidatenauswahlsystem der (damaligen) Großparteien stellt. An Reformvorschlägen bringt er die Stärkung der Persönlichkeitswahl, ein Mehrheitswahlrecht, einen Ausbau der Kontrollfunktion der Legislative sowie eine Kompetenzbereinigung zwischen den staatlichen Organen in die Diskussion ein. Sehr deutlich verurteilt der spätere Befürworter einer Großen Koalition ohne „Wenn und Aber" diese Regierungsform als „Faulbett", die es nur in Extremsituationen geben dürfe.

Ebenso streicht Busek die Vorbildrolle der politisch Tätigen hervor. Eine stärkere Unterstützung der Abgeordneten durch Fachleute bzw. Beraterinnen und Berater sollte diese unabhängiger von starken Interessenbindungen (Kammern, Verbände etc.) machen. Dazu gehöre auch eine stärkere innerparteiliche Demokratie: „Wer heute aus Interessenpolitik Strukturen konserviert, gefährdet nicht nur die Wirtschaft, sondern verhindert eine Lösung [...]. Wer den Interessenvertretern alleine die Politik überlässt, kann damit rechnen, dass der Weg des geringsten Widerstandes beschritten wird." Weitere Kritikpunkte gelten den „verschlossenen" Strukturen, der Vernachlässigung politischer Bildung oder der parteipolitischen Einflussnahme auf das vorpolitische Feld. Um die derart skizzierte Erstarrung der Parteien zu begegnen, wären „Ebenen des Gesprächs aufzubauen, Stätten der Begegnung zu schaffen [...]. Vielleicht muss ein neuer Typ ‚politischer Klubs' erfunden werden, die die Bewusstseinsfindung der Akteure in der Demokratie erleuchten." – Wer hier an die von Busek später aufgebauten Rahmenorganisationen des Wirtschaftsbundes oder ‚Pro Wien' denkt, dürfte nicht ganz falsch liegen.

Auch ein weiteres Säulenheiligtum Österreichs wird von der kritischen Analyse nicht verschont: „Die ‚Landesherrlichkeit der Herzogtümer und Grafschaften' muss sich dem Gesamtstaat unterordnen. [...] Die informelle Landeshauptleutekonferenz gefällt den ‚Landesstatthaltern' als ‚Herrenhaus' viel besser, da die politische Verantwortlichkeit wegfällt und die Kontrolle nicht vorgesehen ist." Eindringlich warnt der Jurist davor, das Land durch überzogenen Föderalismus noch kleiner zu machen. – Leider konnte sich der spätere Spitzenpolitiker in dieser Frage nicht in seiner Partei durchsetzen oder musste aus taktischen Gründen Abstriche vornehmen.

Ein zweiter Meilenstein unter den frühen Publikationen ist das 1975 gemeinsam mit zwei Mitarbeitern des Wirtschaftsbundes verfasste Buch ‚Auf dem Weg zur Qualitativen Marktwirtschaft‘,[14] das das Modell der Sozialen Marktwirtschaft vor dem Hintergrund von Ressourcenkrisen (Erdölschock), eines internationalen Konjunkturrückgangs, eines gestiegenen Umweltbewusstseins und eines wachsenden Staatseinflusses auf die Ökonomie weiterentwickelt. Im Zentrum des Modells steht die Steigerung der Lebensqualität, was die Einbeziehung immaterieller, gesellschaftlicher und geistiger Werte erfordere. Um die Qualität sicherzustellen, müssten die überwiegend quantitativen Parameter (z. B. Sozialprodukt, Wachstumsraten, Zahlungsbilanz) um zusätzliche Indikatoren ergänzt werden, etwa um externe Folgekosten für Umweltschutz oder Müllentsorgung: „Hier kann man sich im weitesten Sinn dem Verursacherprinzip anschließen, wobei die natürliche Grenze dieses Grundsatzes im Wettbewerb zu finden sein wird."

Statt der Vornahme von Korrekturen und Reparaturen im Nachhinein, die zu staatlichen Dirigismen und Bürokratismen führten, sollen in der Qualitativen Marktwirtschaft Fehlentwicklungen in Wirtschaft und Gesellschaft schon vorweg verhindert werden. Zum Aspekt der Prävention tritt jener der verantworteten Freiheit: „Freiheit soll größere Entfaltungsmöglichkeiten des Einzelnen und weniger Bevormundung durch den Staat bedeuten, aber auch mehr Rücksicht auf die Bedürfnisse der Gesellschaft und der folgenden Generation." Diese Verantwortung umfasse den Einzelnen in seiner Eigenschaft als Konsumierenden wie als Produzierenden. Volle Entfaltungsfreiheit im Sinn von Chancengleichheit und Leistung als Basis für die Entlohnung auf dem Markt, aber auch für nicht marktbewertete Dienste an der Gesellschaft runden das Wertegerüst der Qualitativen Marktwirtschaft ab, die sich damit klar in die Tradition christdemokratischer Programmatik einfügt.

Die Orientierung der Politik und des menschlichen Verhaltens an diesen Werten könne nicht dekretiert werden; jeder Einzelne müsse selbst dazu beitragen, indem er „im eigenen Bereich wieder stärker zur Entscheidung und Verantwortung bereit ist und damit einen Dezentralisierungsprozess ermöglicht." – Versatzstücke dieser „Denkanstöße und Ansätze" finden sich auch in späteren programmatischen Schriften der ÖVP bis hin zum Konzept der Ökosozialen Marktwirtschaft.

---

14 Erhard BUSEK/Christian FESTA/Inge GÖRNER, *Auf dem Weg zur Qualitativen Marktwirtschaft* – Versuch einer Neuorientierung (Wien 1975). Die folgenden Zitate stammen aus diesem Buch.

Von 1966 bis 1969 fungierte Erhard Busek als Vorsitzender des Österreichischen Bundesjugendringes. Diese Zeit empfand er später als wichtige politische Schule; hier mit Hilde Hawlicek und Franz Mrkvicka.

Bildquelle: Österreichischer Bundesjugendring

Während seiner Tätigkeit als Generalsekretär des Wirtschaftsbundes konnte Erhard Busek – mit Rückendeckung seines Mentors und Förderers Rudolf Sallinger – neue inhaltliche und organisatorische Ideen erproben, 1975.

Bildquelle: Karl von Vogelsang-Institut

Nach dem Unfalltod Karl Schleinzers wurde Erhard Busek an der Seite des neuen Bundesparteiobmanns Josef Taus zum Generalsekretär der ÖVP gewählt, 1976.

Bildquelle: Karl von Vogelsang-Institut

Als andere Politiker sich noch mit den kommunistischen Machthabern Mittel- und Osteuropas trafen, stellte Erhard Busek den Kontakt zu Intellektuellen und Dissidenten dieses Raums her und bot ihnen, etwa im ‚Club Pro Wien', ein Forum; hier mit dem polnischen Schriftsteller Stanisław Lem, undatiert.

Bildquelle: Karl von Vogelsang-Institut

Wo er hintritt wächst Grün

1976 wechselte Erhard Busek an die Spitze der Wiener ÖVP, die er inhaltlich neu positionierte. Der Begriff ‚grün' wurde zur Metapher für eine Haltung, die von Verantwortung für Mensch und Natur geprägt ist.

Bildquelle: Wienbibliothek im Rathaus, Plakatsammlung, P-110835

In der Wahlwerbung der Wiener ÖVP der späten 1970er- und frühen 1980er-Jahre wurde schwarzen Sauriern als Symbolfigur für das in seinen Strukturen erstarrte bürokratische, von der Wiener SPÖ getragene System der ‚bunte Vogel‘ als Trademark für Phantasie und Lebensqualität gegenübergestellt, 1986.

Bildquelle: Wienbibliothek im Rathaus, Plakatsammlung, P-219584

In den späten 1970er- und 1980er-Jahren konnte die Wiener ÖVP zahlreiche Impulse für Wien liefern, die von der SPÖ-Stadtregierung aufgegriffen wurden. Erhard Busek konnte sich mit Recht als „treibende Kraft" plakatieren lassen, um 1987.

Bildquelle: Wienbibliothek im Rathaus, Plakatsammlung, P-234389

147

FERDINAND MAIER
ÖVP-Generalsekretär

INGRID KOROSEC
ÖVP-Generalsekretärin

ERHARD BUSEK
Vizekanzler

1991 avancierte Erhard Busek zum Bundesparteiobmann der ÖVP, unterstützt von Ingrid Korosec und Ferdinand (‚Ferry‘) Maier im Generalsekretariat, 1991.

Bildquelle: Wienbibliothek im Rathaus, Plakatsammlung, P-351591

Wir sind Europäer.
Österreicher bleiben wir.

DIE VOLKSPARTEI

In der Werbung der ÖVP für die EU-Volksabstimmung 1994 präsentierte sich Bundesparteiobmann Erhard Busek mit Außenminister Alois Mock, dessen auch körperlich letzter Einsatz im Zuge der Beitrittsverhandlungen legendär geworden war.

Bildquelle: Karl von Vogelsang-Institut

Zu den wichtigsten Ereignissen im politischen Leben des überzeugten Europäers Erhard Busek zählte die mit großer Mehrheit erfolgreiche Volksabstimmung über den EU-Beitritt Österreichs; hier bei der Feier vor der (damals neu bezogenen) Parteizentrale, 1994.

Bildquelle: Karl von Vogelsang-Institut

Nach der erfolgreichen EU-Volksabstimmung kam der seit Anfang 1987 amtierenden zweiten Großen Koalition das gemeinsame Ziel abhanden. Im Wahlkampf 1994 versuchte Vizekanzler Erhard Busek, seine Partei auf eine Fortsetzung der Partnerschaft mit der SPÖ „ohne Wenn und Aber" einzustimmen, 1994.

Bildquelle: Karl von Vogelsang-Institut

151

In seiner Funktion als Präsident des Europäischen Forums Alpbach setzte Erhard Busek neue Maßstäbe. Neben einer Internationalisierung legte er großen Wert auf die Verjüngung des Forums, etwa durch Ausbau des Stipendienprogramms, 2010.

Bildquelle: Wikimedia Commons, Michael Thurm

Der Initiator des ‚Stadtfestes', mit dem Erhard Busek in seiner Wiener Zeit zur Belebung der Innenstadt beitragen wollte, eröffnete 2013 noch einmal die Veranstaltung.

Bildquelle: Wikimedia Commons, Wolfgang H. Wögerer

Matthias Tschirf

Einer, der Wien veränderte, aber nicht Bürgermeister war

Erhard Busek als Landesparteiobmann der ÖVP-Wien

Erhard Busek wurde 1976 Landesparteiobmann der Wiener ÖVP, seine Partei legte in der Folge bei den Gemeinderatswahlen 1978 und 1983 kräftig zu. Er brachte mit seinen ‚bunten Vögeln‘, neuen Themen und innovativen Wahlkämpfen die mächtige Wiener SPÖ ziemlich unter Druck. Dieser Beitrag erzählt von dieser interessanten Zeit, die der Autor als junger Wahlkämpfer und Bezirkspolitiker auf der Landstraße erlebte.

Busek entwickelte mit seinem politischen Sensorium für neue gesellschaftliche Strömungen ein bürgerliches Gegenmodell zum Roten Wien. Er führte originelle Wahlkämpfe und erwarb sich Respekt im sonst der Politik gegenüber kritischen Wiener Bürgertum. Der Abend des 24. April 1983, an dem die Wiener ÖVP ihr historisch bestes Gemeinderatswahlergebnis erzielte, zeigte aber Busek auch die Grenzen des Erreichbaren auf. Die ÖVP hatte mit ihrem Wahlkampf das Stadtbild geprägt und die Berichterstattung in den Medien bestimmt. Sie schöpfte das gesamte bürgerliche Wählerreservoir aus. Es gelang ihr aber nicht, in die Kernbereiche des SPÖ einzudringen.

Die SPÖ hatte unter Aufbietung aller Kräfte und Taktiken die absolute Mehrheit behalten. In den nächsten Jahren setzten die Sozialisten zum Rollback an und ersetzten Leopold Gratz im September 1984 durch Helmut Zilk als Bürgermeister. 1986 riss der Tod Jörg Mauthes eine unersetzbare Lücke für Busek und die Volkspartei. Mauthe konnte Zilk Paroli bieten. Er kannte ihn sehr lange. Beide waren Freimaurer und Institutionen im ORF.

Eine personell starke Rathaus-ÖVP verstand es, die SPÖ in den Gemeinderatsdebatten zu fordern. Die Medien beherrschte aber Helmut Zilk, der 1987 die Wahlen auch gewann. Für die ÖVP hatten sich die bundespolitischen Rahmenbedingungen durch den Eintritt in eine Große Koalition als Juniorpartner der SPÖ deutlich verschlechtert. Sie konnte dadurch in Wien kaum mehr die Rolle einer Alternative zur SPÖ glaubwürdig wahrnehmen, da sie mit dieser auf Bundesebene koalierte.

Sie fiel auf ihr Ergebnis von 1969 zurück und verlor damit die symbolträchtige Funktion eines Vizebürgermeisters. Busek verblieb – innerparteilich geschwächt – die undankbare Position des nichtamtsführenden Stadtrates.

Im Mai 1989 erlöste ihn der neue ÖVP-Bundesparteiobmann und Vize-kanzler Josef Riegler aus der frustrierenden Degradierung im Rathaus. Busek wurde Wissenschaftsminister – eine Aufgabe, die ihm auf den Leib geschnei-dert schien und die er mit dem ihn prägenden Gestaltungswillen ausübte.

Nach langem Zögern entschloss sich Busek neuerlich im Herbst 1989 als Landesparteiobmann anzutreten. Er benötigte statutarisch wegen seiner drit-ten Wiederwahl eine Zweidrittelmehrheit. Busek hatte die Kommunalpolitik bereits verlassen, sah aber niemanden, der die Aufgabe als Parteiobmann über-nehmen könnte, insbesondere nicht Wolfgang Petrik, den Wunschkandidaten seiner Kritiker. Busek erreichte zwar deutlich mehr als 50 Prozent der Delegier-tenstimmen, die Zweidrittelmehrheit verfehlte er aber und schlug einen außer-halb seines Bezirks ziemlich unbekannten Bezirksvorsteher als Nachfolger vor, der Petrik unterlag. Zurück blieb eine innerlich zerstrittene Landespartei.

Mit der Wiener ÖVP verband Busek fortan eine Hassliebe. Er konnte sich bissiger Kommentare gegen seine Landespartei nicht verkneifen und ließ zeitweise sogar durchblicken, sie gar nicht mehr zu wählen. Im letzten Wahl-kampf 2020 trat er hingegen wieder als Unterstützer des Teams um Gernot Blümel auf.

Erhard Busek – Parteiobmann wider Willen?

In einem Interview mit der Tageszeitung ‚Kurier' im Jahr 2011, in dem er – wieder einmal – seine Nachfolger in der Wiener ÖVP kritisierte, sagte Busek, dass man (gemeint war wohl der damalige Bundesparteiobmann Josef Taus) ihn 1976 dazu gezwungen habe, Wiener ÖVP-Obmann werden zu müssen. Er spielte damit darauf an, dass er sich das Himmelfahrtskommando Wiener ÖVP nicht freiwillig angetan hat.

Unmittelbarer Auslöser für Josef Taus personelles Eingreifen in die Wiener Partei war die aus seiner Sicht blamable Reaktion der Wiener ÖVP auf den Einsturz der Reichsbrücke am 1. August 1976.

Die für ihr Kontrollversagen in der Öffentlichkeit kritisierte Wiener SPÖ-Regierung schob die Schuld an diesem Unglück dem Regime des autoritären Ständestaates zu. Damals sei die Brücke so schlecht gebaut worden, dass sie 40 Jahre später einstürzte. Der zuständige Stadtrat musste dann doch zurücktre-ten, feierte aber wenige Jahre später ein politisches Comeback als Amtsfüh-render Stadtrat.

Franz Bauer war als ÖVP-Landesparteiobmann schon länger umstritten. So konnte er seinen Wunsch-Spitzenkandidaten für die Gemeinderatswahl 1973, den Arzt Günther Wiesinger, in den Parteigremien nicht durchsetzen. Die Partei einigte sich auf den Wiener ÖAAB-Obmann Fritz Hahn.

Dem integren Hahn räumte man zunächst gegen den in diverse Skandale verwickelten Felix Slavik Erfolgschancen ein. Überraschend tauschte die SPÖ den Bürgermeister aus. Der bekannte, junge Bundes-Klubobmann und frühere Unterrichtsminister Leopold Gratz ersetzte Felix Slavik.

Fritz Hahn kämpfte vorbildlich und die ÖVP gewann mit 31 Mandaten eines mehr als 1969. Die SPÖ erzielte aber mit 66 Mandaten ihr bestes Ergebnis in der Nachkriegsgeschichte, nutzte die Gunst der Stunde und beendete die seit 1945 mit der ÖVP bestehende Koalition.

Diese Regierungsbeteiligung verdankte die Volkspartei Leopold Kunschak. 1945 wurde der Bundespräsident durch die Bundesversammlung und nicht durch das Volk gewählt. Die ÖVP gab Karl Renner ihre Stimmen. Dafür überließ die SPÖ der ÖVP im Rathaus Amtsführende Stadträte. Als Wiener Klubobmann der Christlichsozialen in der Zwischenkriegszeit hatte Kunschak die Ohnmacht einer Partei in Wien ohne Amtsführende Stadträte erlebt. Die Amtsführenden Stadträte waren 1920 als politische Spitze der jeweiligen Geschäftsgruppen des Magistrates eingerichtet worden.

Parteien, die zumindest ein Drittel der Gemeinderäte stellen, haben in Wien Anspruch auf einen der zwei Vizebürgermeister. Das gelang der ÖVP vor Busek durchgehend bis inklusive der Wahl 1964 mit dem langjährigen Unterrichtsminister Heinrich Drimmel als Spitzenkandidaten.

Die Agenda des Josef Taus – eine attraktive Wiener ÖVP

Josef Taus wollte der ÖVP – seit 1970 auf Bundesebene in Opposition – neue Wählerschichten erschließen, gerade in Wien. Europas Christdemokraten und Konservative machten sich auf die Städte politisch zu erobern. Chirac sollte 1977 Bürgermeister in Paris werden, 1978 der CSU-Politiker Kiesl in München und 1981 Richard von Weizsäcker im tiefroten Berlin.

Der gebürtige Wiener Taus wusste, wie schwierig es ist, die absolute Macht der Wiener SPÖ aufzubrechen. Seit 1919 hatte sie sämtliche Wahlen mit absoluter Mehrheit gewonnen. Allein der Zugriff auf die Gemeindewohnungen – ein Drittel aller Wiener Wohnungen – räumte ihr mittelbar Einfluss auf die Wählerinnen und Wähler ein.

Ihre moralische Legitimation schöpft die SPÖ aus der Zeit des ‚Roten Wien‘ der Zwischenkriegszeit. Dieses ‚Rote Wien‘ verstand sich zwischen 1919 und 1934 als moderne soziale Gegenwelt zum bürgerlichen Österreich. Noch heute stehen die Gemeindebauten als steinerne Zeugen dafür. Der soziale Wohnbau schuf mehr als nur günstige, saubere und hygienische Wohnungen, sondern auch Kinderfreibäder, städtische Büchereien und Theater.

Der Bürgerkrieg des Februar 1934 zerstörte das austromarxistische Reformprojekt. Jede Kritik an sozialistischer Politik in Wien sollte jahrzehntelang von der SPÖ mit dem Hinweis auf das Jahr 1934 quittiert werde.

Das ‚Rote Wien' erinnerte insbesondere zu den Jahrestagen an ihre heroische Zeit und die Beseitigung der parlamentarischen Demokratie durch Engelbert Dollfuß. Nach dem Zweiten Weltkrieg erstand die Wiener SPÖ als politischer und zunehmend wirtschaftlicher Machtfaktor. Künstler und Medien waren nunmehr von ihr vielfach abhängig.

Dieses ‚Rote Wien' schlitterte in den 1970er-Jahren in diverse kleinere und größere Skandale, vom Bauring-bis zum AKH-Skandal.

Warum Busek?

Taus sah Busek geeignet, der ÖVP bisher nicht erreichbare Wählerkreise zu erschließen. Busek war im 9. Wiener Gemeindebezirk aufgewachsen und durch die Katholische Jugend (KJ) geprägt. Diese KJ spielte in der Zeit des Aufbruchs der katholischen Kirche als Volkskirche in den 1950er- und 1960er-Jahren noch eine gewisse Rolle unter den Wiener Jugendlichen. Mit Kardinal Franz König verband Busek eine Vertrauensbasis. König prägte damals die Weltkirche als Motor in der Ökumene und im Dialog zu anderen Religionen, war in der Kurie in Rom für die Nichtglaubenden zuständig und baute Brücken zur Sozialdemokratie. Einige in der damaligen ÖVP taten sich deshalb nicht leicht mit ihm.

Busek gehörte dem Kreis um Monsignore Otto Mauer an, einem Priester und Kunstmäzen, der die Avantgardegalerie ‚nächst St. Stephan' leitete. Als Träger verschiedener Funktionen in der der Katholischen Jugend schaffte es Busek sogar zum Vorsitzenden des Bundesjugendringes 1968.

Busek pflegte Kontakte zur Orthodoxie und den Altorientalen, aber auch zu den Evangelischen. Das Verständnis für den Protestantismus war ihm durch den evangelischen Vater in die Wiege gelegt. Busek wirkte in manchem sehr protestantisch, in seiner Betriebsamkeit, seinem Veränderungswillen vor allem hinsichtlich bestehender Strukturen.

Busek suchte aber auch anderswohin Kontakte, nicht nur zu anderen Religionen wie den Juden, sondern in das sogenannte ‚gute Wiener Bürgertum' und auch in die Aristokratie. Er wusste auch um die besondere Rolle der Freimaurer in Wien.

Dieser Erhard Busek, 35 Jahre alt, ehemaliger Generalsekretär von Wirtschaftsbund und ÖVP, übernahm 1976 die Wiener ÖVP, eine politisch ziemlich ohnmächtige Landesorganisation. Drimmel beschreibt in seinen 1975 erschienen Erinnerungen, wie schwer es diese Partei im Rathaus gegenüber der SPÖ hat, aber auch gegenüber den ÖVP-Landesorganisationen anderen Bundesländer und der Bundespartei. Unter Drimmel wählte noch ein Drittel der Wählerinnen und Wähler die Wiener ÖVP, die einen Vizebürgermeister und vier Amtsführende Stadträte stellte. Busek fand 1976 eine Partei vor, die nur noch ein Viertel der Wähler erreichte.

Er stand plötzlich an der Spitze eines Parteiapparates, obwohl ihn eine grundsätzliche Skepsis gegenüber Apparaten, staatlichen, städtischen und kirchlichen, auszeichnete. Diese Skepsis galt gerade auch der eigenen Partei gegenüber sowie deren großen und vielen kleinen Funktionsträgern, bei denen er manchmal die aus seiner Sicht große Perspektive vermisste. So wurde er gerne mit dem Bonmot zitiert, die Wiener ÖVP rekrutiere sich aus „Zettelverteilern und Sozialismusverhinderern". Bei Journalisten punktete er mit derartigen Wortmeldungen, die eigenen Funktionäre verärgerte er durch solche ‚Sager', engagierten sie sich doch überwiegend ehrenamtlich in ihrer Freizeit.

In einem Interview mit dem Karl von Vogelsang-Institut im Herbst 2021 schilderte er, wie er diese Wiener ÖVP vorgefunden habe, dass er sich mit dem ÖAAB schwerer tat als mit dem Wirtschaftsbund der Greissler und Gewerbetreibenden oder dem ‚kleinen' Bauernbund der Wiener Gärtner und Weinbauern. Er begründete dies damit, dass in den Bezirksorganisationen, die vom damaligen Arbeiter- und Angestelltenbund dominiert wurden, das traditionell katholische Klientel das Sagen gehabt hätte und er sich mit diesem schwer tat. Die Sektionsgebiete – Sektionen waren damals die territorialen Untergliederungen der Bezirksparteien – korrelierten vielfach mit jenen der zuständigen katholischen Pfarren.

Im Arbeitnehmerbereich galten seine Sympathien eher den Angestellten und Arbeitern aus der Katholische Arbeitnehmerbewegung als Polizisten, Lehrern und Lehrerinnen sowie Beamtinnen und Beamten.

Zum Apparat gehörte für ihn auch die Junge ÖVP (JVP). Schon im Bundesjugendring focht er manche Sträuße mit deren Vorgängerorganisation, der ‚Österreichischen Jugendbewegung' unter Bundesobmann Fritz König. Der 1976 amtierende Landesobmann Hannes Prochaska war einer der letzten Unterstützer von Buseks Vorgänger Franz Bauer. Aber auch spätere, liberale JVP-Landesobmänner sollten es mit dem Wiener Landesparteiobmann Busek schwer haben, insbesondere wenn sie nach Gemeinderatsmandaten strebten.

So wenig Sympathien ihn mit der Parteijugend verband, so viel mit neuen Studenten- und Jugendgruppen. Er fand beispielsweise Gefallen an der aus gutbürgerlichem Milieu rekrutierten Aktion Politische Initiative (API) und unterstützte als einer der ersten Spitzenpolitiker der ÖVP die Studentenpartei JES.

Busek war die Auseinandersetzung mit Geschichte wichtig, auch weil er wusste, dass Geschichte als gesellschaftspolitisches Instrument, gerade von der Wiener SPÖ, verwendet wird: zur Erhöhung der eigenen und zur Dekonstruktion der der anderen. Zum nationalen Lager hat er stets – gerade auch durch den eigenen Vater dagegen immunisiert – einen Cordon sanitaire gezogen. Die Geschichte der Wiener Christlichsozialen unter Karl Lueger wollte er keineswegs verklären, plädierte aber für eine objektive Beurteilung. Noch 2021 wies er in einem Leserbrief an die ‚Kronen-Zeitung‘ auf die zukunftsweisenden, das 20. Jahrhundert Wiens prägenden kommunalpolitischen Leistungen Luegers hin, ohne dessen Antisemitismus zu relativieren.

Seine ersten Berufsjahre als ÖVP-Klubsekretär im Nationalrat sollten Busek im Wiener Rathaus zugutekommen. Dadurch kannte er die SPÖ-Klubsekretäre der 1960er-Jahre gut: Fischer, Androsch und sein nunmehriges Wiener Pendant Gratz.

Busek beherrschte die für Oppositionsarbeit unverzichtbaren parlamentarischen Abläufe und sollte eine für einen Bürgerlichen untypische Leidenschaft für Opposition entwickeln.

Innerparteilich gehörte Busek der jungen Generation an, die ab den 1970er-Jahren für die nächsten Jahrzehnte die Partei dominieren sollte: Taus, Mock, Busek und Schüssel.

Wie legte es Busek an?

Legendär waren seine kommunalen Entdeckungsreisen in die Tiefen der Stadt, immer auf der Suche nach Themen und Personen, die sie tragen. In seinem 1978 verfassten ‚Bürgerlichen Credo‘[1] lässt sich das nachlesen, auch seine damaligen Therapievorschläge.

Wien war eine verschlafene Stadt am Eisernen Vorhang, hatte seit dem Zweiten Weltkrieg stets Bevölkerung verloren und nutzte seine Möglichkeiten in Richtung Ostmittel- und Südosteuropa kaum.

Busek wollte Wien attraktiv für die Jungen gestalten. Die erste markante Veranstaltung dazu war das Stadtfest 1978. Es sollte Jahre, fast Jahrzehnte, an einem Samstag knapp vor dem 1. Mai als Kontrast zum Hochfest des ‚Roten Wien‘ stattfinden.

---

1   Erhard BUSEK, *Wien – Ein bürgerliches Credo* (Wien et al. 1978).

Am 1. Mai stand der öffentliche Verkehr still in Wien. Die Genossen zogen durch die Bezirksstraßen zur Tribüne am Rathausplatz, sangen ihr traditionelles Liedgut, applaudierten den Ansprachen der Mächtigen. Das Stadtfest hingegen war ein ungezwungenes Fest in der Inneren Stadt mit traditioneller und avantgardistische Kultur und Hydepark-Diskussionen.

Busek war auf der dauernden Suche nach Personen, die ihn in seinem Projekt begleiteten, zwei die eine besondere Rolle von Anfang an spielten, seien herausgegriffen.

Peter Mahringer und Jörg Mauthe

Busek richtete neben der durch Landesparteisekretär Anton Fürst mit Empathie geführten Zentrale in der Falkestrasse 3 (dem damaligen Sitz der Landespartei) mit ihren Dependancen in den Bezirken ein eigenes politisches Büro ein, das der promovierte Historiker Peter Mahringer leitete. Mahringer kümmerte sich um die für seinen Chef wichtigen Kontakte gerade auch zu Kultur und Wissenschaft, ins Wiener Bürgertum. Er sollte Busek bis zu dessen Ausscheiden aus der Politik 1995 loyal begleiten. Mahringer war CVer, im Cartellverband, mit dem sich Busek schwertat, geschätzt. Er verstand es auszugleichen, vor allem jene zu motivieren, die der ‚Chef‘ wieder einmal gekränkt oder verärgert hat. Mahringer blieb im Hintergrund immer diskret.

Eine ganz andere Rolle als Peter Mahringer spielte Jörg Mauthe. Dieser hatte bereits einen interessanten Lebensweg hinter sich, als ihn Busek in die Politik als Gemeinderat und Stadtrat holte. Der berufliche Werdegang führte den promovierten Kunsthistoriker als Journalist von der ‚Furche‘ in der Zeit Friedrich Funders über den amerikanischen Besatzungssender ‚Rot-Weiß-Rot‘ zum ‚Kurier‘ und in den ORF. Mauthe schrieb Drehbücher für Hörfunkserien und die kritisch-satirische Wochensendung ‚Der Watschenmann‘, aber auch Romane wie ‚Die große Hitze oder die Errettung Österreichs durch den Legationsrat Dr. Tuzzi‘. Darin zeichnet er ein Bild Österreichs der frühen Kreisky-Jahre.

Der Protestant und Freimaurer Mauthe war laut Busek „eine moralische Autorität bei den Freimaurern", was ihm später im politischen Wettbewerb gegen einen anderen Freimaurer half: Helmut Zilk.

Mauthe sollte der mit Abstand bekannteste ‚bunte Vogel‘ werden. Er setzte sich vor allem mit Denkmalpflege, Stadtbilderhaltung und Beislkultur auseinander und verhinderte am Schluss seines Lebens maßgeblich den Bau des Kraftwerkes Hainburg. Vor allem aber erschloss er Busek neue Räume, half ihm im sogenannten Wiener Salon.

8. Oktober 1978 – Aufbruch nach dem Wahlsieg

Busek entwickelte eine bürgerliche Alternative zu den erstarrten Strukturen von Wiener SPÖ und Magistrat.

Mit ‚Pro Wien‘ wurde eine intellektuelle Plattform gezimmert. Bedeutende Intellektuelle traten auf, wie der Schriftsteller Manès Sperber oder der Theologe Karl Rahner – zwei von vielen. Der Wiener ÖVP-Chef lud auch Vertreter der Oppositionsbewegungen aus Mittelosteuropa ein, vor allem der Solidarność. Die sozialistische Gewerkschaftsfraktion akzeptierte hingegen ausschließlich ihre kommunistischen Schwesterorganisationen.

Im bürgerlichen Wien herrschte Aufbruchsstimmung, der Wahlabend des 8. Oktober übertraf das Erhoffte. Die ÖVP erreichte wieder den Stand von 1964. Busek wurde Vizebürgermeister. Sie eroberte die verlorenen Bezirke Mariahilf und Hietzing zurück und gewann erstmals auch Döbling.

In den kommenden Jahren dominierte die ÖVP das Stadtbild, brachte Bewegung in das Rathaus und in die Bezirke. Alles geschah fast gleichzeitig: Zukunftsthemen in der Phorushalle im 4. Bezirk, überall Grätzelfeste, Hochkultur und Wiener Lied, Jugendszene und Nachbarschaftszentren, Mauthes intellektuelles ‚Wiener Journal‘ und regelmäßige ÖVP-Zeitungen mit Bezirksbeilagen.

Die SPÖ reagiert

Die SPÖ fürchtete in dieser Zeit um die Macht in der Stadt, hatte die Sorge, nach Döbling noch weitere Bezirke zu verlieren.

Leopold Gratz bildete seine Stadtregierung um, holte den ehemaligen Fernsehintendanten Helmut Zilk als Kulturstadtrat und übertrug ihm die neue Magistratsabteilung für Bürgerservice. Der Presse- und Informationsdienst des Rathauses überflutete die Wiener Haushalte mit Informationen aus dem Rathaus. Die SPÖ kopierte sehr geschickt, kreierte mit dem breitenwirksamen Donauinselfest ein riesiges und keineswegs elitäres Stadtfest.

Die ÖVP nutzte die damals gesprächsbereite SPÖ, um mehr Bürgerrechte und die Aufwertung der Bezirke durchzusetzen. Bezirkspolitik wurde plötzlich spannend. Den Bezirken wurden Anhörungs-, in wenigen Fällen sogar Entscheidungsrechte eingeräumt. Die Bezirksvertretungen entwickelten selbstständig Entwicklungsprogramme und erwarben einen eigenen Gestaltungsspielraum im kommunalpolitischen Gefüge.

Die Gemeinderatswahlen am 24. April 1983 – am Sprung zum Machtwechsel?

Der Meinungsforscher Rudolf Bretschneider resümierte im ‚Jahrbuch für Politik 1983': Nach der erheblichen Wahlniederlage der Wiener SPÖ 1978 zeigten die kontinuierlichen Umfragen bis 1983 ein kontinuierliches Absinken der Attraktivität der SPÖ, zunächst zu Gunsten der ÖVP, dann für die Grüne und Alternative Liste, zu denen die jüngeren unzufriedenen SPÖ-Wähler tendierten. In der Spitzenkandidatenfrage verringerte Busek die Differenz zu Gratz von 39 (Busek) zu 65 (Gratz) 1978 auf 30 zu 50. Besonders glaubwürdig erwies sich in diesen Jahren die ÖVP beim Thema ‚Stadtreparatur'.

Busek war immer auf der Suche nach interessanten Persönlichkeiten und präsentierte 1983 unter anderem den Rektor der Universität für Bodenkultur, den Juristen und Politikwissenschaftler Manfried Welan, den Christgewerkschafter mit enger Verbindung zur Solidarność Günther Engelmayer, den Aufdeckungsjournalisten Alfred Worm, die Betriebsrätin Ingrid Korosec oder den Primararzt Otto Wagner.

Die SPÖ legte den Wahltermin auf das Frühjahr vor und verhinderte damit, dass die kampagnestarke ÖVP wie 1978 den Sommer für den Wahlkampf nützte und erhöhte durch das Zusammenlegen mit der Nationalratswahl die Wahlbeteiligung um 13 Prozent. !978 hatte die ÖVP davon profitiert, dass frustrierte SPÖ-Wähler zu Hause blieben. Eingefleischte ‚Rote' wählten keinesfalls schwarz, sondern blieben aus Ausdruck ihrer Kritik an der Partei höchstens zu Hause. Jahre später hingegen fiel den SPÖ-Wählern der Wechsel zur FPÖ viel leichter.

Die SPÖ verlor 1983 1,7 Prozent, die FPÖ 1 Prozent, die ÖVP gewann 1 Prozent, die Alternative Liste bei ihrem ersten Antreten 2,5 Prozent. In Mandaten sah es für die ÖVP besser aus, sie gewann zwei hinzu, die FPÖ und SPÖ verloren jeweils eines.

Die ÖVP feierte an diesem Wahlabend das Brechen der absoluten Mehrheit der SPÖ auf Bundesebene nach zwölf Jahren und das beste Gemeinderatsergebnis der Nachkriegszeit. Nur der Machtwechsel gelang der Volkspartei nicht, kein einziger Bezirk konnte hinzugewonnen werden.

Die ÖVP verfügte über ein personell noch attraktiveres Team im Rathaus mit Günther Goller als Klubobmann. Aber auch die SPÖ brachte interessante junge Politiker in den Gemeinderat, so den Biologen Michael Häupl, den langjährigen Vorsitzenden des VSStÖ und der Jungen Generation, und den Abteilungsleiter in der Arbeiterkammer Hannes Swoboda. Zilk wechselte zunächst als Unterrichtsminister in die Bundesregierung.

Ein gutes Jahr später bewies die SPÖ, dass sie aus den letzten Jahren gelernt hatte. Leopold Gratz erlangte nach den für ihn sehr harten Jahren als Wiener Bürgermeister den politischen Traumjob des Außenministers und Helmut Zilk wurde Bürgermeister.

Kreisky soll Zilk, so erzählte Busek in dem angesprochenen Interview, den „Hutschenschleuderer mit seiner Tschinellen-Fifi" bezeichnet haben. Zilks Ziel war nunmehr die SPÖ zu öffnen, sich auch Buseks Ideen der Verlebendigung der Stadt zu bedienen. Beispielsweise verwandelte er den Rathausplatz im Sommer in ein Freiluftkino und mischte sich in alle möglichen Architekturprojekte ein. Zielte Busek auf das Bildungsbürgertum, so ging es Zilk viel stärker um breitere Wählerschichten, die er über den Boulevard und den ORF erreichte.

Die Rahmenbedingungen für Busek hatten sich nunmehr deutlich verschlechtert. Hans Dichand soll Busek unverblümt kommuniziert haben, dass die ‚Kronen-Zeitung' ganz auf Seiten Zilks stehe.

Zilk schien überall aufzutreten, war ‚leutselig', duzte jeden, ganz anders als Busek. Er setzte Zeichen und demonstrierte, dass für ihn bestimmte Barrieren, die die Sozialdemokratie beispielsweise zur Kirche und zu den Habsburgern errichtet hatte, nicht galten. So organisiert er wenige Monate vor der Gemeinderatswahl 1987 das Begräbnis der letzten Kaiserin Zita mit der Wiener Bestattung und setzte ein bewusstes Zeichen des Respektes vor der jahrhundertelangen Geschichte der Habsburger. Zilk ging regelmäßig ganz vorn bei der Fronleichnamsprozession in St. Stephan. 1986 nutzte er geschickt den Wechsel an der Spitze der Erzdiözese Wien von Franz König zu Hans Hermann Groer, um Kontakt zu dem in Wien wenig verankerten neuen Erzbischof zu finden. Er entrierte ‚Rettet den Stephansdom' und ließ sich von Groer trauen.

Busek war Kardinal König durch dessen altersbedingten Rücktritt abhandengekommen. Mit Groer tat sich Busek schwer.

Finanzstadtrat Hans Mayr folgte Gratz als SPÖ-Vorsitzender. Dies beendete die Zeit des partnerschaftlichen Umganges der SPÖ mit der ÖVP. Ein Zeitzeuge schilderte mir den Unterschied zwischen Gratz und Mayr/Zilk so: Gratz respektierte die ÖVP als parlamentarisches Gegenüber und verhandelte stets mit ihr ‚auf Augenhöhe'. Zilk/Mayr waren ganz anders, sie suchten sich aus, mit wem in der ÖVP sie wollten und mit wem nicht.

Im Sommer 1985 erkrankte Mauthe schwer und er starb Anfang 1986. Innerparteilich war es Busek mittlerweile gelungen, viele aus seinem Umfeld in relevante Positionen im Gemeinderat und in einigen Bezirken zu hieven. Der innerparteilich konfrontativere Ferry Maier löste den auf Harmonie bedachten Anton Fürst als Landesparteisekretär ab. Die nachlassende Strahlkraft ihres Obmannes schmälerte die Nachsicht mancher Funktionäre mit seinen persönlichen Schwächen im persönlichen Umgang.

Durch den Eintritt in eine Große Koalition mit der SPÖ auf Bundesebene verlor die ÖVP fast zehn Prozent in den Umfragen. Die mediale Profilierung gegen Alois Mock verschaffte Busek zwar Aufmerksamkeit, verärgerte aber manche Wiener Funktionäre, insbesondere im ÖAAB.

Am 8. November 1987 konnte die SPÖ ihr Ergebnis von 1983 – vor allem dank Zilk – halten. Den Freiheitlichen verhalf der bundespolitische Rückenwind durch ihren neuen Parteiobmann Haider zu einer Verdoppelung des Wähleranteils auf fast zehn Prozent. Die ÖVP hingegen verlor fast zehn Prozent und damit alle Zugewinne der letzten drei Gemeinderatswahlen.

Am späten Wahlabend kam der fast 76-jährige ehemalige Unterrichtsminister und Vizebürgermeister Heinrich Drimmel, ein konservativer Intellektueller, zu Busek ins Rathaus. Drimmel, der 1969 wegen des Niederganges der Bundespartei verloren hatte, demonstrierte Solidarität mit Busek, den er sonst nicht unkritisch sah.

Bis Mai 1989 musste Busek wieder in die Rolle des nichtamtsführenden Stadtrates zurückkehren. Dann eröffnete ihm der neue Bundesparteiobmann Riegler eine zweite Karriere als Wissenschaftsminister, eine Position die für ihn maßgeschneidert schien.

Ein persönliches Resümee

Für mich ist es die Erinnerung an eine hochinteressante Zeit, vor allem an den Wahlkampf 1978 und die Jahre danach. Ich gehörte nicht Buseks engerem Kreis an und erlebte ihn damals in all diesen Jahren nur aus der Distanz.

1978 wurde ich auf Vorschlag des Landstraßer Stadtrates Günther Goller für die Bezirksvertretungswahlen nominiert und war während der Sommerferien unermüdlich im Wahlkampf unterwegs, ehe mich zu Ende dieses langen Sommers Buseks Buch ‚Wien – Ein bürgerliches Credo‘ mit einer netten persönlichen Widmung des ÖVP-Obmanns erreichte. Buseks Wahlerfolg am 8. Oktober katapultierte mich überaschenderweise zum Bezirksrat, übrigens für ein halbes Jahrzehnt zum jüngsten Wien-weit.

Der im öffentlichen Auftritt brillante Busek erwies sich aber im persönlichen Umgang nicht einfach, konnte ziemlich grantig sein, verblüffte aber dann wieder durch Zeichen der Wertschätzung. So gratulierte er mir mit einem Schreiben zur Promotion In dem Schreiben wies er daraufhin, dass politisches Engagement oft als Begründung für ein abgebrochenes Studium herhalten müsse, und ihm gefiel, dass das bei mir nicht der Fall war. Mir war bewusst, auf wen er dabei anspielte.

Nach der Wahl 1983 war vieles schwieriger geworden. In meinem Bezirk Landstraße hatte die ÖVP nicht die erhoffte, ja erwartete Mehrheit erreicht und begann sich immer mehr mit sich selbst zu beschäftigen. Busek empfand seine Bezirksfunktionäre und die Junge ÖVP oft als lästig, das führte schon zu manchem Scharmützel, auch auf Parteitagen.

Dem Bundesminister Busek sollte ich als Mitarbeiter und Büroleiter der ÖVP-Minister Josef Riegler und Jürgen Weiss häufiger begegnen. Busek brillierte vor allem auf diversen Tagungen, insbesondere wenn er in diesen vor allem in Mittelost- und Südosteuropa spannenden Zeiten buchstäblich die große Welt hereinholte und internationale Gäste moderierte. Busek konnte aber auch da wieder im persönlichen Umgang schwierig sein, beispielsweise wenn man für ihn ‚lästigerweise‘ ein durch die Tagesordnung gebotenes, ihn aber fadisierendes Gesetzesprojekt in Sitzungen referieren musste.

Als Gemeinderat und später Klubobmann der ÖVP-Wien erlebte ich ihn als öfter unangenehmen medialen Zurufer, der gerne auf die Inferiorität der ihm Nachfolgenden hinwies.

Gegen Ende meiner politischen Zeit durfte ich auch wieder eine andere Seite an ihm kennenlernen. Wie jedes Jahr hatte ich ihm zum Geburtstag gratuliert und er antwortete mir, gerne in meinen Bemühungen um die serbische Community und die serbisch-orthodoxe Kirche in Wien zur Verfügung zu stehen. Von seinen damals mir eröffneten Kontakten profitierte ich lange.

Darauf folgte manches interessante persönliche Gespräch in dem er nicht nur über tagespolitische, sondern auch europäische, grundsätzliche Fragestellungen philosophierte. Jedes Gespräch war für mich inhaltlich ein Gewinn. Nie konnte er sich aber die eine oder andere Bosheit verbeißen.

Begegnet sind wir uns nach meinem Ausscheiden aus der Politik nicht mehr sehr oft. Ich erinnere mich an eine Veranstaltung zu grundsätzlich technischen Fragen, die unter meine Zuständigkeit als Sektionschef fiel und bei der er deren Auswirkungen für den Balkan reflektierte.

Zu meinem 65. Geburtstag bereitete eine Abteilungsleiterin unseres Ressorts, Frau Ministerialrätin Brigitta Kohlert-Windisch, ein besonders nettes Geschenk vor: eine Festschrift. Ich sollte nichts davon wissen. Sie fragte mich über die Stationen meines Lebens, da dürfte auch der Name Erhard Busek gefallen sein.

Sie kontaktierte ihn und er reagierte, wie er war: Busek wies daraufhin, dass ich zu den Jungen gehört habe, die ihm gegenüber kritisch waren, was ihm aber gleichgültig gewesen sei. Und dann verfasste Busek doch einen Artikel zu Europa, wusste er doch um mein Europainteresse als Wiener Kommunalpolitiker ebenso wie als Sektionschef. Busek lieferte einen interessanten Artikel. Der etwas milder gewordene Busek widmete ihn dem viel älter gewordenen Tschirf. Das Buch wurde mir überreicht, als Busek leider schon tot war.

Ingrid Korosec

Der Visionär und die Pragmatikerin

Meine Zeit als Generalsekretärin unter Erhard Busek 1991-1995

Ich überlegte lange, ob ich in diesem Band über Erhard Busek schreiben kann und soll. Wir arbeiteten vier Jahre lang eng zusammen, eng und vertrauensvoll, und wir haderten vier Jahre lang miteinander. Wirklich entspannt war unser Verhältnis in diesen Jahren nie. Das kam erst viel später.

Mein Blick auf unsere Zeit als Team mag durchaus Widerspruch bei anderen Wegbegleiterinnen und -begleitern hervorrufen, die ihn völlig anders wahrnahmen. Erhard Busek war eben eine facettenreiche und schillernde Persönlichkeit.

Seine Anfrage, ob ich als Generalsekretärin zur Verfügung stehe, überraschte mich. Als kluger Taktiker ließ er erst einmal durch andere vorfühlen, wie ich zu dem Angebot stehe. Ablehnend im ersten Reflex – zu inkompatibel erschienen mir unsere Charaktere, zu distanziert unser Verhältnis.

Dass Erhard Busek eine Generalsekretärin Ingrid Korosec überhaupt in Betracht zog, hatte verschiedene, jedoch durchwegs sehr pragmatische Gründe. Zunächst ging es um Stimmenmaximierung für die Wahl zum Parteiobmann. An mir hingen die Stimmen der berufstätigen ÖVP-Frauen, der FCG und des ÖAAB/Leitende Angestellte. Ich war für ihn bei dieser Wahl als Stimmenbringerin das sprichwörtliche Zünglein an der Waage.

Das Gespräch mit ihm dauerte dann knapp 30 Minuten. Mir blieb Zeit, meinen Einwand der Inkompatibilität unserer Charaktere und Arbeitsweisen vorzubringen. Was er als irrelevant abtat. Er sah in mir eine routinierte, liberal eingestellte Politikerin mit hoher Kompetenz in Frauen- und Sozialfragen, die einerseits perfekt vernetzt, andererseits bereit war, alte Strukturen aufzubrechen. Busek besaß die Eigenschaft, berufliche Qualitäten völlig unabhängig von seiner persönlichen Beziehung zu einem Menschen schätzen zu können. Und er wusste, dass ich im Falle einer Zusage bedingungslos – wenn auch nicht kritiklos – loyal sein würde. Er gab mir zwei Tage, um mir sein Angebot zu überlegen.

Der Nationalrat beschäftigte sich damals gerade mit Bereichen, die mir wichtig waren. An Pflegegesetz, Sozialpolitik, Gleichbehandlungsgesetz, Aufteilung der Karenz zwischen den Eltern und der Flexibilisierung der Arbeitszeit als Abgeordnete gestaltend mitzuarbeiten, erschien mir interessanter als

167

eine Partei zu managen. Ein ‚Nein‘ zum Posten der Generalsekretärin lag damit eigentlich auf der Hand. Doch gleichzeitig hätte eine Ablehnung von Buseks Angebot meine Anstrengungen, Frauen in der Politik sichtbarer zu machen, konterkariert. Außerdem hatte er mich in den 1970er-Jahren in die Politik geholt, wodurch ich mich ihm stärker als anderen verpflichtet fühlte. Also ‚Ja‘ zum Posten der Generalsekretärin? Zwei Tage lang wog ich Für und Wider ab und nahm Buseks Angebot schließlich an. Für mich selbst stand aber fest, dass ich keine Übergangskandidatin sein, sondern meine Funktion eine ganze Periode ausüben würde und mich aktiv in die inhaltliche Neupositionierung der Partei einbringen wollte.

Gemeinsam mit Ferry Maier übernahm ich das Management und die Organisation der Partei. Maier war wie Busek: spritzig, intelligent und polarisierend. Die beiden verband eine lange, enge Freundschaft. Sie waren vertraute Kampfgefährten, die erfolgreich zwei Wahlen in Wien geschlagen hatten. Ich kannte ihn seit den 1980er-Jahren aus meiner Zeit als Gemeinderätin. Wir hatten es nicht immer leicht miteinander. Unsere Aufgabenbereiche waren klar getrennt. Bei mir lagen die politischen Agenden, bei ihm alles Organisatorische. Als er 1993 das Amt des Generalsekretärs aufgab, verlor die Partei einen sehr fähigen Kopf.

Die Kampfabstimmung am Bundesparteitag 1991 gegen Bernhard Görg entschied Erhard Busek dann mit 56 Prozent für sich.

Jetzt galt es unsere Zusammenarbeit alltagstauglich und effektiv zu gestalten. Vielleicht verdeutlicht ein Vergleich aus der Pferdewelt das Problem am besten: Der Galopper Busek und das Dressurpferd Korosec waren zusammen vor den Karren ÖVP gespant – beide auf Höchstleistung getrimmt, doch völlig unterschiedlich begabt.

Erhard Busek war ein schneller Denker, ein Visionär und Stratege, aber viel zu ungeduldig für die praktische Umsetzung. Er war unglaublich gescheit und besaß ein gutes Gespür für Themen und die Zeichen der Zeit, trotzdem war er eigentlich ‚unpolitisch‘, zumindest nach meinem Politikverständnis. Für mich war er der Inbegriff des Homo ludens, den intellektuelle Herausforderungen spielerisch reizten, und nicht des Homo politicus, dem an der Durch- und Umsetzung lag: Menschen interessierten ihn vor allem als abstrakte Probleme, zu deren Lösung er Strategien und Visionen entwickelte. Dass wusste er auch selbst. In einer Pressekonferenz bezeichnete er sich – und Josef Taus – als „kalte Knackwürste mit Brillen“ und meinte damit, dass sie beide mehr „intellektuelle Typen mit einer gewissen Distanz zu allem“ wären. In Gesprächen war er sprunghaft und undiszipliniert. Viele fanden ihn brillant, aber nicht einnehmend.

Mein Zugang zur Politik war viel pragmatischer: Was für Menschen im Privaten Probleme darstellt, sind politische Fragen, die zu lösen waren. Die Vereinbarkeit von Beruf und Familie für Frauen war für mich schwierige Realität und keine abstrakte Frage. Dementsprechend vehement forderte ich Lösungen statt Sonntagsreden.

Unser Arbeitsalltag verlief immer gleich: Wir telefonierten täglich zumindest einmal, um uns kurz abzustimmen. Trotz seines Amtes als Vizekanzler und Bundesparteiobmann verstand er sich primär als Wissenschaftsminister. Aus der Tagespolitik hielt er sich relativ stark heraus und überließ Fachfragen den jeweiligen Experten und Ministern, ein ebenso simpler wie effektiver Ansatz.

Mindestens einmal wöchentlich fand eine Sitzung statt, um anstehende Themen und konkrete Vorgangsweisen zu besprechen und abzustimmen. Diese Termine konnten durchaus heftig verlaufen. Erhard Busek ließ in diesem Rahmen Diskussion zwar zu, hörte aber nur ungern Widerspruch. Anhaltende Kritik machte ihn grantig. Seine Selbsteinschätzung „Ich war nicht immer ein Charmebolzen"[1] in einem ‚Presse'-Interview, kann man nur bestätigen. Wir beide konnten durchaus hartnäckig auf der jeweils eigenen Meinung beharren.

Dass es nie zu einem schwerwiegenden Zerwürfnis kam, lag an dem großen Vertrauen, das wir einander grundsätzlich entgegenbrachten. Er brauchte mich und ich lieferte. Bei mir lagen die politische Basisarbeit und das politische Tagesgeschäft. Im Vergleich zu später bestimmte unter Busek das Generalsekretariat selbstständig die politische Vorgangsweise. Das ‚Was' kam überwiegend von ihm, das ‚Wie' von mir. An mir war es, Länder und Bünde zu koordinieren. Mit ihnen fanden regelmäßig Sitzungen statt, in denen für die Vorstellungen des Parteiobmannes die Zustimmung gefunden werden musste. Das gelang, indem die interne Kommunikation verstärkt und ausgebaut wurde.

Ein nicht geringer Teil der Zeit entfiel auch darauf, seine Ausrutscher im direkten Umgang mit Funktionärinnen und Funktionären zu sanieren. Seine Fähigkeit zum Multitasking wurde vielfach als Missachtung empfunden. Seine unausrottbare Gewohnheit, während Sitzungen oder Besprechungen Dokumente abzuzeichnen, Berichte zu lesen und zu telefonieren, erweckten beim Gegenüber den fatalen Eindruck, er höre nicht zu. Was er aber durchaus tat. Er neigte außerdem zu knappen, scharfzüngigen Formulierungen und stieß damit seine Umgebung oft vor den Kopf. Paul Lendvai meinte richtig,

---

1   Erhard Busek: *„Ich war nicht immer ein Charmebolzen".* In: Die Presse, 24.08.2014.

dass Busek für ein Bonmot seine Karriere aufs Spiel setzte. Im Interview mit der ‚Wiener Zeitung‘ zu seinem 60. Geburtstag gab er selbst zu: „Ich gestehe: ich habe eine Tendenz, keinen Scherz auszulassen, auch wenn es einen anderen kränkt.“[2] Manchmal schaffte er es, mit einem Sager gleich mehrere Gruppen gegen sich aufzubringen: „Zum Glück schwinden die Lateinkenntnisse, sonst würde der Staatsbürger wissen, dass Ministerium Dienst heißt“ oder „Es ist noch nicht so lange her, dass die Parlamentssessionen mit der Kartoffelernte und den Jagdzeiten der Aristokratie übereinstimmten.“ – Solche Statements erheiterten mich, machten mir aber sehr viel zusätzliche Arbeit. Ersteres, weil sie witzig waren, letzteres, weil es dauerte, jene, die sich beleidigt fühlten, wieder zu beruhigen.

Zu Buseks innerstem Kreis gehörten neben Ferry Maier auch Rudolf Bretschneider, Andreas Treichl und der leider viel zu früh verstorbene Peter Mahringer sowie eine Gruppe ‚junger Löwen‘ – kultiviert, umfassend gebildet und am Aufbrechen veralteter Strukturen interessiert. Wie Busek selbst war keiner von ihnen besonders geduldig, inspirierend waren sie allemal. Mit diesem ausgewählten Kreis entwickelten wir Ideen und Projekte. So gut wie alle von ihnen machten in der Folge abseits der Politik außergewöhnliche Karrieren.

Inhaltlich lagen schwierige Aufgaben vor uns. Erhard Busek trat sein Amt an, als sich die Parteifinanzen in einem desaströsen Zustand befanden. Die Schulden beliefen sich damals auf 137 Millionen Schilling, also über 10 Millionen Euro. Die Einnahmen konnten nicht erhöht werden, so blieb nur noch die Reduktion der Ausgaben. Ferry Maier spielte beim Abbau des Schuldenberges eine wesentliche Rolle. Das sichtbarste Signal war der Auszug aus dem Palais Todesco neben der Oper. Das Gebäude, in dem sich seit 1947 der Sitz der ÖVP-Parteizentrale befand, das die ÖVP-Parteizentrale *war*, aufzugeben, stieß auf Widerstand. Partei, Bünde und Länder stellten sich in seltener Einigkeit gegen das Projekt. Die emotionale Bindung an diesen Ort war stark. Das Kosten-Argument überzeugte letztlich dann doch und der Umzug in die Lichtenfelsgasse fand Zustimmung.

Busek sah zu Recht eine Notwendigkeit, die ÖVP zu liberalisieren und zu flexibilisieren – ein Anspruch, den ich vollkommen unterstützte. Die gesellschaftlichen Veränderungen seit der Parteigründung 1945 erforderten entsprechende Antworten, die das 20 Jahre alte ‚Salzburger Programm‘ nicht

---

2 Zit. nach: Friedrich WEISSENSTEINER, *Der intellektuelle Feuergeist Erhard Busek.* In: Wiener Zeitung, 04.12.2004.

mehr geben konnte. Erhard Busek nahm diese Herausforderung an. 16 Arbeitsgruppen erhielten den Auftrag, jeweils Themenschwerpunkte abzuarbeiten. Die sogenannte ‚September-Akademie' 1993 lieferte weitere Ideen und Vorschläge. Auf dem Parteitag 1995 wurde das sogenannte ‚Wiener Programm' beschlossen. Vieles ist heute veraltet und überholt, vieles jedoch behielt seine Gültigkeit und erwies sich als visionär. Einiges lässt sich auf die aktuelle Situation mit Pandemie, Teuerung und Misstrauen den Parteien gegenüber unverändert anwenden:

„Die politische und wirtschaftliche Ordnung des Staates muss den Leistungswillen jedes einzelnen Menschen fördern. Gleichzeitig muss sie darauf bedacht sein, die vom Markt ausgeschlossenen Menschen nicht ins wirtschaftliche Abseits zu drängen. Zu dieser sozialen Komponente tritt das ökologische Prinzip der Nachhaltigkeit." [3]

„Wir bekennen uns zu einer Politik, die sich nicht im Verfolgen von Einzelinteressen erschöpft, sondern umfassende Antworten auf die Problemstellungen in unserer Gesellschaft gibt."

„Gegen die Zeittendenzen eines übersteigerten Egoismus und zunehmender Entsolidarisierung rufen wir die Bürgerinnen und Bürger unseres Landes zur Wahrnehmung ihrer Verantwortung gegenüber der Gemeinschaft als Voraussetzung für jede lebendige Weiterentwicklung der Demokratie und der Gesellschaft auf."

„Demokratische Institutionen sind auf das Vertrauen der Bürgerinnen und Bürger angewiesen und müssen dieses ständig neu erringen."

„[Jeder Mensch] trägt aber auch Verantwortung für seine Mitmenschen und die staatliche Gemeinschaft."

Die Sätze „Wir bekennen uns zur parlamentarischen Demokratie und zur Rechtfertigungspflicht der gewählten Mandatare gegenüber ihren Wählerinnen und Wählern" sowie „Ein bürgernaher Staat ist auf qualifizierte Mitarbeiterinnen und Mitarbeiter angewiesen" haben bis heute unverändert Gültigkeit.

Busek stellte mit dem ‚Wiener Programm' auch die Weichen zu einer Pensionsreform und forderte eine Anpassung des Generationenvertrags, auf dem das Umlagesystem basiert: früher Pensionsantritt soll zu geringeren, spätere Pensionierung zu höheren Bezügen führen. Dass ich die Angleichung des

---

3 Dieses und die folgenden Zitate aus Österreichische Volkspartei, *Grundsatzprogramm der ÖVP*, beschlossen am 30. ordentlichen Parteitag der Österreichischen Volkspartei am 22. April 1995 in Wien [online: https://austria-forum.org/af/AEIOU/%C3%96sterreichische_Volkspartei%2C_%C3%96VP/Grundsatzprogramm_OEVP_1995; abgerufen am 10.01.2023].

Frauen-Pensionsalters von der vollständigen beruflichen Gleichstellung abhängig machte, war der damaligen Situation geschuldet. Die Chancen der Frauen im Beruf und auf durchgehende Erwerbszeiten standen schlecht. Die Rahmenbedingungen, um Beruf und Familie zu vereinbaren, waren miserabel. Einig waren wir uns hingegen darin, dass das Pensionsantrittsalter mit der Lebenserwartung junktimiert werden sollte. Der Punkt wurde jedoch nur intern diskutiert, doch ich stehe noch heute zu dieser Idee. Da aber aktuell der faktische Pensionsantritt noch immer unter dem gesetzlichen liegt, sehe ich weiterhin keinen praktischen Sinn in dieser Anpassung.

Unter Bundeskanzler Franz Vranitzky gab es seit 1991 erstmals in Österreich eine Frauenministerin. Er besetzte das Amt mit der engagierten Feministin Johanna Dohnal. Gleichbehandlung der Frauen musste daher auch für Erhard Busek und die ÖVP Thema sein. Ob er mit mir als Generalsekretärin bewusst ein Gegenmodell zu Johanna Dohnal installierte, lässt sich nicht sagen. Zuzutrauen wäre es ihm als gewieften Strategen aber allemal. Durch meine Hartnäckigkeit in politischen Debatten, meine Durchsetzungsfähigkeit und mein selbstbewusstes Engagement für Frauen galt ich als Vorzeige-Feministin der ÖVP. Innerhalb der ÖVP für die Gleichstellung von Frauen zu lobbyieren kam uns beiden, wenn auch aus unterschiedlichen Gründen, sehr entgegen. Aufgrund meines sehr pragmatischen Verständnisses von Feminismus konnte Parteiobmann Busek damit gut leben: gleiche Bezahlung für gleiche Arbeit, die Hälfte der guten Jobs, Ämter und Spitzenpositionen für Frauen und ähnliches. Im ,Wiener Programm' schlug sich meine Position in etwas reduzierter Form unter anderem mit der Forderung, dass ein Drittel der ÖVP-Abgeordneten Frauen sein sollen, nieder. Diese Quote wird heute gerade einmal erreicht! Dass eine Neubewertung der Erwerbsarbeit und die faire Neuverteilung unbezahlter Tätigkeiten in der Familie, im Haushalt, der Erziehung und Pflege festgeschrieben wurden, reklamierte ich ebenfalls hinein. In der Lichtenfelsgasse fanden regelmäßig Dialog-Veranstaltungen zu Gleichbehandlungsthemen statt. Heute mag es selbstverständlich klingen, damals war es für die ÖVP ein gewaltiger Sprung nach vorne.

Lag der Generalsekretärin besonders viel an Frauen-Fragen und Gleichstellung, so war es beim Parteiobmann Europa. In den Nachrufen fiel mehrfach der Begriff ,glühender Europäer' und das zu Recht. Ich kannte neben Alois Mock niemanden, dem Europa so am Herzen lag wie ihm und der an den Problemen der EU so litt wie er. Busek gab 1991, als die EU-Kommission die Aufnahme Österreichs befürwortete, das Motto ,Ein starkes Österreich in einem neuen Europa' aus und begann in der Bevölkerung für den Beitritt zu werben. Zu diesem Zeitpunkt lehnten zwei Drittel der Österreicherinnen und Österreicher einen Beitritt zur EU ab. Er begriff, dass man ‚Europa eine Seele geben‘ musste, um die Stimmung zu drehen. In den sechs Monaten vor der Volksabstimmung über den EU-Beitritt intensivierten wir die Kampagne, an der sich alle ÖVP-Regierungsmitglieder, -Funktionärinnen und –Funktionäre sowie Abgeordneten beteiligten. In dieser Situation kam es uns zugute, dass wir seit 1991 die Presseabteilung und -arbeit kontinuierlich professionalisiert hatten. Dass die Abstimmung 1994 mit Zwei-Drittel-Zustimmung ausging, zählte vermutlich zu seinen schönsten Momenten als Politiker. Dass die EU bis heute noch immer nicht „in die Herzen hineinwachsen"[4] konnte und die „primitive Stimmungsmache"[5] gegen sie, schmerzte ihn bis zuletzt.

Ein Foto, das ihn nach der EU-Abstimmung strahlend mit Bundespräsident Klestil, Staatssekretärin Ederer und Außenminister Mock zeigt, spricht Bände.

Und damit ist ein Thema angeschnitten, das uns ebenfalls intensiv beschäftigte: die Präsidentschaftswahl 1992. Die Ausgangslage war schwierig. Der amtierende Präsident Kurt Waldheim kam für Erhard Busek nicht neuerlich in Frage. Der Wunschkandidat der ÖVP, Alois Mock, zögerte. Bis eine Woche vor der Nominierung gab es keinen Plan B, falls er absagte. Wir brauchten einen Reservekandidaten. Ich schlug Thomas Klestil vor – auch wenn sich seine Nominierung im Nachhinein viele auf die Fahnen hefteten. Daher fiel mir auch die Aufgabe zu, den als durchaus selbstbewusst bekannten Diplomaten anzusprechen, ob er im Fall des Falles einspringen würde. Als Alois Mock beim Bundesparteipräsidium definitiv absagte, stand Klestil als Kandidat bereit. Erhard Busek tat im Rahmen des Wahlkampfes dann alles, um den in der Öffentlichkeit wenig bekannten Klestil, zu unterstützen. Ferdinand Maier managte erfolgreich den Wahlkampf, der bekanntlich nicht ganz problemlos verlief.

Zu den größten politischen Erfolgen der Ära Busek/Korosec zähle ich die Einführung des Pflegegeldes 1993. Dem Beschluss des Bundespflegegeldgesetzes gingen zähe und jahrelange Verhandlungen innerhalb der Partei und mit dem Koalitionspartner voraus. Damit war für ältere Menschen ein entscheidender Schritt weg von der Heimpflege getan. Ich bin Erhard Busek bis heute dankbar, dass er hier außergewöhnliche Verhandlungsstärke und Beharrlichkeit zeigte.

---

4   *Zitate von Dr. Erhard Busek* [https://www.zitate.eu/autor/dr-erhard-busek-zitate/285553; abgerufen am 17.01.2023].

5   *Busek für Volksabstimmung über EU-Verbleib.* In: Oe24 online, 14.07.2008 [https://www.oe24.at/oesterreich/politik/busek-fuer-volksabstimmung-ueber-eu-verbleib/342389; abgerufen am 17.01.2023].

Erhard Busek und ich sanierten und reformierten die ÖVP in vielen Bereichen. Ohne den neuen Spin, den sie unter ihm erhielt, wäre ihr Weg ins 21. Jahrhundert weit schwieriger gewesen. Doch in Summe waren vier Jahre zu kurz, um große Reformen und politische Anliegen umzusetzen. Viele der Ideen, die damals entwickelt wurden, griffen dann seine Nachfolger auf und reüssierten damit.

1993, zur Hälfte seiner Amtszeit als Bundesparteiobmann und Vizekanzler, hielt er im Zeremoniensaal der Hofburg eine ‚Rede für Österreich‘. Darin kommt seine Arbeitsweise, seine Art Probleme anzugehen deutlich zum Vorschein. Sätze wie „Mir geht das ewige Jammern auf die Nerven“ oder „Ich ärgere mich über all das Versäumte und all das Unversucht-Gelassene“ zeigen, wie er arbeitete und was er von seinem Team verlangte: Wer unter dem erwarteten Niveau blieb, trieb ihn in den Wahnsinn. Er verabscheute es, Chancen ungenutzt zu lassen. Für Faulheit oder Ängstlichkeit fehlte ihm jedes Verständnis. Er verlangte Mut und Tatkraft. Viele Freunde machte er sich politisch und innerhalb der Partei damit nicht.

Die Art, wie Erhard Buseks politische Karriere endete, bedauere ich zutiefst. Er widmete die erste Hälfte seines Berufslebens der Partei und musste sich mit Mitte 50 auf einmal völlig neu erfinden. Es gelang ihm, weil er brillant, begabt und visionär war. Er machte Mitteleuropa zum neuen Lebensinhalt und setzte sich mit der gewohnten Energie und Verve dafür ein.

Ich wurde 1995 Volksanwältin, kehrte jedoch nach einer Periode wieder in die Politik zurück. Dass er meine Loyalität in seinen ‚Lebensbildern‘ mit der Bemerkung „Nur Ingrid Korosec ist mir treu geblieben“[6] anerkannte, freut mich.

Ich hoffe, Erhard, du wusstest, wie viel mir unsere Freundschaft in späten Jahren bedeutete! Du lehrtest mich, im Denken Grenzen zu überwinden, über das Mögliche oder Wahrscheinliche hinauszugehen. Dafür danke ich Dir.

---

6 Erhard BUSEK, *Lebensbilder* (Wien 2014), S. 206.

Friedrich Faulhammer

Erhard Busek als Wissenschaftsminister

Am 24. April 1989 wurde Erhard Busek als nach Hertha Firnberg[1], Heinz Fischer[2] und Hans Tuppy[3] vierter Bundesminister für Wissenschaft und Forschung angelobt. Damals konnte er noch nicht ahnen, dass er bereits der letzte Minister sein sollte, der in einem Ministerium gestalten konnte, in dem alle Angelegenheiten von Wissenschaft und Forschung zusammengefasst waren: Universitäten und Fachhochschulen, universitäre und außeruniversitäre Forschung sowie alle Forschungsförderungseinrichtungen. Auch die Bundesmuseen als Einrichtungen zum Sammeln, Bewahren und Erschließen der Objekte waren Teil des Wirkungsbereiches des damaligen Bundesministeriums für Wissenschaft und Forschung.

Der politische Gestaltungsrahmen, der seine Zeit als Wissenschaftsminister prägte, war national und international bewegt und prägte innen- wie außenpolitisch seine Aktivitäten.

Innenpolitisch war es jene – scheinbar lange zurück liegende – Zeit, in der die ÖVP – nach 16 Jahren in der Opposition – ab 21. Jänner 1987 wieder in der Bundesregierung vertreten war[4] und das Wissenschaftsministerium besetzen konnte, zunächst mit dem damaligen Präsidenten der Österreichischen Akademie der Wissenschaften, Hans Tuppy. Eine Regierungsumbildung seitens der ÖVP, ausgelöst durch den Obmannwechsel von Alois Mock zu Josef Riegler,[5] eröffnete den Weg zur Übergabe des Bundesministeriums für Wissenschaft und Forschung an Erhard Busek, einen politischen Gestalter, der Reformnotwendigkeiten in verschiedenen Ressortbereichen aufgriff bzw. die entsprechenden Anstöße erteilte.

Im Hochschulbereich griff Erhard Busek die bereits unter Hans Tuppy begonnenen Reformgespräche auf. Dieser hatte eine Hochschulreformdiskussion gestartet, die zwar einen umfassenden Bericht erarbeitete (u. a. mit sehr kontrovers diskutierten Überlegungen zur Einführung des Bakkalaureats als

---

1 26. Juli 1970 bis 24. Mai 1983.

2 24. Mai 1983 bis 21. Jänner 1987.

3 21. Jänner 1987 bis 24. April 1989.

4 Seit damals ist die ÖVP kontinuierlich in der Bundesregierung vertreten, mit Ausnahme des Expertinnen- und Expertenkabinetts vom 3. Juni 2019 bis 7. Jänner 2020.

5 Gleichzeitig trat auch Wolfgang Schüssel als Bundesminister für wirtschaftliche Angelegenheiten in die Bundesregierung ein.

erstem akademischen Grad an den Universitäten), der allerdings aufgrund der kurzen Amtszeit keine Umsetzung fand.[6] Die hochschulpolitischen Diskussionen fokussierten auf die Notwendigkeiten zur Weiterentwicklung der seit 1975[7] im Wesentlichen unveränderten rechtlichen Rahmenbedingungen für die Universitäten, um sie für die Annäherung Österreichs an die Europäische Union vorzubereiten und wettbewerbsfähiger zu machen. Im Ministerium fand Erhard Busek mit dem der SPÖ zugerechneten Sektionschef Sigurd Höllinger einen umsetzungsstarken Partner, dem die Stärkung der universitären Eigenverantwortung genauso ein Anliegen war wie die Zurückdrängung des Einflusses der Ministerialbürokratie auf die universitären Aktivitäten.

Mit dem Universitäts-Organisationgesetz (UOG) 1993 wurden die organisatorischen Bestimmungen erstmals in Richtung verstärkter universitärer Eigenverantwortung entwickelt. Waren gemäß dem UOG 1975 letztlich alle relevanten Entscheidungen in Personal-, Budget- und Raumangelegenheiten bis hin zu Dienstreisen und Bestellungen von Lehrbeauftragten im Ministerium zu treffen, beschränkte sich die damalige universitäre Autonomie auf das Schreiben entsprechender Anträge (sogenannte Antrags-Autonomie).[8] Bei der Besetzung von Professuren mussten die Dreier-Vorschläge der Berufungskommissionen dem Ministerium übermittelt werden, das für den Minister die Auswahl vorbereitete und anschließend die Verhandlungen führte. Die Universitäten waren in diese Prozesse nicht eingebunden, zumindest nicht in einer formellen Weise. Mit dem unter Erhard Busek beschlossenen UOG 1993 wurden erstmals personelle und budgetäre Entscheidungskompetenzen an die Universitäten übertragen und die Universitäten als Ganzes als Verhandlungspartner verstanden. Die Universitäten erhielten mit einer Verfassungsbestimmung das Recht, ihre inneren Angelegenheiten mittels einer Satzung zu regeln, mit der auch die Binnengliederung der Universitäten geregelt werden konnte. Die Budgets wurden auch nicht mehr wie bisher vom Ministerium direkt den Fakultäten zugeteilt, sondern Ansätze eines gesamtuniversitären Managements verankert. Die Entscheidungen über die

---

6 Das diesbezügliche ‚Einstandsgeschenk‘ des neuen Ministers war die Beendigung der Bakkalaureatsdebatte, die Österreich zehn Jahre später im Rahmen des Bolognaprozesses wieder einholen sollte.

7 Die studienrechtlichen Rahmenbedingungen stammten mit dem Allgemeinen Hochschul-Studiengesetz sogar aus dem Jahr 1966. Ein erster zaghafter Reformversuch in diesem Bereich scheiterte mit der vorzeitigen Beendigung der SPÖ/FPÖ-Koalition Ende 1986.

8 Mehr Spielraum hatten die Universitäten bei der Festlegung der Studienpläne durch die drittelparitätisch besetzten Studienkommissionen. Hier konnten die Inhalte tatsächlich autonom bestimmt werden, wenn auch in dem durch Studiengesetze und Studienordnungen des Ministeriums gesetzten Rahmen.

Berufung von Professorinnen und Professoren wurde nunmehr von den Rektoren (sic!) getroffen. Diese Neuordnung des Organisationsrechts wies schon deutlich in die Richtung des Universitätsgesetzes 2002, ohne allerdings an der rechtlichen Struktur der Universitäten als nachgeordnete Dienststellen des BMWF und damit Teil der öffentlichen Verwaltung zu rühren. Eine umfassende eigene Rechtspersönlichkeit[9] blieb den Universitäten noch verwehrt, wurde aber bereits von den ersten Universitäten, die in das UOG 1993 ‚gekippt‘[10] sind, als fehlender Entwicklungsschritt eingemahnt.

Im Studienrecht gab es schon vor dem UOG 1993 ein Pilotprojekt zur Stärkung der Eigenverantwortung bei der Gestaltung der Studien. Waren im System des Allgemeinen Hochschul-Studiengesetzes 1966 (AHStG) für jedes Studium ein eigenes Studiengesetz, das die Fächerstruktur determinierte, eine Studienordnung des Ministeriums, die die Stundenrahmen je Fach vorgab und ein Studienplan der Studienkommission der Universität, die die Stundenzahl letztlich fixierte, notwendig, wurde mit dem Bundesgesetz über die technischen Studienrichtungen (TechStG) ein neuer Weg im bestehenden System erprobt: Die Fächer blieben zwar im Gesetz fixiert, die Einteilung der Studien in Studienzweige wurde jedoch zur Flexibilisierung den Studienordnungen übertragen. Die Zuweisung von Stunden zu Fächern schließlich wurde mit einem Gesamtrahmen je Studium den Studienkommissionen der einzelnen Universitäten übertragen. Diese erste Übung zur autonomeren Gestaltung der Studien sollte eine Grundlage zur Reform des Studienrechts sein, die allerdings zur Reduktion der Komplexität der politischen Diskussionen um die Organisationsreform etwas verschoben wurde und erst 1991 durch die Einsetzung einer Arbeitsgruppe zur umfassenden Reform des Studienrechts gestartet wurde. Den Abschluss fanden diese Reformarbeiten erst mit dem Universitäts-Studiengesetz 1997 (UniStG)[11], das noch überwiegend den studienrechtlichen Teil des Universitätsgesetzes 2002 bildet. Mit dem UniStG wurde nach mehr als 30 Jahren das oben beschriebene System des AHStG endgültig abgelöst und den Universitäten die autonome Ausgestal-

---

9   Unverändert blieb die 1987 in das UOG 1975 eingefügte Teilrechtsfähigkeit von Universitäten, Fakultäten, Instituten und Universitätsbibliotheken zum Erwerb und zur Nutzung eigener Einnahmen.

10   Die stufenweise Implementierung der neuen Bestimmungen in drei Tranchen (zunächst die kleineren Universitäten, zuletzt die Universitäten Wien, Graz und Innsbruck) wurde an den Universitäten nicht nur positiv rezipiert. Daraus entstand der persiflierende Begriff des ‚Kippens‘ in die neue Rechtslage.

11   Damals hieß der Minister bereits Caspar Einem und das Ministerium führte den Namen ‚Bundesministerium für Wissenschaft und Verkehr‘.

tung der Studien übertragen. Lediglich ein Gesamtrahmen je Studium blieb im Gesetz festgelegt und die Entscheidung, welches Studium an welcher Universität anzubieten ist, dem Ministerium vorbehalten.

Ein wichtiges Element der hochschulpolitischen Entwicklungen in der Ära Erhard Buseks als Wissenschaftsminister bildete die Einführung der Fachhochschulen durch den Beschluss des Fachhochschul-Studiengesetzes 1993. Damit wurde auf Basis der OECD-Empfehlung, zur Unterstützung der Hochschulexpansion einen neuen, praxiorientierten Hochschultyp einzuführen, ein neues Hochschulmodell entwickelt: Anstelle der organisationsrechtlichen Etablierung neuer öffentlicher Hochschulen[12] erfolgte die Schaffung eines qualitätssichernden Akkreditierungsmodells für Fachhochschul-Studiengänge, die von verschiedenen Rechtsträgern geplant und durchgeführt werden können. Die Finanzierung erfolgt durch die Zuerkennung von Finanzierungsbeiträgen des Ministeriums über ein Fördermodell und stellt so bedarfsgerecht das Fachhochschul-Studienangebot sicher. Auch dieses Beispiel politischer Gestaltungskraft in einer Zeit des noch bestehenden staatlichen Hochschulmonopols[13] zeigt, dass Erhard Busek immer bemüht war, neue Chancen zu erkennen und Neues zu wagen. Im Studienjahr 1994/1995 begann bereits der erste Jahrgang mit 695 Studierenden. Was damals teils skeptisch beäugt wurde, ist heute eine Erfolgsgeschichte, die wesentlich zur Stärkung und Ausdifferenzierung der österreichischen Hochschullandschaft beigetragen hat.

Nicht immer folgten Erhard Buseks hochschulpolitische Weichenstellungen seinem Drehbuch. So zum Beispiel bei den Diskussionen rund um die damals jüngste Universität. Dies war die 1970 gegründete Universität für Bildungswissenschaften in Klagenfurt, deren eingeschränktes Spektrum zweifellos die Entwicklung dieser Universität erschwerte, was bei einem reformfreudigen

---

12 Beeinflusst war diese Entscheidung wohl auch von der Befürchtung, dass das berufsbildende Schulwesen beabsichtigen könnte, die Höheren Technischen Lehranstalten (HTLs) einfach in Fachhochschulen überzuführen, ohne entsprechende inhaltliche Entwicklungsschritte sicherzustellen.

13 Ein erster zaghafter Versuch der Durchbrechung des staatlichen Hochschulmonopols wurde mit der AHStG-Novelle 1990 unternommen, die aber mangels Unterstützung der SPÖ nur zu Ermöglichung von Lehrgängen universitären Charakters führte, die von anderen Bildungsanbietern durchgeführt werden konnten. Die Akkreditierung von Privatuniversitäten ist erst seit 1999 möglich und war Ergebnis eines klassischen politischen Abtausches: Das damals SPÖ-geführte Ministerium wollte den Bologna-Prozess als eines der ersten europäischen Länder umsetzen und musste im Gegenzug die schon seit Jahren von der ÖVP gewünschte Zulassung von Privatuniversitäten akzeptieren.

Minister zu einer kritischen Bestandsaufnahme führen musste. Das Ministerium beauftragte das Beratungsunternehmen Arthur D. Little mit der 'Evaluierung und Weiterentwicklung der UBW Klagenfurt'. Die Beratungen im Rahmen der ministeriumsinternen Arbeitsgruppe wiesen in Richtung einer Schließung. Überraschend für alle Beteiligten war dann das Ergebnis: Ausbau in den Bereichen Wirtschaft und Informatik.[14]

Während Kärnten bereits in 1960er-Jahren für eine Universität kämpfte, wurden die Forderungen für eine Universität in Niederösterreich erst in den 1980er-Jahren erhoben. Mit der im Jahr 1986 getroffenen Entscheidung für St. Pölten als niederösterreichische Landeshauptstadt wurde auch offensichtlich, dass Niederösterreich über keine wissenschaftliche Einrichtung (mehr) verfügen würde. So wurde 1988 die Wissenschaftliche Landesakademie für Niederösterreich mit Sitz in Krems gegründet, um die Etablierung einer Universität in Krems vorzubereiten. Wie bei der Universitätsgründung in Kärnten war auch hier der Widerstand der anderen Universitäten und des Wissenschaftsministeriums groß. Doch die Hartnäckigkeit der Landespolitik führte wiederum gegen alle Proteste zum Gründungsakt: Mit dem Bundesgesetz über die Errichtung des Universitätszentrums für Weiterbildung mit der Bezeichnung Donau-Universität Krems wurde 1994 die Einrichtung gegründet und 1995 der Betrieb aufgenommen. Für Erhard Busek als Politprofi waren diese Entwicklungen wohl verständlich, wenn auch ärgerlich, zumal er von der inhaltlichen Notwendigkeit kaum überzeugt war. Insofern war es für den Autor ein besonders bewegender Moment, ihn an der Seite von Alt-Landeshauptmann Erwin Pröll am 2. Oktober 2020 beim Festakt zum 25-Jahr-Jubiläum der nunmehrigen Universität für Weiterbildung Krems in Grafenegg begrüßen zu dürfen – durchaus zufrieden mit den zwischenzeitlichen inhaltlichen Entwicklungen der Universität.

Außenpolitisch war Erhard Buseks Zeit als Wissenschaftsminister geprägt von den politischen Umbrüchen in Europa, die Österreich vom Rand plötzlich neuerlich in die Mitte eines Kontinents rückten. Der Blick Richtung Osten war wieder frei und Erhard Busek, als Kenner Mittel-, Ost- und Südosteuropas, war bestrebt, die Verbindungen in diese Teile Europas wieder zu stärken. Er konnte sich dabei auf ein Netzwerk stützen, das er selbst durch unzählige Reisen in diese Regionen seit den 1960er-Jahren aufgebaut hatte. Die Kooperation von Hochschulen und der Austausch von Studierenden und Forschenden waren nicht nur sein wissenschaftspolitischer Schwerpunkt,

---

14 Diese Entscheidung fiel zeitgleich mit der Kandidatur Erhard Buseks für den ÖVP-Vorsitz im Jahr 1991.

sondern auch ein wesentlicher Beitrag zur europäischen Integration beziehungsweise einer Reintegration von Regionen, die jahrhundertelang in engem Austausch gelebt hatten und einige Jahrzehnte unter den rigiden Grenzen gelitten hatten. Vorgegebene Grenzen zu akzeptieren, lag ohnehin nicht in Buseks Naturell. Willkürlich gezogene Grenzen wollte er, durchaus auch mit Freude an den dadurch ausgelösten Widerständen, überwinden und Platz für Neues schaffen. Die Vision Erhard Buseks war ‚Mitteleuropa – ein Konzept der Hoffnung‘, wie er das viele Jahre später in einem Vortrag[15] bezeichnet hatte, also ein intellektuelles Gesamtkonzept, das weit über geografische und kulturelle Grenzen hinausging.

Dieser Austausch begann zunächst nur mit Pendelbussen, die Studierende nach Österreich brachten. Innerhalb weniger Jahre wurden daraus Förderschienen entwickelt, die bis heute sehr erfolgreich weitergeführt und weiterentwickelt werden, wie z. B. das Central European Exchange Programme for University Studies (CEEPUS), die bilateralen Aktionen mit Tschechien, Ungarn, der Slowakei und die zugehörigen Sommerkollegs. Als Ausdruck seiner Verbundenheit mit Mitteleuropa als Begriff und Konzept stärkte er die für Forschung und Dokumentation so wichtigen Zentren Institut für die Wissenschaften vom Menschen (IWM) und Institut für den Donauraum und Mitteleuropa (IDM). Besonders dem IDM hielt Busek zeitlebens die Treue und blieb ihm seit 1995 als Vorstandsvorsitzender eng verbunden.

Als Folge des Vertrags von Maastricht erweiterte sich der Fokus des akademischen Austausches auf ganz Europa. Österreich trat Erasmus bei und 1992 konnte Erhard Busek die ersten österreichischen Studierenden verabschieden, die diese Möglichkeit in Anspruch nahmen. Bis heute ist der Erfolg von Erasmus ungebrochen. Überdies wurde eine Vereinbarung mit dem Europäischen Hochschulinstitut in Florenz abgeschlossen, um schon vor dem EU-Beitritt österreichischen Studierenden ein PhD-Studium an dieser europäischen Einrichtung zu ermöglichen.

Das außenpolitische Engagement des damaligen Wissenschaftsministers forderte aber nicht nur sein Ministerium, er nötigte gleichsam auch die Universitäten, sich nach außen zu öffnen. Internationale Zusammenarbeit als Querschnittsmaterie war zum damaligen Zeitpunkt kein Standard. Studierendenaustausch war keine Domäne der Universitäten, damit beschäftigte sich seit 1961 der ÖAD, der Österreichische Auslandsstudentendienst als Verein der Rektorenkonferenz und der ÖH. Unterstützt vom Wissenschaftsministerium unterhielt der Verein Geschäftsstellen an einigen Universitätsstandorten, war

---

15 Vortrag bei der Schlussveranstaltung des internationalen Schulnetzwerks ‚ABC-Network‘ in Krakau.

aber organisatorisch von den Universitäten getrennt. Ab 1990 setzten hier deutliche zusätzliche Aktivitäten ein. Der ÖAD wurde breiter aufgestellt und die Universitäten mussten Auslandsbüros einrichten. An der Universität Wien wurde damals z. B. – durchaus widerwillig – gerade einmal eine Halbzeitstelle geschaffen. Mittlerweile sind International Offices ein wichtiger Bestandteil der internationalen Zusammenarbeit an allen Hochschulen.

Erhard Buseks Initiativen und Erfolge im Wissenschaftsministerium müssen auch im Kontext seines gesamten politischen Engagements gesehen werden. Mit seiner Wahl zum Wiener Landesparteiobmann 1976 versuchte Erhard Busek eine „andere Art von Politik"[16] auf kommunalpolitischer Ebene umzusetzen und auch selbst vorzuleben. Er entwickelte mit großer Detailliebe Projekte für Stadterneuerung und -erweiterung, sprach aktiv Umwelt- und Verkehrsprobleme an. Dabei ging es ihm in vielen Belangen um die Überwindung von Grenzen und Provinzialität: Grätzelpolitik – ja, gerne und mit Leidenschaft, aber kosmopolitisch und offen. Generell war die Erstarrung ein Feindbegriff für Erhard Busek. Politische Erstarrung und kulturelle Erstarrung mussten beseitigt werden, um Neues zu schaffen – und das auch im Bereich von Wissenschaft und Forschung. Als Ende der 1980er-Jahre der Beitritt zur EU – damals noch EG – zum heißen Thema wurde, war es Erhard Busek, der darauf hinwies, dass das natürlich anzustreben sei, aber damit nicht genug: Auch auf die östlichen Nachbarn müsse man zugehen, ihnen ermöglichen, ihre Freiheitsrechte wiederzuerlangen. Das war wohlgemerkt noch vor 1989 und wurde nicht von allen verstanden, sowohl von politischen Mitbewerbern als auch von manchen Weggefährten. Das mag damals auch daran gelegen haben, dass man den Status der Neutralität der Republik Österreich als allzu bequem empfand und damit galt: Zu viele neue Forderungen überfordern.

Aus Wien brachte Erhard Busek nicht nur viel politische Erfahrung in das Ministerium mit, sondern auch den promovierten Historiker Peter Mahringer, der für ihn als Kabinettschef wirkte. Er stellte ein großartiges Bindeglied zu den Stakeholdern des Wissenschaftsbereiches und den Bediensteten des Ministeriums dar, konnte Vieles von dem übersetzen, was dem Apparat des Ministeriums manchmal zu schnell ging. Wobei die Zusammenarbeit des Ministeriums mit dem Minister eine besondere Qualität hatte. Erhard Busek und sein (kleines) Team im Ministerbüro arbeiteten mit dem Ministerium und nicht gegen das Ministerium. Er hat in besonderem Maße den

---

16   Essay von Erhard Busek in: Die Furche, 05.03.1981.

Sachverstand im Ministerium geschätzt und für Unterstützung für seine Initiativen geworben. Auch wenn ihm große Geduld nicht vergönnt war, war es ihm wichtig, die zentralen Akteurinnen und Akteure in den Sektionen und Abteilungen für die neuen Entwicklungen zu gewinnen – ging es doch bei der Reform des Organisations- und Studienrechts um klare Kompetenz- und damit Machtverluste der Bediensteten des Ministeriums. Nahezu alle Verhandlungen zu den politischen Ausgestaltungen erfolgten unter Mitwirkung bzw. in Anwesenheit der zuständigen Beamtinnen und Beamten und stellten so große Transparenz sicher. Großen Wert hat er auf die Anwesenheit jener Beamtinnen und Beamten gelegt, die tatsächlich an den Themen gearbeitet haben – und so konnte auch der Autor als junger Beamter an den Verhandlungen teilnehmen, da er an den betreffenden legistischen Texten arbeitete. Damit konnte eine legistische Qualität erreicht werden, wie sie heute eher selten möglich ist.

Auch wenn das BMWF seit 1970 ein eigenständiges Ministerium war, so blieb es doch noch bis Erhard Busek eng mit dem Unterrichtsministerium verbunden. So wurde die gesamte Personal- und Raumverwaltung noch durch das Unterrichtsministerium wahrgenommen, zwar unterstützt durch Doppelzuteilungen, aber im Stellenplan war das Präsidium ausschließlich im Unterrichtsministerium verankert. Die Ausgründung eines eigenständigen Präsidiums wurde von Erhard Busek eingeleitet, der damit dem BMWF mehr Kontur gab.

Einen besonderen Hebel erhielten die Aktivitäten Erhard Buseks im BMWF durch seine Wahl zum Bundesparteiobmann im Jahr 1991. Damit im Zusammenhang wirkte er ab 2. Juli 1991 neben seiner Funktion als Wissenschaftsminister als Vizekanzler. Nunmehr bestanden zusätzliche politische und budgetäre Gestaltungsmöglichkeiten. Aus dieser Zeit stammten Initiativen wie die Labormilliarde (in Schilling) zur Sanierung der Laborinfrastruktur an den Universitäten oder eine Vielzahl von Mitteln zur Unterstützung von Studierenden und Forschenden aus Mittelosteuropa. Im Ministerium wurde das als ‚Vizekanzler-Bonus‘ bei den jeweiligen Budgetverhandlungen kommentiert.

So bunt der Strauß an politischen Forderungen war, den er großzügig verteilte, war es auch der Katholik Erhard Busek, der seine eigene Partei an ihre christlich-sozialen Wurzeln erinnerte. Sozialpolitik war ihm ein Anliegen und war für ihn nicht isoliert zu betrachten, sondern musste mitgedacht werden. So hat er in seinen späteren Jahren, als die Fachhochschulen längst etabliert waren, darauf hingewiesen, dass ebenda die soziale Durchmischung weitaus diverser sei als an den Universitäten, mit einem wesentlich höheren Anteil aus Arbeiter(innen)familien und dem bäuerlichen Bereich. Diese Art des Mitdenkens themenübergreifender politischer Aspekte bei Projekten, die sonst gerne hart zwischen Ressorts abgegrenzt werden, waren ein Markenzeichen Erhard Buseks. Das führte auch dazu, dass Diskussionsrunden, zu denen der selbstbezeichnete „begnadete Mundwerker"[17] oft genug einlud, thematisch in unberechenbare Richtungen führten. Das hinterließ manche sehr bereichert, andere leicht irritiert.

Irritiert hat er im Übrigen auch während seiner Zeit als Minister viele seiner Gesprächspartner, wenn er während so manchem Arbeitsgespräch die Post sortierte. Erhard Busek hat tatsächlich jedes Poststück selbst gelesen und der jeweiligen Abteilung des Ministeriums zur Bearbeitung zugeteilt, da er über eine beeindruckende Binnenkenntnis des Ministeriums verfügte und damit auch seinen Gestaltungswillen umsetzte. Und wenn ein Gesprächspartner innehielt, meinte er, ohne den Blick zu heben: „Sprechen Sie ruhig weiter, ich höre Ihnen zu" – und hat das auch immer wieder in der weiteren Gesprächsführung eindrucksvoll unter Beweis gestellt.

Wie schon zu Beginn erwähnt: Erhard Busek war der letzte Bundesminister für Wissenschaft und Forschung. Als er am 29. November 1994 sein Amt an Rudolf Scholten übergab und Bundesminister für Unterricht und kulturelle Angelegenheiten wurde, verlor das Wissenschaftsministerium die Zuständigkeiten für die Museen und erhielt dafür im nunmehrigen Bundesministerium für Wissenschaft, Forschung und Kunst die Kunstagenden einschließlich der Bundestheater. Bei der Nationalratswahl 1994 war Erhard Busek noch Parteiobmann und verhandelte für die ÖVP die Zuständigkeit für die Unterrichtsagenden, also einen Ressortwechsel mit Rudolf Scholten. Jener wollte allerdings die Kompetenz für Kunstförderung und Bundestheater behalten, also konnte Erhard Busek im Abtausch die Museen ‚mitnehmen‘. Damit wurde ein seither andauernder Reigen von fluktuierenden Ministeriumszuständigkeiten begonnen, der leider bis heute nicht mehr zu einem umfassenden Ministerium für Wissenschaft und Forschung geführt hat.

Wenige Tage nach der Amtsübergabe traf der Autor den nunmehrigen Unterrichtsminister Erhard Busek zufällig am Flughafen in Brüssel und fragte ihn: „Herr Minister, warum haben Sie uns denn hergegeben?". Seine Antwort war: „Schauen Sie, die Wissenschaft interessiert ja niemanden in Österreich.

---

17   Franz Fischler über Erhard Busek in: Die Furche, 16.03.2022.

Aber im Bildungsbereich, da können Sie wirklich gestalten." Lange währte diese Gestaltungsmöglichkeit nicht. Am 22. April 1995 verlor er ÖVP-Obmannschaft und Vizekanzleramt an Wolfgang Schüssel, am 4. Mai 1995 übergab er das Ministerium an Elisabeth Gehrer und zog sich aus der aktiven Politik zurück.

Die unbedingte intellektuelle Redlichkeit Erhard Buseks und sein Hang zur Selbstreflexion von Erreichtem und Nicht-Erreichtem zeigte sich exemplarisch an seiner 2010 herausgegebenen Essaysammlung ‚Was haben wir falsch gemacht?'.[18] Hier gab er vielen Weggefährten ein Podium, um zu analysieren, wie man denn Entscheidungsprozesse und Politik verändern müsste, um Krisen und Herausforderungen entschiedener begegnen zu können. Und nicht zuletzt, wie denn die europäische Integration noch erfolgreicher gelaufen wäre, wenn man ihr noch mehr Bedeutung zugebilligt hätte.

„Sich zu erinnern, bedeutet, etwas in die Gegenwart zu holen, mit allen Empfindungen." Diesen Satz schrieb Erhard Busek in seiner Autobiografie ‚Lebensbilder'[19] und es war wohl ‚sein' Mitteleuropa, das Erhard Busek zeit seines Lebens mit allen Erinnerungen nicht losließ und dem er bis zuletzt seine Energie widmete. 2000 und 2001 hatte er die Funktion eines Regierungsbeauftragten für EU-Erweiterungsfragen inne, von 2002 bis 2008 war er als Sonderkoordinator des Stabilitätspakts für Südosteuropa tätig und natürlich Vorsitzender des Instituts für den Donauraum und Mitteleuropa von 1995 bis 2022.

Auch in seiner Zeit als Wissenschaftsminister stellte Erhard Busek jedenfalls unter Beweis, dass er ein Politiker war, der in sich trug, was Max Weber in ‚Politik als Beruf' als zwei wesentliche Qualitäten definierte: Verantwortungsgefühl und sachliche Leidenschaft.

18   Erhard BUSEK (Hg.), *Was haben wir falsch gemacht?* Eine Generation nimmt Stellung (Wien 2010).

19   Ds., *Lebensbilder* (Wien 2014).

Raoul F. Kneucker

Minister Busek –
ein verwaltungswissenschaftliches Porträt[1]

Verwaltungswissenschaftlich? Warum? Vielleicht ungewöhnlich, aber angemessen für einen der wichtigen politischen Köpfe im Dienste der Zweiten österreichischen Republik; unerwartet vielleicht auch für eine Gedächtnisschrift, die zurecht, erwartungsgemäß, Buseks Art und Charakterzüge, seinen Witz, seinen Werdegang, seine stupende Bildung und – vor allem – seine politischen Herausforderungen und Leistungen in den Mittelpunkt stellt und mit ‚bunten Farben‘ und mit breiten Pinselstrichen malt. Zeichnungen sind im Maßstab kleiner, knapper, präziser. Sie können dennoch, wie ich meine, einige der dem bunten Bild zugrundliegenden Elemente der Persönlichkeit Buseks deutlicher als die breiten Pinselstriche bezeichnen. Nicht vergessen werden sollten nämlich sein verwaltungswissenschaftlich geschultes Verständnis für Organisation, Bürokratie, Institutionen, seine Kenntnisse der Geschichte und der Strukturen der mitteleuropäischen öffentlichen Verwaltungen, sein Geschick, ‚gute Leute‘ über Parteigrenzen hinweg zu finden und zu versammeln, seine Art zu führen, seine ständige Sorge um das intellektuelle Niveau im Allgemeinen und die Entwicklung seiner Mitarbeiter im Besonderen. Nicht vergessen werden sollten vor allem auch seine Bemühungen und sein Verdienst, ein neues Wissensmanagement in den Ministerien, die er führte, aufzubauen und zu sichern. Und an diese kleineren und größeren Verwaltungsverbesserungen im Dienste der Politik ist zu erinnern, dafür bedarf es allerdings einer anderen, eben ungewöhnlichen, verwaltungswissenschaftlichen Sicht auf Erhard Busek.

1. Das Ministerium von innen

Vor dem Amtsantritt studierte der Viel- und Schnellleser Busek die Geschäftseinteilung und die Personalausstattung des Wissenschaftsministeriums; er

---

1   Mein Beitrag ist, methodologisch gesehen, ein Augenzeugenbericht: Ich wirkte als Berater in den Think Tanks Buseks mit und war ab 1990 sein Mitarbeiter im Wissenschaftsministerium als Leiter einer neuen Sektion, die auf Bundesebene die Agenden wissenschaftliche Forschung, internationale wissenschaftliche Beziehungen und Organisationen, vorrangig die europäische Integration der österreichischen grundlagenorientierten und angewandten Forschung in die europäischen Programme betreute. Der Bericht, einschließlich der persönlichen Anekdoten, stützt sich daher auf meine Wahrnehmungen, Beobachtungen und Einschätzungen.

verschaffte sich genaue Personalkenntnisse, er fragte nach den ‚guten‘, d. h. intellektuell interessanten Leuten, er fragte die in den Stäben vorhandenen Fremdsprachkenntnisse ab, insbesondere in Hinblick auf die Mittel- und Osteuropapolitik, die er einleitete. Mit den sogenannten ‚linken‘ Intellektuellen suchte er sofort Kontakt; zahlreiche Memos und Akteneintragungen belegen inhaltliche politische Diskussionen, ohne die Hierarchie ins Spiel zu bringen. Er ermunterte sie zu Äußerungen und Veröffentlichungen. Dass er mit Professoren, Rektoren und Dekanen Positionskämpfe ausfocht, wird kaum überraschen. Er ließ überhaupt nur ungern Anlässe aus, zu prinzipiellen Fragen Stellungnahmen abzugeben – direkt und persönlich, über Presseäußerungen oder in einer laufenden Publizistik in Medien. Er war bekannt für spitze und scharfe Bemerkungen. Unvergesslich eine Episode im Nationalrat, als eine der oppositionellen Fraktionen einen Tagesordnungspunkt für eine andere Angelegenheit als die bezeichnete benützen wollte und ihr oppositionelles Lieblingsthema traktierte. Er meldete sich von der Ministerbank zu Wort mit einer Erinnerung an seinen gymnasialen Naturkundeunterricht über den Elefanten und meinte: „Der Elefant hat einen Rüssel, und der Rüssel sieht aus wie ein Wurm und die Würmer werden in drei Kategorien eingeteilt, und weiter ging es mit den Lieblingswürmern des Lehrers." Das Stenographische Protokoll vermerkte „Heiterkeit".

Aufregend für alle Beamte war Buseks Gang durch das Ministerium in den ersten Tagen der Ministerschaft: Unangemeldet trat er in jedes Zimmer für ein kurzes Gespräch über die Arbeit und ihre Probleme. Legendär wurde im Bildungsministerium sein Besuch beim damaligen Abteilungsleiter des Kultusamtes; denn die Aktenstöße, auch die unerledigten Dossiers, versperrten schon den Eintritt in das Zimmer. Das Gespräch musste im Türrahmen stattfinden. Es gab Anlass zu Veränderungen.

Schnell wurde allen klar, dass der neue Minister mit hoher Geschwindigkeit agierte. Ihn in Sitzungen zu langweilen, war verpönt, manchmal tödlich. Apropos Sitzungen: Die Mitarbeiter gewöhnten sich rasch, die auswärtigen Besucher sahen darin eine Missachtung ihrer Anliegen, wenn der Minister Routineakten während des Besuches unterschrieb. Er hörte jedoch alles, behielt alles. Sein Gedächtnis war gefürchtet. Er überraschte oft und gerne mit der Frage, wie denn der Stand in dieser oder jener unerledigten Sache sei, und warum. Eine bestmögliche Vorbereitung auf Sitzungen war daher sehr ‚zweckmäßig‘, Lösungsvorschläge für Erledigungen waren gefordert. Er wollte, wie im historischen Usus des ‚Ministervortrages‘ vor 1918, geordnete Ausführungen und argumentierte Vorschläge der Teilnehmer und Teilnehmerinnen. Sitzungen waren eben für die Arbeit zu nützen. Verboten war es, unter Hinweis auf Praxis, Tradition oder Vorschriften festzustellen, „das ginge nicht"; erlaubt war festzustellen, wie eine Lösung gefunden werden könnte.

Der Minister Busek hielt seine Kabinette klein. Sein Kabinettchef war de facto Präsidialchef und Generalsekretär. Einen Generalsekretär zu berufen oder zu installieren, wurde mehrfach beraten, aber nie entschieden. Er arbeitete eng mit der Linienorganisation zusammen, daher mit den Sektionschefs, die er, wenn nötig, auch mit seiner Vertretung beauftragte. Im Kabinett waren Persönlichkeiten versammelt, die jeden Besuch, gleich ob Staatsbesuche, politische Besuche, Beamte, spezifisch richtig, protokollgemäß korrekt empfangen und unterhalten konnten, ja, die selbst repräsentieren konnten, die inhaltlich Bescheid wussten und jede Zeitlücke vornehm ‚ministeriell‘ überbrückten. In seinem Kabinett wurde das Gerangel ‚im Dienst um den Minister‘ vermieden, Konkurrenz- und Intrigengeflechte entwirrt und entschärft, die Beziehungen zur Linie intakt gestaltet.[2]

Nicht nur leitende Beamte sollten übrigens Zugang zum Minister haben und nützen; der Zugang blieb auch tatsächlich für alle immer offen – abgesehen von spontanen ‚Gangunterhaltungen‘. Der Minister kümmerte sich um Mitarbeiter, sprach sie an, wenn ihm Krankheiten oder persönliche Probleme bekannt waren. Er wollte erreichen, dass die Mitarbeiter stolz auf ‚ihr Haus‘ und ihren Minister sein können, – und nicht nur, dass die Öffentlichkeit mit dem Ministerium zufrieden sein solle. Ersteres gelang zu einem guten Teil. An Ordensverleihungen nahm er als Minister regelmäßig persönlich teil. Sie waren für ihn ein Mittel der Anerkennung und Belohnung, vor allem auch von Mitarbeitern für deren besondere Verdienste, und da hätte, seiner Meinung nach, der Minister als Repräsentant der Republik eben auch selbst anwesend zu sein, um die Belobigung vor allen, gerade auch vor den Familienmitgliedern der Ausgezeichneten, zu bekräftigen.

2. Das Ministerium nach außen

Erhard Busek stand als Politiker, sicherlich auch als Parteimann, für Grundsatzfragen der europäischen Gesellschaften, für Grundsatzfragen der Ökumene, Kunst, Bildung, der Wissenschaft und industriellen Innovation. Zu solchen Themen sprach er offen, weltoffen, unverblümt, gefragt oder ungefragt. Er war ein Wissenschaftsminister, der wissensbasierte Stellungnahmen

---

2   Zum ‚Dienst um die Minister‘, zu Kabinetten und Generalsekretären s. Raoul KNEUCKER. *Bürokratische Demokratie, demokratische Bürokratie* – Ein Kommentar zu Struktur, Gestalt und System der Bürokratie in Europa (Wien/Köln/Weimar 2020), S. 258-275; zu Fragen des Wissensmanagements S. 111-122.

zur europäischen Politik und zur Wissenschaftspolitik schrieb und regelmäßig veröffentlichte Er betrachtete *das Wissenschaftsministerium als einen Ort für europäische Politik* unter seiner Führung. Freilich sollte jedes Ministerium die ihm spezifische europäische Agenda bearbeiten und verwirklichen, so sein Credo. Über zehn Bücher aus seiner Feder liegen vor zu Europa und zur Entwicklung der Demokratie in Europa, die als Belege der österreichischen öffentlichen Debatte zu diesen Themen nicht mehr wegzudenken sind, z. T. historische Dokumente dieser Debatte darstellen. Drei Ehrendoktorate, der Universität Czernowitz, der Universität Pressburg/Bratislava und der Montanuniversität Krakau, bezeugen die akademische Wertschätzung Buseks in Europa.

Die *großen politischen Herausforderungen seiner Ministerschaft* lagen im Einzelnen:
- in der ‚Wende‘, der ‚Samtenen Revolution‘ in Mittel- und Osteuropa um 1990,
- in der europäischen Einigung, in der Sorge um den österreichischen Beitritt zur EU,
- in der veränderten Sicht auf die Weiterführung der laufenden Hochschulreform.

In diesen drei politischen Feldern liegen seine bleibenden Beiträge und Leistungen als Bundesminister. Erhard Busek war übrigens selbst, also persönlich als politischer Mensch, von diesen Themen her bestimmt und von der europäischen Einigungspolitik geprägt.

3. Ein neues Wissensmanagement für das Ministerium

Erhard Busek trat sein Ministeramt wohlvorbereitet an. Die Vorbereitungen für den Fall der Betrauung mit dem Amt hatten nämlich, sowohl allgemein als auch ressortpolitisch, auf Grund seiner eigenen politischen Interessen und Anliegen, auch auf Grund seiner parteipolitischen Aufgaben in diesen politischen Feldern, schon vorher eingesetzt. Sie unterstützten dann seine Bemühungen um ein geeignetes Wissensmanagement im Ressort.

Wissensbasierte Regierungsentscheidungen, *Good Government* und *Governance durch Wissen*, erfordern *Governance von Wissen*; sie sind von spezifisch geeigneten Strukturen der laufenden, rechtzeitigen, grosso modo sachlich ausreichenden Wissensbeschaffung abhängig. Wissensmanagement entsteht durchaus auch ‚naturwüchsig‘, wie gerade die Bedürfnisse der Wissensbeschaffung eben liegen mögen und sich entwickeln; in komplexen Lagen der Politik, insbesondere im Mehrebenensystem der EU, ist Wissensmanagement jedoch bewusst zu gestalten. Es empfiehlt sich eine systemische Orientierung, eine stringente koordinierte Vorgangsweise der einzelnen Organisationseinheiten.

Es ist zu allererst die interne Expertise der Organisation zu nützen, in einem Ministerium die Akten, der Elektronische Akt im Besonderen, das Archiv und die Registratur, insbesondere das Wissen in den Köpfen der Beamten. Das sind Instrumente, die pfleglich behandelt werden sollten (oft aber vernachlässigt werden). Die Expertise der öffentlichen Verwaltung bildet im Wissensmanagement der gesamten Regierung und des Parlaments überhaupt eine Säule – von vier Säulen – in der Wissensbeschaffung und Politikberatung. Auf einer zweiten Stufe bedarf es je nach Lage der Dinge der Verwendung von externen Experten, deren Auswahl, sollte Wissensmanagement nicht mit Lobbying oder Formen der Partizipation verwechselt werden, selbst wieder eine wissensbasierte Tätigkeit darstellt. In einer dritten Stufe geht es um die Abstimmung der internen und externen Expertisen, der Berücksichtigung der internen Expertisen der anderen Ministerien und staatlichen Einrichtungen. Es muss sowohl eine Strukturierung der Fragestellung in den einzelnen politischen Herausforderungen gelingen als auch eine Entwicklung hin zu ‚guten' Lösungen. Vertreter der drei anderen Säulen, nämlich die Vertreter der Wirtschaft, der Zivilgesellschaft und vor allem der Wissenschaft haben das Ihre beizutragen, – nicht immer zu gleichen Teilen, aber dennoch begriffen als eine, als eine gemeinsame Aufgabe der Beratung von Politik. Essenziell für ein effektives Wissensmanagement ist es sogar, Widersprüche der Expertenaussagen und -vorschläge nicht zu beklagen oder gar von der politischen Führung entscheiden zu lassen, sondern in Gegenwart aller Experten *vor* der und mit der politischen Führung und in Kenntnis deren politischen Fragestellungen und Pläne als ‚natürliche' Konflikte über Zugänge, Sichtweisen, Methoden und Ergebnisse auszutragen und zu klären und zu erledigen. In Buseks Gremien zur Wissensbeschaffung waren stets Vertreter der vier Säulen eingeladen mitzuwirken.

Zum Wissensmanagement unter dem Minister Busek gehörte es, seine vielfältigen persönlichen Kontakte zu Politikern in den anderen europäischen Ländern zu nützen. (Er meinte übrigens, dass in der Pflege der persönlichen politischen Kontakte zu den Ministerkollegen im Ausland eine allgemeine Verpflichtung der politischen Führungen liege.) Mit diesen Kontakten entwickelte er und seine internen Berater die Politik der Hilfestellungen für die mittel- und osteuropäischen Nachbarn nach der ‚Wende' um 1990. Für diese Länder, d. h. für deren späteren europäischen Integrationsprozess, waren die bilateralen Maßnahmen bereits eine Basis für die, eine Vorbereitung auf die Beitrittsverhandlungen; denn über Wissenschaftspolitik wurde Integrationspolitik bewusstgemacht und mitgestaltet. Alle Wissenschaftsminister der Nachbarstaaten waren zu Gast am Minoritenplatz und nahmen an Kooperationsberatungen persönlich teil. Gemeinsame Forschungsprojekte und -prozesse wurden angeregt und mit ministerieller Zustimmung und

Zusage unverzüglich eingeleitet, vor allem zwischen einzelnen Universitäten und insbesondere für wissenschaftliche Disziplinen, die in den kommunistischen Regimen verpönt oder unterdrückt oder unerwünscht gewesen waren – wie etwa einige Disziplinen der Sozialwissenschaften. Der Fall des ‚Eisernen Vorhangs' ermöglichte entlang der Nord-Süd-Grenze der mittel- und osteuropäischen Staaten wissenschaftliche Forschungen an lange Zeit chemisch nicht behandelten Böden und deren Verwendung als Referenzböden für biologische und agrarische Untersuchungen: ‚Todesstreifen', zukunftsorientiert wissenschaftlich genutzt! Professoren pendelten z. B. von Wien nach Pressburg/Bratislava oder von Graz nach Slowenien, um Fächer zu supplieren oder wieder neu aufzubauen. ‚Gemeinsame Hörsäle' zwischen den Universitäten Marburg/Maribor und Graz wurden geschaffen, Shuttlebusse für Studierende standen zur Verfügung Die übliche Universitätsbürokratie wurde zeitweise ausgesetzt. Für Experten aus Bulgarien, Albanien, der Slowakei und Tschechien wurden Studienaufenthalte in österreichischen Forschungseinrichtungen, in Forschungsförderungsorganisationen und im Ministerium selbst ermöglicht. In Kroatien arbeitete mit Blick auf eine Neuorientierung staatlicher Forschungsgremien und eines Antrages an die Weltbank zur Entwicklung des kroatischen Wissenschaftssystems ein österreichischer Spitzenbeamter mit. Die Zweckmäßigkeit oder die Zielerfüllungskapazität der einzelnen Hilfsmaßnahmen wurde durch Besuche vor Ort regelmäßig überprüft. So wurden z. B. nach einem Besuch für die Universität Pristina nicht unspezifisch ‚Computer', sondern eine entsprechende Anzahl von Modems angeschafft, weil festgestellt wurde, dass gerade diese Geräte fehlten, um die Funktionsfähigkeit innerhalb des elektronischen Systems des Landes herzustellen, zumal dessen Infrastruktur noch nicht an europäische Standards angepasst werden konnte.

Einen besonderen Fall bilateraler Forschungskooperationen – auch für das ministerielle Wissensmanagement – bildete Israel. Es gab in biomedizinischen und geschichtswissenschaftlichen Projekten geradezu symbiontische Kooperationen zwischen österreichischen und israelischen Gruppen (z.B. in der Altersforschung oder bei der Edition der Akten der diplomatischen Beziehungen zwischen beiden Ländern seit der Habsburgermonarchie); diese Zusammenarbeit galt es, auszubauen und u. U. auf andere Fächer zu erweitern. Spezielle Erhebungen waren dafür erforderlich. ‚Wissenschaftskooperation' wurde aber zugleich als ein Konzept zur Bewältigung der durch die so genannte ‚Waldheim-Affäre' empfindlich gestörten diplomatischen Beziehungen Österreichs zu Israel seit 1986 angesehen und nach diplomatischer Abstimmung durch die Außenministerien von den beiden zuständigen Ministerien umgesetzt. Die Bemühungen begannen mit der Verstärkung der Tätigkeit und der Koordination untereinander der (auch ministeriell geförderten) Arbeiten der ‚Freundesgesellschaften' in Österreich, die das Weizmann-Institut und alle ‚großen' israelischen Universitäten unterstützen. Hervorzuheben sind die besonders erfolgreichen Anstrengungen der Freundesgesellschaften für das Weizmann-Institut und die Hebräische Universität in Jerusalem. Mit der Hilfe der Freundesgesellschaft für die Hebräische Universität wurde der ‚Kardinal König Lehrstuhl' zum Austausch von Lehrenden und Studierenden geschaffen, vom Namensträger in Jerusalem persönlich eröffnet. Regierungsseitig abgestimmt folgte dann die ‚Orchestrierung' weiterer offizieller Besuche innerhalb kurzer Zeit: erstens, nach dem Abschluss der Verhandlungen zweier Wissenschaftsvereinbarungen auf der Ebene des Fonds zur Förderung der wissenschaftlichen Forschung (FWF) und des Wissenschaftsministeriums selbst, besuchte Erhard Busek Israel als Wissenschaftsminister und Vizekanzler. Ihm folgte Bundeskanzler Franz Vranitzky, dessen Auftritt und dessen Aussagen zuvor im österreichischen Nationalrat und dann in Israel, auf Mount Scopus und vor der Knesset, zur österreichischen Mitverantwortung am Holocaust weltweit Aufsehen erregte, und schließlich folgte abschließend und eine neue Ära bestätigend der Staatsbesuch des Bundespräsidenten Thomas Klestil.

Erhard Busek berief kleine, schlagfertige Think Tanks für einzelne politische Aufgabenstellungen. Nur wenige Minister nutzten dieses Instrument. Vor seinem Amtsantritt versammelte er bereits ein strategisches Gremium zu Fragen der Fortführung der Hochschulreform, zunächst informell, dann im Rahmen des Bundesministeriums. Die Aufgabenstellung wurde bald erweitert zur Strategiebildung für das gesamte Feld Universitäten und Fachhochschulen; ähnlich dann auch für die Entwicklung der Forschungspolitik, vor allem in Zusammenhang mit der Organisation der Beteiligung österreichischer universitärer und außeruniversitärer Forschergruppen an den EU-Forschungs- und Technologieprogrammen. Der Blick war auf das Ziel gerichtet, Forschungsmittel aus den Programmen für österreichische Gruppen zurückzugewinnen. Eine neue, spezielle Organisation, das Büro für Internationale Forschungs- und Technologiekooperation (BIT), wurde in zwei Schritten aufgebaut. Es begann die Betreuungsarbeit und wirkte sofort erfolgreich; denn es gelang schon nach kurzer Zeit, signifikante Forschungsmittel aus den EU-Programmen zu lukrieren – sogar über pari zum fiktiv geleisteten österreichischen Beitrag an die EU für deren Forschungsbudgets.[3]

---

3 Zu diesen strategischen Entwicklungen im Wissenschaftsministerium s. Erhard BUSEK, *Raoul Kneucker – ein Mensch der Treue* – Ein Leben für Europa in der Wissenschaft. In: Gertraud DIEM-WILLE et al. (Hg.), *Europa, Demokratie, Ökumene, Kultur* – Festschrift für Raoul Kneucker zum 80. Geburtstag (Wien/Köln/Weimar 2018), S. 171-182, hier S. 172-175.

Die österreichischen Forscher, auch die Forschergruppen in der österreichischen Industrie genauso wie die am Forschungsgeschehen beteiligten Bundesministerien, mussten die Mitarbeit ‚in Brüssel‘ und die komplizierten Antragstellungen und Begutachtungen erst ‚lernen‘. Die Zusammenarbeit mit den niederländischen Kollegen war dafür überaus lehrreich und hilfreich. Erste europäische Allianzen für Forschungspolitik entstanden. Es war Erhard Busek, der rund um 1990 sowohl mit der Neustrukturierung der Forschungsangelegenheiten des Wissenschaftsministeriums und der Berufung eines Leiters im Sektionsrang die Vorbereitung auf die damals schon erkennbaren Schritte und Maßnahmen der Integration in die europäischen Programme einleitete und dafür erste organisatorische Grundlagen legte; denn Buseks Sorge galt dem Erfolg österreichischer Forschergruppen in den europäischen Programmen. Er verhandelte für die Zeit vor dem Beitritt seit 1991 Vorausunterstützungen mit der Europäischen Kommission – ein Sondermodell, ohne die anderen EG-Mitglieder einzubeziehen – für den Kandidaten Österreich zu etablieren, gelang freilich nicht.[4] Es bedurfte im Ministerium einer Aufgabenreform durch eine Teilung in wissenschaftliche und angewandte wissenschaftliche Forschungs- und Förderungsagenden, der Unterscheidung in nationale und europäische Aktivitäten, vor allem aber der Gestaltung einer aktiven Mitarbeit in den einschlägigen Gremien der EU und in den anderen internationalen Wissenschaftsorganisationen wie insbesondere der UNESCO, der OECD, der ESA, ESO oder des EUMETSAT. Aufmerksamkeit war auch den non-gouvernementalen Wissenschaftsvereinbarungen und Wissenschaftsorganisationen (z. B. in der Medizin und Biologie) zu widmen, die u. U. für die österreichische Gesetzgebung relevant werden konnten (aber leider nicht Anlässe zu Reformen bildeten).

Erhard Busek war lange Zeit der einzige Minister – soweit ich sehen kann –, der – abgesehen von direkten Kontakten zu einzelnen Wissenschaftlern und Wissenschaftlerinnen oder ad hoc berufenen Beratergremien – einen veritablen ‚Salon‘ zu wichtigen Gegenwartsfragen unterhielt und lange Zeit führte. Bedeutende Gäste aus der globalen Wissenschaft, Politik, Kunst, aktuell interessante europäische Intellektuelle, waren die Impulsgeber für Diskussionen, an denen ihre österreichischen Pendants oder die persönlichen Berater

---

4 Das war in einem bescheidenen Ausmaß möglich. Zu dieser Entwicklung s. Raoul KNEU-CKER, *Wissenschaft, Forschung und Technologie* – Auswirkungen des EWR-Vertrages. In: Michael GEHLER/Rolf STEININGER (Hg.), *Österreich und die europäische Integration seit 1945* – Aspekte einer wechselvollen Beziehung, 2. Aufl. (Wien/Köln/Weimar 2014), S. 505-530.

und Freunde (nicht nur aus den Medien) teilnahmen und Pläne schmiedeten und Aktionen begannen. So ungefähr muss der Zuckerkandl'sche Salon um 1900 funktioniert haben – Erhard und Helga Busek als ,Frau Zuckerkandl', sehr erfolgreich! Zu dieser Zeit gab es übrigens keine Plattform in Wien, zu der Gäste dieses Ranges ,privat' eingeladen werden und die in Österreich passenden Persönlichkeiten kennenlernen und sprechen konnten. Es fehlt(e) ein ,Press Club' wie in New York, es war die Einladung, vor dem Parlament zu sprechen, in Österreich keine politische Praxis wie in den USA, in Israel oder in Deutschland. Ausnahmen (wie z. B. vor der ,Außenpolitischen Gesellschaft' in der Zeit der Führung von Wolfgang Schüssel zu sprechen) bestätigen die Regel.

Think Tanks, die ohne großes mediales Aufsehen zu erregen in geschützter Atmosphäre arbeiten und beraten konnten, und der stets spannende, oft unterhaltsame ,Salon Busek' in der Wohllebengasse, Wien-Wieden, waren die Stützen des Wissensmanagements des Ministers Erhard Busek, weitergegeben und genützt im institutionellen Rahmen des Ministeriums.

Erhard Busek war ein Wissenschaftsminister im eigentlichen Sinn des Wortes. In der englischen Politik würde er wohl mit dem Wort ,in the true sense of he word' bezeichnet worden sein; denn selbst wissenschaftlich tätig, war er für Österreich vor allem ein Anreger, Aufreger, Förderer für Wissenschaftler und Forscherinnen, ein ,Mehrer des Reiches' Wissenschaft.

Rudolf Schicker

Erhard Busek –
unermüdlich für die Europäische Integration

Politisch interessierten Menschen meiner Generation ist Erhard Busek zu
Mitte der 1970er-Jahre erstmals als eine der beiden „Knackwürste mit Brille"
(Zitat Busek) bekannt geworden. Josef Taus hatte Erhard Busek damals als
Generalsekretär der ÖVP installiert. Doch der Ausnahme-Bundeskanzler
Bruno Kreisky war damals für das neue ÖVP-Team zu übermächtig.

Busek folgte dem Ruf in die Wiener Stadtpolitik. In seiner Heimatstadt
konnte er gemeinsam mit Jörg Mauthe und vielen anderen ‚bunten Vögeln'
die Wiener Volkspartei als attraktive Stadtpartei als Alternative zur ergrauten
SPÖ positionieren. Das Füllhorn an Visionen und konkreten Ideen für die
Stadt veränderten Wien. Erstmals seit einiger Zeit wurde ein schwarzer Vize-
bürgermeister gewählt und mit Helmut Zilk auch ein Bürgermeister seitens
der SPÖ zur Wahl gestellt, der die Vorschläge der ‚bunten Vögel' in seine
Stadtpolitik integrierte. Die weniger innnovationsfreundlichen Teile der
ÖVP-Wien zahlten dies Erhard Busek durch seine Verabschiedung aus dem
Wiener Parteivorsitz heim.

Schon während seiner Tätigkeit als Wiener Stadtpolitiker, noch zu Zeiten
des Eisernen Vorhangs, hat Busek seine Fühler über diese Demarkationslinie
in Europa ausgestreckt. Sein katholischer Hintergrund erleichterte ihm die
Kontakte vor allem in Polen zu Lech Wałęsa und anderen Oppositionellen.
Seine Reisen und Kontakte beschränkten sich aber nicht auf Polen, sondern
führten auch nach Ungarn, ins damalige Jugoslawien, in die Ukraine usw. Das
‚Mitteleuropa'-Konzept von Busek beruhte darauf, diesen Raum nicht abzu-
schreiben, sondern die Demokratiebewegungen in den kommunistischen
Ländern Mittel- und Osteuropas zu unterstützen. Er war mit den Worten
von Karel Schwarzenberg „damals der einzige Politiker, dem bewusst war, dass
Österreich Nachbarn nicht nur im Westen, sondern auch im Osten" hatte.

Nach seinem Eintritt in die Bundesregierung – im Jahr des Falls des Eisernen
Vorhangs – und als Vizekanzler der Republik wurde er nicht müde diese, seine
Überlegungen zu Mitteleuropa zu präzisieren, zu publizieren und in Vorträ-
gen an eine breitere Öffentlichkeit zu bringen. Ich erinnere mich an einen
Vortrag im damals noch neuen Austria Center. Mit gemischten Gefühlen ging

ich zu diesem Vortrag, weil ich erwartete, dass – nach dem Fall des Eisernen Vorhangs – ein Konservativer nostalgische Gefühle für die Monarchie hochkommen lassen würde. Doch ganz im Gegenteil – Erhard Busek präsentierte keine Monarchie-Nostalgie, sondern ein klares politisches Konzept: „Mitteleuropa ist für Österreich ein unausweichliches Schicksal, die Frage ist nur, ob man es über sich ergehen lassen oder es gestalten will",[1] wie Busek auch in dem 1997 erschienenen Buch ,Mitteleuropa' darlegte.

Damit kam er den Vorstellungen vieler in der Wiener Stadtregierung auch nahe. Die Rolle Wiens in diesem Mitteleuropa konnte keine der Haupt-, Reichs- und Residenzstadt von vor 1918 sein, sondern musste gegenüber den Städten und Regionen in Mittel- und Osteuropa als gleichrangiger Partner gegenübertreten. Die Stadt sollte beraten, Entwicklungspfade aufzeigen und auf mögliche Fehlentwicklung im kapitalistischen Wirtschaftssystem hinweisen, Ratschläge geben, wie mit Wohnen, Verkehr, Stadtsanierung und Good Governance in den Städten und Regionen agiert werden könne. Wien stand es jedenfalls nicht an auf die zu Recht untergegangene Monarchie zu referenzieren. Busek war – durch seine Erfahrung in der Kommunalpolitik – in diesen Fragen über die Parteigrenzen hinweg ein wichtiger Partner.

Seine Rolle als Wissenschaftsminister nutzte Erhard Busek auch dafür, die Kooperation der Universitäten über die seinerzeitigen Systemgrenzen zu fördern und zu stimulieren. Und wie in allen anderen Fragen der Zusammenarbeit in diesem Raum stand die Kooperation auf Augenhöhe zur Überwindung kommunistischer Strukturen im Vordergrund. Forschung und Lehre sollten – so rasch dies möglich war – mit den Gegebenheiten im Kapitalismus vertraut gemacht werden und das Beste aus der neuen Situation machen können.

In dieser Zeit der Integration Österreichs in die Europäische Union war diese offene und vorausschauende Sicht auf die Staaten in Mittel- und Osteuropa nicht unbedingt populär, weil ja auch die Integration in die EU kontroversiell gesehen wurde und die österreichische Verwaltung und Legislative in Trab hielt. Zudem hatten die Kriege in Jugoslawien Fluchtbewegungen ausgelöst und Österreich vor Augen geführt, wie stark dieses Land in Mitteleuropa involviert ist. Man musste sich wohl oder übel damit auseinandersetzen. Busek stand – zu Recht – auf der Seite des ,wohl'.

Möglicherweise hat diese wohlwollende Position Buseks auch zu seiner Abberufung als ÖVP-Parteivorsitzender beigetragen. Die von den Staaten östlich und südöstlich von Österreich angestrebte rasche Integration in die EU

---

1   Zit. nach Hans RAUSCHER, *Die ,Ostpolitik' des Erhard Busek*. In: Der Standard, 14.03.2022.

konnte von ihm daher nicht mehr aktiv als Regierungsmitglied unterstützt werden. Hingegen bot sich ihm die Chance als Vorsitzender des Instituts für den Donauraum und Mitteleuropa (IDM) ab 1995 im Rahmen der Zivilgesellschaft unter Nutzung seiner vielfältigen Kontakte seine Mitteleuropapolitik weiter zu betreiben.

Das Kooperationsfeld des IDM erstreckt sich vom Baltikum über die Schwarzmeerregion und die Donauregion bis zur Adria. Die Gemeinsamkeiten in einer so großen Region sind leicht aufgezählt, die Differenzen sowie unterschiedlichen Entwicklungsgeschwindigkeiten und -chancen auch, wie sich gerade dramatisch zeigt. Die Unterschiede bestehen nicht nur geografisch, sondern vor allem politisch und im Verhältnis der Nachbarn zueinander, in der Mitgliedschaft bei der NATO und in der EU oder eben nicht. Die Gemeinsamkeiten sind die Notwendigkeit der Überwindung eines zerfallenen Wirtschafts- und Politsystems und die Notwendigkeit der Schaffung demokratischer Strukturen sowie die Etablierung von Good Governance.

Zu Beginn seiner Tätigkeit als Vorsitzender des IDM ging es Erhard Busek vor allem um die Wiederherstellung der Gesprächsbasis auf dem Balkan nach den verheerenden Kriegen. Parallel zum IDM-Vorsitz übernahm er 1996 den Vorsitz in der South East European Cooperative Initiative (SECI). SECI ist eine Kooperation unter dem Schutzschirm der OSZE zur wirtschaftlichen und politischen Stabilisierung der Region. Grenzüberschreitende Zusammenarbeit auf unterschiedlichen Themenfeldern wie z. B. der Infrastruktur soll die friedliche Entwicklung der geopolitisch so wichtigen Region unterstützen. Damit hatte Erhard Busek auch die Möglichkeit seine Vorstellungen praktisch in Bewegung zu bringen. Viele seiner Kontakte verfolgten das Ziel, über die Grenzen hinweg zivilgesellschaftliche Kooperationen herzustellen, den Austausch von Meinungen zu ermöglichen und schon allein dadurch das Verständnis von Menschen nunmehr unterschiedlicher Nationalität wiederherzustellen. Universität und Wissenschaft, Kultur und Kunst waren für ihn die geeigneten Hebel dazu.

In Ergänzung zu seiner Präsidentschaft im IDM übernahm er den Vorsitz im Stabilitätspakt für Südosteuropa in den Jahren 2002, bis dieser 2008 in den Regional Cooperation Council (RCC) übergeführt wurde. Auch diese Organisationen hatten den Zweck, Kooperation über die Grenzen hinweg zu stimulieren.

Die Beitrittsbestrebungen der Staaten der Großregion zur Europäischen Union hat das IDM von Beginn an unterstützt. Die Absicherung von Demokratie, Rechtsstaat und Frieden standen dabei im Vordergrund, wenn auch die wirtschaftliche Prosperität noch nicht so weit fortgeschritten sein sollte. Die vollwertige Teilhabe am gemeinsamen Europa, so rasch dies nur möglich wäre, hat Erhard Busek zuletzt auch im Büchlein ‚Balkan nach Europa – sofort!‘[2] gemeinsam mit dem Geschäftsführer des IDM, Sebastian Schäffer, 2021 eingefordert.

Was er diesbezüglich vom österreichischen Veto gegen den Schengen-Beitritt von Bulgarien und Rumänien gehalten hätte, ist leicht zu erraten. Die Betonung von Demokratie, Rechtsstaat und Frieden prägte auch die Haltung Buseks und des IDM gegenüber Orbáns Ungarn. Die Unterstützung von Wissenschaft, Journalismus und Zivilgesellschaft gegen offen autokratische Zugänge und gegen die regierungsgetragene Korruption war Buseks Antwort auf Orbáns Illiberalität.

Das Institut führt nicht nur die Donau im Namen, Erhard Busek sah den zweitlängsten Fluss Europas auch als den zweiten Fluss der Europäischen Integration. Während die Aussöhnung am Rhein die beiden Ufer (Frankreich und Deutschland) im Frieden einen konnte, so war bzw. ist die Vorstellung Buseks und des IDM, dass die Donau als Symbol entlang ihres Laufes die Staaten einander näherbringen sowie auch die historisch stilisierten Gegensätze letztlich zum Verschwinden bringen soll.

Die Kooperation des IDM mit der Europäischen Strategie für den Donauraum (EUSDR) konnte während meiner Sekretariatstätigkeit für die EUSDR intensiviert werden, obgleich dieses Instrument der Zusammenarbeit der Donauraumstaaten noch deutlich ausgebaut werden müsste.

Ein Beispiel dafür, mit welchen Mitteln das IDM und Erhard Busek für die Integration entlang der Donauufer eintrat, war z. B. sein Bemühen, serbischen Schülerinnen und Schüler sowie Studierenden die Möglichkeiten zu eröffnen, an Studienaustauschprogrammen teilnehmen zu können, solange für sie die Visapflicht galt. Auch wenn die serbische Regierungspolitik den Ansprüchen an Demokratie und Rechtsstaat nicht entsprach, sollten junge Menschen die Chance haben, sich mit Gleichaltrigen in Europa zu vernetzen, die Länder der EU kennen zu lernen. Selbstverständlich wurden die Einladungen zum Europäischen Forum Alpbach während Buseks Präsidentschaft verstärkt an Studierende aus Mittel- und Osteuropa ausgesprochen.

Dem Ziel des Austausches junger Menschen zu Themen der Region entspricht auch, dass mittlerweile acht Schülerforen für Mittel- und Südosteuropa im Rahmen des IDM organisiert werden konnten. Das IDM fungiert mittlerweile auch als Sekretariat der Donau-Rektoren-Konferenz (DRC). Darüber hinaus besteht eine enge Kooperation mit der Donau-Universität

---

2 Erhard BUSEK/Sebastian SCHÄFFER, *Balkan nach Europa - sofort!* (Wien 2021).

Krems.

Erhard Busek hat auch versucht, die Integration der weiter östlich liegenden Staaten Belarus und Ukraine in den europäischen Prozess zu unterstützen. Hier stand ein Netz zivilgesellschaftlicher Initiativen mit sehr engagierten Mitgliedern bereit, allein die Fortsetzung unter Kriegsbedingungen konnte er nicht mehr mitbegleiten. Sein Engagement wäre mit Sicherheit in Richtung eines demokratischen Wiederaufbaus der Ukraine und Absicherung ihres Platzes im gemeinsamen Europa gegangen.

Nicht nur das IDM, sondern die gesamte geopolitische Region hat einen wirkmächtigen Vertreter verloren. Erhard Busek hat die ,Zivilgesellschaft' in Mittel- und Osteuropa auf diskrete, aber wirkungsvolle Weise unterstützt – und bei manchen in Österreich das Gefühl dafür geweckt, dass wir Nachbarn auch im Osten haben.

Claus Reitan

Ein Dutzend an Jahren für die Jugend und für die Verständigung in Europa

Erhard Busek war in den Jahren von 2000 bis 2012 Präsident des Europäischen Forums Alpbach. Was 1945 als Internationale Hochschulwochen des Österreichischen College im Tiroler Dorf Alpbach begonnen hatte, zeigte sich in der ersten Dekade des neuen Jahrhunderts als ein „eng getakteter Großkongress" mit tausenden Teilnehmern. Im jeweiligen Generalthema und in den einzelnen Foren spiegeln sich die aktuellen und relevanten Themen von Politik, Ökonomie, Wissenschaft, Bildung, Gesundheit sowie Kunst und Kultur. Gerungen wurde und wird um die Themen, aber auch um die passenden Formen für Präsentation und Diskussion von Analysen und von Thesen. Erhard Busek sorgte dafür, Grenzen jeglicher Art – insbesondere in und für Europa – zu überwinden und die Jugend für die geistige Auseinandersetzung zu gewinnen, mehr noch, ihr in Alpbach Zeit und Raum zu geben.

Das Europäische Forum Alpbach ist als Verein ehrenamtlich tätiger Persönlichkeiten organisatorisch breit aufgestellt, doch der jeweilige Präsident trägt besondere Verantwortung, ist herausragender Repräsentant und führende Persönlichkeit des Forums. Gegründet 1945 als Internationale Hochschulwochen sollten diese – den Leitlinien der französischen Besatzung zufolge – Österreichs Trennung von Deutschland fördern, ebenso die Entgiftung von nationalsozialistischem Gedankengut und die Wiederherstellung demokratischer Strukturen. Daraus ergab sich zudem die besondere Bedeutung der Kultur- und Jugendpolitik.[1]

Unter Erhard Busek als sechstem und nach Otto Molden (1945-1960, 1970-1992) längstdienendem Präsidenten hat sich das Europäische Forum Alpbach „immer mehr zu einem eng getakteten Großkongress mit einer Dauer von 17 Tagen entwickelt", wie die Historikerin Maria Wirth schreibt.[2] Das Europäische Forum Alpbach „ist heute eine Plattform von Weltformat", erklärte dessen Präsidium im Mai 2015.[3]

---

1   Vgl. Maria WIRTH, *Ein Fenster zur Welt* – Das Europäische Forum Alpbach 1945-2015 (Innsbruck/Wien/Bozen 2015), S. 33.

2   Ibidem, S. 215.

3   Ibidem, S. 7.

Ein mehrfacher Alpbacher

Erhard Busek hat eine mehrfache Beziehung zu Alpbach, steht zu diesem Dorf und für das damit verbundene Geistesleben.

„Sein plötzlicher Tod hat uns tief betroffen" sagt Markus Bischofer, Bürgermeister der Gemeinde Alpbach seit 2004. Mit Busek als Präsident des Europäischen Forums ergab sich für das Dorf und seine Bewohner „eine wunderbare Zusammenarbeit". Obwohl Busek „ein glühender Europäer" und außerordentlicher Intellektueller war, sei er ihm, dem Bürgermeister, und allen in der Gemeinde „stets auf Augenhöhe begegnet". Busek war „von frühester Kindheit an" in Alpbach und „daraus hat sich ein sehr starker Alpbach-Bezug entwickelt", wie Bischofer anmerkt.[4]

Die Gemeinde Alpbach machte Busek im August 2012 zu ihrem Ehrenbürger, eine Auszeichnung, die jeweils nur fünf lebenden Persönlichkeiten zukommt. Denn unter Buseks Präsidentschaft hat sich zwischen dem Forum und der Gemeinde ein über technische Kooperation hinausgehendes, freundschaftliches Verhältnis entwickelt. „Du kennst die Alpbacher Seele und hast immer mit uns gefühlt", sagte Bischofer, als er Busek die Ehrenbürgerurkunde übergab. Busek darauf: „Schon von Kindestagen kenne ich den Ort und bin ihm innig verbunden." Das Land Tirol hatte Busek bereits 2004 mit dem Großen Tiroler Landesorden geehrt.

Er verbrachte während des Zweiten Weltkrieges mit seiner Mutter und in den folgenden Jahren mit seinen Eltern – wie erwähnt – Sommermonate in Alpbach.[5] Er verwies sowohl in Gesprächen als auch in Begrüßungsworten und Moderationen immer wieder darauf, bereits als Kind das Forum – damals noch als Internationale Hochschulwochen – beobachtet, dann als Student sowie in politischen Funktionen immer wieder besucht zu haben.

Und mehr noch. Busek suchte als politischer Mensch und als Intellektueller nach Form und Inhalt, um die Themen der Gegenwart und die Lage der Menschen zu erfassen. Eine kleine Sammlung von Erinnerungen an Erhard Busek trägt denn auch den Titel ‚Denken. Aufrütteln. Gestalten'.[6] Als Teilnehmer und als Ideengeber, dann ab 1998 als Vorsitzender des wissenschaftlichen Kuratoriums und ab 2000 als Präsident hat er wiederholt, drängend und engagiert auf Generationenwechsel geachtet, die Jugend nach Alpbach geholt und gebracht, zudem neue Formate für Gespräche und neue Themen für die

---

4   Telefongespräch mit dem Autor am 16.01.2023.

5   WIRTH, *Ein Fenster zur Welt*, S. 212.

6   Bernhard MARCKHGOTT/Matthias STROLZ (Hg,.), *Denken. Aufrütteln. Gestalten* – Erinnerungen an Erhard Busek. (Wien 2022).

Debatten angeregt, initiiert und mitentwickelt. Mythos und Pathos lehnte er ab, Logos und Ethos waren seine Leitsterne. Auch und gerade in einem Bergdorf. Denn Provinzialität war ihm ohnedies ein nicht ortsgebundener Mangel an Erkenntnis- und Diskursqualität.

Diese Suche nach Verständnis und nach Verständigung spiegeln sich in den Themen und in Teilnehmerinnen und Teilnehmern des Europäischen Forums Alpbach wider. Daher wird hier der Versuch unternommen, zumindest das jeweilige Generalthema der Forums-Jahre 2000 bis 2012 darzustellen.

2000 – ‚Zukunft. Erfahrung – Erwartung – Entwurf‘

Im ersten Jahr seiner Präsidentschaft war Erhard Busek prompt in seinen Kerngebieten gefordert: Werte, Demokratie, Europa. Warum?

Österreich war mit seinen Partnern in der Europäischen Union in einen tiefsitzenden, schwerwiegenden Konflikt geraten, hatte doch Bundespräsident Thomas Klestil am 4. Februar 2000 die erste ÖVP-FPÖ-Koalitionsregierung angelobt. Wenige Tage zuvor, am 31. Jänner 2000, hatten die damals 14 anderen EU-Mitgliedstaaten Sanktionen gegen Österreich beschlossen. Mit ‚bilateralen Maßnahmen‘ protestierten sie gegen die Beteiligung der von Jörg Haider geführten Freiheitlichen Partei an einer Koalitionsregierung unter Bundeskanzler Wolfgang Schüssel (ÖVP).

Bevor Bundespräsident Klestil dann Bundeskanzler Wolfgang Schüssel und Vizekanzlerin Susanne Riess-Passer – Haider war als Vizekanzler nicht akzeptiert worden – mitsamt den weiteren Regierungsmitgliedern in der Hofburg in Wien angelobte, hatten die Parteiobmänner, Schüssel und Haider, eine von Klestil vorgelegte Präambel zu unterzeichnen. In dieser wurden sie zur Sicherung der Grundwerte der Europäischen Union verpflichtet.

Und Erhard Busek? Er war am 6. April 2000 zum neuen Präsidenten des Europäischen Forums Alpbach bestellt worden und kündigte bereits tags darauf an, beim diesjährigen Forum eine europäische Wertediskussion zu führen.

So kam es, die Debatte war Auftakt der ‚Politischen Gespräche‘. Das Generalthema lautete ‚Zukunft. Erfahrung – Erwartung – Entwurf‘. Eröffnet wurde das Forum 2000 von Bundeskanzler Wolfgang Schüssel, der sich für eine Bündnisverpflichtung der EU-Mitgliedstaaten aussprach.

Im ersten Jahr die erste Neuerung unter Busek: Die Einführung eines ‚Tiroltages‘, um Themen der Region zu diskutieren und den Universitätsstandort Tirol zu präsentieren.

2001 – ‚Europa: Vision und Realität‘

Die Erweiterung der Europäischen Union war Generalthema des Europäischen Forums im Jahr 2001, eröffnet mit einem Vortrag des deutschen Philosophen Peter Sloterdijk. Die Zukunft Europas diskutierten der belgische Außenminister Louis Michel und Bundeskanzler Wolfgang Schüssel, eröffnet wurden die ‚Politischen Gespräche‘ von Helmut Kohl, Deutschlands Bundeskanzler von 1982 bis 1998. Er erklärte, quasi am Vorabend der Einführung des Euro zum 1. Jänner 2002, mit der gemeinsamen Währung werde der Prozess der europäischen Einigung unumkehrbar.

Zweites Jahr, zweite Neuerung: Die Einführung der ‚Alpbacher Architekturgespräche‘, die sich zum Auftakt mit dem Thema ‚Europäische Architektur im globalen Dorf‘ befassten. Die ‚Technologiegespräche‘ galten dem Thema ‚Wissen, Wissenschaft und Technologienetzwerke – Vision und Wirklichkeit‘“ und boten mit ‚Off Alpbach‘ eine mit künstlerischen Mitteln geführte Auseinandersetzung mit Technik.

Klassisch für den europäischen Netzwerker Erhard Busek: Zur Monatswende März/April 2001 wurde in Alpbach das dreitägige Symposium ‚Polen-Österreich. Partner in Europa‘ abgehalten. Veranstalter waren das Europäische Forum, die Botschaft Polens in Österreich, die Wirtschaftskammer und das Institut für den Donauraum und Mitteleuropa.

2002 – ‚Kommunikation und Netzwerke‘

Die technischen und folglich ökonomischen Entwicklungen zu Beginn des neuen Jahrhunderts, namentlich die sich selbst beschleunigende Digitalisierung mitsamt ihrer Analyse durch die Sozialwissenschaften, legten ‚Kommunikation und Netzwerke‘ als Generalthema des Jahres 2002 nahe. Gemeint waren vor allem Netze etwa zwischen Unternehmen, in der Verkehrsinfrastruktur und in der Informationstechnologie, aber auch Netzwerke in Politik und Wirtschaft.

Die klassischen ‚Wirtschaftsgespräche‘ galten der Infra- und Verkehrsstruktur Europas. Der Präsident der Wirtschaftskammer, Christoph Leitl, eröffnete die erste Debatte zu Wirtschaft und Ethik.

Der ‚Tiroltag‘ widmete sich – dem von der UNO festgelegten ‚Jahr der Berge‘ folgend – dem Schutz der Alpen. Als Eröffnungsredner warnte der international renommierte Bergsteiger und Autor Reinhold Messner vor einer Bergwelt nach dem Muster von Disneyland. Umwelt- und Agrarminister Wilhelm Molterer bezeichnet den Klimawandel als Faktum und den Klimaschutz als vorrangiges Ziel der Umweltpolitik.

2003 – ‚Kontinuitäten und Brüche‘

Die Beziehungen zwischen Europa und den USA waren ein Schwerpunkt des Forums 2003 unter dem Generalthema ‚Kontinuitäten und Brüche‘. Es ging sowohl um die politischen als auch die ökonomischen Verhältnisse, die ohnedies in einem Wechselverhältnis zu einander stehen, aber insbesondere um die Gründe für den Konflikt in der euro-atlantischen Partnerschaft. Diese waren durch den Irakkrieg 2003 (Zweiter Irakkrieg, Dritter Golfkrieg) ausgelöst worden, hatten aber ihre Ursache in den Auffassungsunterschieden der USA und der kontinentalen EU-Staaten über Sicherheit und Verteidigung, vor allem deren Finanzierung.

Neu in das Programm aufgenommen wurden die ‚Alpbacher Reformgespräche‘, deren erster Gegenstand das Pensionssystem Österreichs war. Parallel dazu befassten sich die ‚Alpbacher Gesundheitsgespräche‘ mit ‚Altern – Active Aging‘.

Die Spannungen zwischen Heimat und ihrer Lebensqualität einerseits und der Europäischen Union andererseits behandelten die Referenten am ‚Tiroltag‘. Der stetig zunehmende Transitverkehr durch Tirol hatte neuerlich Proteste ausgelöst und Blockaden zur Folge.

In Alpbach ereignet sich übrigens mit dem Fahnenklau regelmäßig eine Besonderheit. Auch während des Europäischen Forums 2003 wurden vier der 47 Fahnen entlang des Weges zum Congress gestohlen.

2004 – ‚Grenzen und Grenzüberschreitungen‘

Den Auftakt zum Europäischen Forum Alpbach 2004 bildete ein Festakt anlässlich des 60. Jubiläums des Forums. Thema waren ‚Grenzen und Grenzüberschreitungen‘, folglich hielt Dennis L. Meadows bei den ‚Wirtschaftsgesprächen‘ das Eröffnungsreferat, naheliegenderweise unter dem Titel ‚Grenzen des Wachstums‘, genau 32 Jahre nach Erscheinen des gleichnamigen ersten Berichts des Club of Rome.

Zur Grenzenlosigkeit Europas sprach der in Wien tätige Philosoph Konrad Paul Liessmann: Europa habe keine geografischen, ethnischen oder kulturellen Grenzen, womit Liessmann insbesondere die Osterweiterung bis zur Ukraine ansprach.

Mit grenzüberschreitender Information in und über Europa befassten sich die ‚Mediengespräche‘, während sich die ‚Reformgespräche‘ den Grenzen des All-Inclusive-Staates und die ‚Politischen Gespräche‘ den Grenzen staatlicher Regelungsdichte widmeten.

Die ‚Mediengespräche‘ 2004 waren nach ihrer Einführung im Jahr 1999 die letzten ihrer Art, nachdem sich 2001 der ORF und der VÖZ bereits zurück-gezogen hatten.

2005 – ‚Europa, Macht und Ohnmacht‘

Die Europäische Union hatte innerhalb der unmittelbar zurückliegenden Jahre neue Länder aufgenommen und weiteren die Perspektive des Beitritts eröffnet und wollte sich mit einem neuen Vertrag – dieser wurde dann im Dezember 2007 in Lissabon beschlossen – eine neue politische und rechtliche Grundlage geben. Naheliegend also, dass ‚Europa, Macht und Ohnmacht‘ das Generalthema des Jahres 2005 wurde.

Europa entwickelte Strategien einer gemeinsamen Außen-, Sicherheits- und Verteidigungspolitik, musste allerdings auch die Absage an die EU-Verfassung bei den Referenden in den Niederlanden und in Frankreich im Frühsommer 2005 verarbeiten.

Die ‚Wirtschaftsgespräche‘ diskutierten das stets relevante Thema ‚Globali-sierung: Markt versus Politik?‘, die ‚Gesundheitsgespräche‘ lenkten den Blick der westlichen, entwickelten Länder auf deren Verantwortung für die – heute nicht mehr so bezeichneten – Entwicklungsländer.

Österreich seinerseits hatte 2005 einige Jahrestage zu begehen, jenen des Staatsvertrages von 1955 ebenso wie jenen des EU-Beitritts von 1995.

Einmal mehr richtete Präsident Erhard Busek mahnende Worte an die öster-reichische Öffentlichkeit: Man möge sich Bemerkungen über Nachbarländer ersparen, dafür etwas „europäischer sein“, sagte Busek am Vorabend der EU-Ratspräsidentschaft durch Österreich im ersten Halbjahr 2006. Und Tirols Lan-deshauptmann Herwig van Staa plädierte beim ‚Tiroltag‘ für eine Vertiefung der Integration bei gleichzeitiger Fokussierung der EU auf ihre Kernkompetenzen.

2006 – ‚Suche nach Gewissheit und Sicherheit‘

Die sich rapide weiter beschleunigende Digitalisierung und die Globalisie-rung lösten Turbulenzen in Branchen und Unternehmen aus, führten zu Brü-chen bisher stetig verlaufender Erwerbsbiografien. Das globale ökonomische Schwergewicht verlagerte sich nach Asien, namentlich nach China und nach Indien. Der Einzelne und die europäischen Gesellschaften waren daher, so das Generalthema 2006, auf der ‚Suche nach Gewissheit und Sicherheit‘.

Einem von Busek geforderten – und eingetretenen – Generationswechsel unter Spitzenpolitikern und der Nationalratswahl 2006 war es geschuldet, dass nach dem – auch wegen Unwettern – 2005 erfolgten Absagereigen nun die Teilnahme zahlreicher Spitzenpolitiker folgte.

2007 – ‚Entstehung von Neuem‘

‚Emergence – Die Entstehung von Neuem‘ lautete der vollständige General-titel für das Europäische Forum Alpbach im Jahr 2007. Die ‚Technologiege-spräche‘, die meist auf die höchste Anzahl an Teilnehmerinnen und Teilneh-mern verweisen können, befassten sich – neuerlich – mit Energie und mit Sicherheit, die ‚Wirtschaftsgespräche‘ mit Arbeit und Erwerbsleben (‚Nie wieder Vollbeschäftigung?‘) und die ‚Politischen Gespräche‘ widmeten sich Europa und der Beziehung zu seinen Nachbarn.

Ein schwieriges, bis heute nur in kleinen Schritten gelöstes Problem wurde in einem Arbeitskreis besprochen: Wie lassen sich die CO_2-Emissionen des Verkehrs senken? Vertreter des Verkehrsministeriums trafen auf Interessen-vertreter der Verkehrs- und Transportunternehmen. Und es kam noch zu einem weiteren, tatsächlich außerordentlichen Treffen: 25 UNO-Botschafter berieten in Alpbach – informell – die Rolle des Sicherheitsrates und die Fragen global geltender Rechtsstaatlichkeit. Teilnehmer waren sogar die Botschafter der beiden Vetomächte USA und Russland.

Erstmals abgehalten wurde ein ‚Universitätstag‘, der sich der Biotechnolo-gie widmete. Und das Europäische Forum wurde internationaler: Die mehr als 3.000 Teilnehmerinnen und Teilnehmer kamen aus 59 Staaten.

2008 – ‚Wahrnehmung und Entscheidung‘

Hinsichtlich der Teilnahme war 2008 ein besonderes Jahr, hatte sich doch nahezu die gesamte Bundesregierung zum Forum angesagt. Auf der Themen-liste unter dem Generalthema ‚Wahrnehmung und Entscheidung‘ fanden sich die Finanzierbarkeit des Gesundheitswesens, eine Politik für Nachhaltigkeit (‚Steuern in Richtung Nachhaltigkeit‘) und die Zukunft der Marktwirtschaft, begleitet von Debatten zur Frage ‚Gebaute oder verbaute Umwelt?‘. Der aktu-elle Stand der euro-atlantischen Beziehungen wurde ebenso bilanziert wie die Sicht Europas auf Russland und die Entwicklungen in der Migration.

2009 – ‚Vertrauen‘

Prominenz ist angesagt: Neuerlich kamen zahlreiche Mitglieder der Bundes-regierung nach Alpbach, aber auch internationale politische Persönlichkeiten wie UNO-Generalsekretär Ban Ki-moon, EU-Außenkommissarin Benita Ferrero-Waldner und die früheren Präsidenten Finnlands und Deutschlands. Das Generalthema ‚Vertrauen‘ hatte enorm an Relevanz gewonnen, war es doch schon 2008 – noch vor dem die Finanzkrise auslösenden Moment der

Insolvenz von ‚Lehman Brothers‘ am 15. September 2008 – festgelegt worden, um dann 2009 in einem Umfeld des Vertrauensverlustes in das Finanz- und Wirtschaftswesen behandelt zu werden. Das war und bleibt bemerkenswert: Die ‚Politischen Gespräche‘ befassten sich mit dem Vertrauen zwischen Bürger und Staat, das „Bankenseminar“ mit jenem zwischen Kunden und Banken. Zweiteres war durch die Finanzkrise dauerhaft erschüttert worden.

Es war 2009 wiederum eine Neuerung angesetzt: Das Forum sollte als ‚Green Meeting Alpbach‘ die erste ökologisch verantwortungsbewusste Veranstaltung werden. Wie wurde das erreicht? Mittels Energieeffizienz und Energiesparmodellen, des Einsatzes öffentlicher Verkehrsmittel, Catering durch lokale Anbieter und umweltfreundlicher Drucksorten, etwa Papier aus Recycling. Das Ressort von Umweltminister Nikolaus Berlakovich sponserte die Initiative ‚Green Events Austria‘.

Ban Ki-moon nutzte die Eröffnung der ‚Politischen Gespräche‘, um auf die Herausforderungen durch den Klimawandel aufmerksam zu machen. Das sollte das große Thema seiner Tätigkeit als UNO-Generalsekretär bleiben.

2010 – ‚Entwurf und Wirklichkeit‘

Die Gespräche zu Gesundheit, Reformen, Technologie und Politik waren wie stets programmiert, aber neu waren die ‚Finanzmarktgespräche‘, zu denen neben den Expertinnen und Experten auch Bundespräsident Heinz Fischer und UNO-Generalsekretär Ban Ki-moon nach Alpbach kamen. Konkret debattiert wurden unter dem Generalthema ‚Entwurf und Wirklichkeit‘ dann Aspekte des Gesundheitswesens, Wachstums, der Bildung, der Demografie und des späteren Pensionsantritts sowie der Integration von Migranten. Der – erwähnten – rapiden Entwicklung von Digitalisierung und US-Tech-Unternehmen zwangsläufig folgend waren 3D-Drucker ebenso Thema wie die Warnungen vor der Suchmaschine Google und deren Einfluss auf das Denken und das Verhalten von Menschen. Der Neurobiologe Gerald Hüther berichtete von Forschungen, welche die Veränderungen des Gehirns als Folge intensiver Nutzung digitaler Medien zeigen würden.

2011 – ‚Gerechtigkeit – Verantwortung für die Zukunft‘

Mit einer Sorge um das Vertrauen in die Justiz, deren Verfahren zu lange dauerten, meldete sich Präsident Erhard Busek zum Auftakt des Forums im Jahr 2011 mit dessen Generalthema ‚Gerechtigkeit – Verantwortung für die Zukunft‘ zu Wort. Das internationale Recht und die globale Gerechtigkeit bildeten den thematischen Bogen für die ‚Politischen Gespräche‘.

Einmal mehr konnten äußerst renommierte Persönlichkeiten für das Forum gewonnen werden: Die ‚Politischen Gespräche‘ eröffnete der Chefankläger des Internationalen Strafgerichtshofes, Luis Moreno Ocampo. Die Welt sei inzwischen besser dafür gerüstet, Gewalt zu verhindern, als Mitte des vorigen Jahrhunderts. Schwere Verbrechen seien kein Weg mehr, um an die Macht zu gelangen, meinte der Argentinier.

Der – historisch begründete – Spannungsbogen über dem Europäischen Forum Alpbach wurde 2011 in der Debatte zum Thema ‚Soziale Gerechtigkeit‘ erkennbar. Historisch war Alpbach das Treffen herausragender Experten, doch unter Führung von Erhard Busek erfolgten Öffnung und Verjüngung. Das wurde deutlich, als sich die renommierte, in Wien tätige Flüchtlingshelferin Ute Bock bei einem Panel zur sozialen Gerechtigkeit zu Wort meldete: Sie meinte, nicht nach Alpbach zu gehören, denn sie habe lediglich Matura.

Der Direktor des britischen ‚Oxford Internet Institut‘, William Dutton, analysierte bei den ‚Technologiegesprächen‘ die ‚fünfte Gewalt‘ und meinte damit das Internet. Dieses würde, wie schon die Presse als vierte Gewalt zuvor, die kommunikative Macht des Einzelnen deutlich erhöhen.

2012 – ‚Erwartungen – Die Zukunft der Jugend‘

Der Jugend gehörte das Herz Erhard Busek, sie war 2012 das zentrale Thema – doch das Europäische Forum Alpbach fand 2012 bereits unter der neuen Führung von Franz Fischler statt. Busek hatte die Präsidentschaft nach zwölf Jahren an Fischler übergeben, aber das Generalthema ‚Erwartungen – Die Zukunft der Jugend‘ geprägt.

Der neue Programmpunkt ‚Perspektiven‘ stand unter dem Titel ‚Europa 2040: Herausforderungen und Visionen‘, die ‚Technologiegespräche‘ firmierten 2012 unter ‚Energie für morgen‘ und ‚Forschung für die Zukunft der Erde‘, die ‚Politischen Gespräche‘ befassten sich mit ‚Vorsorge für zukünftige Generationen‘ und die ‚Gesundheitsgespräche‘ hatten das Motto ‚Kinder- und Jugendgesundheit: Die Zukunft beginnt heute‘.

Folgerichtig bildete ein Dialog des Schriftstellers Robert Menasse mit Jugendlichen den Abschluss des Forums, den Intentionen folgend unter dem Titel ‚Grenzen überwinden – Erwartungen an Europa‘.

Ein Kapitel in der Erfolgsgeschichte

Auf dem Feld des Suchens und Ringens um Verständnis und Verständigung ist das Europäische Forum Alpbach eine Erfolgsgeschichte. Sie hat viele Autorinnen und Autoren, Erhard Busek ist der Verantwortliche für das sechste

Kapitel. Für das siebente zeichnet Franz Fischler (Präsident von 2012 bis 2020) verantwortlich, am achten Kapital arbeitet Andreas Treichl als Präsident.

Erhard Busek hat – mit zahlreichen Persönlichkeiten in den Gremien und Kreisen des Forums sowie mit einem Team – zur Erfolgsgeschichte beigetragen. Zum Qualitativen lässt sich dies auch quantifizieren, denn die Anzahl der Teilnehmerinnen und Teilnehmer stieg bis 2012 auf rund 4.000 Personen aus 64 Nationen an, darunter nahezu 700 Referentinnen und Referenten. Dieses Niveau wird gehalten, bei Teilnehmern von zuletzt aus rund 100 Nationen.

Der Jugend als Generation und als Zukunft galt Buseks besondere Aufmerksamkeit, ebenso – geografisch und politisch betrachtet – den Ländern Mittel- und Osteuropas. Das eine hat mit dem anderen zu tun: Die historisch tief verwurzelten Konflikte, die sich im Balkankrieg 1991 entluden, können nur gelöst werden, indem eine junge, noch aufgeschlossene Generation die Demokratie und das demokratische Handeln kennenlernt. Ein Gedanke, der zur Gründung des Europäischen Forums führte, als Europa in Trümmern lag.

Die Jugend dankte es Busek. Als ihm 2012 in Alpbach die Urkunde für die Ehrenbürgerschaft überreicht und Salut geschossen wurde, übergaben ihm Jugendliche eine sieben Meter lange Rolle mit den Namen aller Stipendiaten, die – dank Buseks Einsatz – zwischen 2000 und 2011 das Europäische Forum besucht hatten. Es waren die Namen von mehr als 4.000 neuen und 20.000 wiedergekehrten Stipendiaten. Viele von ihnen wirken in den 30 Alpbach-Alumnivereinen in 25 Staaten, in Alpbach-Clubs und in Alpbach-Initiativen mit.

„Erhard Busek war ein großer Forums-Präsident", sagt die frühere Geschäftsführerin des Congress Alpbach, Renate Danler. Mit der Eröffnung des neuen Congress Centrum Alpbach 1999 und der Präsidentschaft von Erhard Busek erlebte das Europäische Forum Alpbach „buchstäblich eine Wiedergeburt und eine neue Dynamik". Erhard Busek, so Danler, „war ein großer Europäer und Botschafter der europäischen Idee".[7]

---

7   Zit. aus einem Brief von Renate Danler an das Generalsekretariat des Europäischen Forums für ein Gedenken an Erhard Busek am 29. März 2022 in Wien.

FACETTEN

Die Texte im letzten Teil des Bandes porträtieren den Menschen Erhard Busek in unterschiedlichsten Facetten. Jeder Beitrag beleuchtet auf eine ganz spezifische Weise, wie dieser auf Menschen zugehen und begeistern, mit Tiefgang Beziehungen pflegen konnte, aber auch Eigenheiten kultivierte. Wiederum spiegeln sich dabei die großen Themen und bestimmenden Werte Buseks im (vielfach) Kleinen wider.

Maria Rauch-Kallat, frühere Bundesministerin und Abgeordnete, erinnert an die tatkräftige Unterstützung des ‚Club alpha‘ durch Erhard Busek. Ihm war es ein besonderes Anliegen, interessanten und interessierten Frauen ein politisches Forum zu bieten, wie er später auch politisch aktive Frauen in Mittel- und Osteuropa förderte. Er blieb der Institution, die formal auch unter ‚Hildegard Burjan Institut‘ firmierte, über Jahrzehnte verbunden. Berührend beschreibt die Autorin auch Buseks letzten dortigen Auftritt anlässlich seines 80. Geburtstages.

Andreas Mailath-Pokorny, Rektor der Musik und Kunst Privatuniversität der Stadt Wien, zeichnet das Bild eines nicht immer ganz einfachen Intellektuellen, dessen Sache „die Oberfläche, das Glatte oder die Show" nicht gewesen waren. Er beschreibt das umfassende Wissen Buseks ebenso wie dessen Ungeduld und wachsenden Zynismus. Mit ihm ließ sich auf hohem Niveau streiten, etwa auch über die Vereinbarkeit von kapitalistischer Wirtschaftsweise und christlicher Nächstenliebe.

Armin Thurnher, Herausgeber der Wiener Wochenzeitung ‚Falter‘, erinnert sich in seinem Beitrag an frühe Begegnungen des jungen Journalisten mit dem damaliger Wiener Vizebürgermeister. Er beschreibt die offenen Gespräche zweier weltanschaulich Differenter, die von gegenseitigem Respekt und Empathie des Arrivierteren, etwa für die Scheu des Jüngeren öffentlich zu sprechen, geprägt war. Für den Autor bleibt Busek ein Beispiel „für die besseren Möglichkeiten eines österreichischen Konservativismus".

Der Abgeordnete zum Europäischen Parlament *Lukas Mandl* beschäftigt sich mit dem besonderen Engagement Buseks für den Balkan. Dieser habe – gerade als gläubiger Christ und politischer Christdemokrat – die besondere Bedeutung der Religion für das Verständnis der Zustände in Südosteuropa erfasst. In den großen Fragen Europas zu Hause, kümmerte er sich doch genauso um die einzelne Person; Buseks politisches Handeln sei auch „im Kleinen groß" gewesen.

Sabine Gruša, frühere Bibliothekarin und Witwe des tschechischen Diplomaten und Schriftstellers Jiři Gruša, zeichnete die enge Freundschaft ihres Mannes zu Erhard Busek nach, die bis in die 1990er-Jahre zurückreichte. Beiden lag das gutnachbarschaftliche Miteinander in Mitteleuropa besonders am Herzen, was sich in gemeinsamen Auftritten, gegenseitigen Einladungen zu Veranstaltungen, aber auf Buseks Unterstützung der Gesamtausgabe von Grušas Werken niederschlug.

Thomas Walter Köhler unternimmt schließlich einen ‚Exkurs in die Psyche Wiens‘ am Beispiel des Kontakts von Erhard Busek mit dem Psychiater und Neurologen Viktor Frankl und dem Psychologen und Romancier Manès Sperber. Beide waren Kinder des ‚Fin de Siècle‘ und wurden in der Zwischenkriegszeit politisch geprägt. Busek schätzte Frankl und Sperber deren Authentizität willen: den einen als Gründer der Dritten Wiener Richtung der Psychotherapie, den anderen als dissidenten Intellektuellen.

Maria Rauch-Kallat

Erhard Busek und das Frauen-Projekt ‚alpha‘

Erhard Busek war nicht nur ein Energiebündel an Ideen und Wissen, ein Gestalter, ein Umsetzer und vieles mehr, er war auch ein großer Ermöglicher! Wann immer jemand eine Idee hatte, damit zu ihm kam und sie ihm sinnvoll erschien, versuchte er Wege zu finden, um sie umzusetzen.

Es war am Beginn der Achtzigerjahre des vorigen Jahrhunderts (Schrecklich, wie das klingt!), die ‚bunten Vögel‘ hatten sich schon in vielen verschiedenen Veranstaltungen der Initiative ‚Pro Wien‘ an unterschiedlichen Orten zusammengefunden, diskutiert, Ideen entwickelt und die Stadt Wien belebt, als in der Biberstraße – im Nachbarhaus der damaligen Parteizentrale der Wiener ÖVP in der Falkestraße – ein Lokal mit dem Namen ‚Der Bunte Vogel‘ eröffnet wurde. Eigentümer war ein der ÖVP nahestehender Verein, die Eröffnungsausstellung behandelte Bürgermeister Karl Lueger und seine Verdienste um die Entwicklung der Stadt Wien. Organisator und Kurator der Ausstellung war der viel zu früh verstorbene Historiker Johannes ‚Ulli‘ Hawlik, auch Landtagsabgeordneter und Politischer Direktor der ÖVP Wien.

Das Lokal sollte ein Treffpunkt der bunten Vögel werden, jener Menschen, die sich über Parteigrenzen hinweg vom Politiker Erhard Busek angesprochen fühlten und die wie er diese Stadt mit Leben, mit Kreativität, mit Kunst und Kultur, mit Grätzelfesten, Nachbarschaftszentren und vielem mehr füllen wollten. Die Ausstellung hatte ein Begleitprogramm mit zahlreichen Vorträgen und Diskussionen zu Architektur, Zusammenleben, Stadtkultur etc. Danach – wie immer bei ‚Pro Wien‘ – gab es ein Glas Wein (oder auch mehrere) und es wurde in kleinen Zirkeln lange weiterdiskutiert.

Bei einer dieser Nach-Diskussionen kam auch die Frage nach der nächsten Ausstellung/Nutzung der Kellerräume des ‚Bunten Vogels‘ zur Sprache und – überaus unerwartet für mich – stellte sich heraus, dass die Planungen noch nicht sehr weit gediehen waren, um nicht zu sagen, es war noch alles offen. Diese Lücke kam mir sehr entgegen.

Ich selbst war mitten in meinem eigenen Emanzipationsprozess von der zwar berufstätigen, aber konservativ erzogenen, braven Mutter und Hausfrau zur unbequemen Feministin, die alles in Frage stellte und gerade erkannt hatte, dass die Diskriminierung von Frauen sich kaum von der vielfältigen Diskriminierung behinderter Menschen unterschied. Ich ließ in diesen Jahren kaum eine Veranstaltung aus, die sich mit der Frauenfrage beschäftigte, ich verschlang Bücher und Artikel zur Gleichstellung von Frauen und Männern und geriet immer wieder in heftige Diskussionen mit – überwiegend – Männern, die das herkömmliche Familienbild und die traditionelle Rollenverteilung verteidigten.

Warum nicht einmal selbst solche Diskussionen organisieren, die eigene Partei provozieren, unsere Frauen ermutigen und ‚Entwicklungshilfe‘ für unsere Männer anbieten? Das Ergebnis dieser Überlegungen und die Programmlücke im ‚Bunten Vogel‘ führten zu einer zweiwöchigen Veranstaltungs-Serie ‚Die Frauenwochen im Bunten Vogel‘, die – zumindest für uns Frauen in der ÖVP – zum vollen Erfolg wurden. Auftakt und Rahmen dieser Serie war eine Ausstellung mit Bildern ausschließlich von Künstlerinnen. Viele Frauen, die nicht der klassischen ÖVP-Klientel zuzurechnen waren, kamen zu diesen acht Veranstaltungen, blieben auch danach, diskutierten, freuten sich mit uns.

Der Erfolg dieser Abende und ein grottenschlechter Vortrag/Workshop in der Politischen Akademie, an dem rund 40 Männer und weniger als eine Handvoll Frauen teilnahmen, animierten mich zur Idee einer politischen Akademie speziell für Frauen (und nicht unter Ausschluss der Männer, die sollten ja auch etwas lernen).

Das Konzept zur Umsetzung dieser Idee war noch während dieser Veranstaltung in weniger als einer Stunde handschriftlich festgehalten, wenige Stunden später von meiner Sekretärin getippt und noch am selben Abend bei einer Sitzung im Rathaus von mir dem Parteichef Erhard Busek übergeben worden. Ich weiß noch ganz genau, dass es ein Montag im Jahr 1985 war. Mittwoch in der gleichen Woche meldete sich Erhard Busek telefonisch und sagte: „Ja, das sollten wir machen, aber arbeite noch ein wenig weiter daran und diskutiere es mit möglichst vielen unterschiedlichen Frauen!“

Das ließ ich mir nicht zwei Mal sagen. Und Erhard Busek meinte es ernst. Er nannte mir in diesem fast ein Jahr lang dauernden Prozess immer wieder interessante Frauen, die zwar meist bürgerlicher Herkunft, aber alles andere als konservativ waren. Ihre Ansichten und Meinungen, ihre Diskussionsbeiträge, ihre Wünsche und politischen Ziele flossen alle in ein dickes Konvolut, mit dem zwölf Frauen aus diesen Runden im Juli 1986 – paradoxerweise in den Räumen der Politischen Akademie – Erhard Busek und Ulli Hawlik konfrontierten. Die beiden nahmen sich tatsächlich einen ganzen Tag Zeit, um mit uns darüber zu diskutieren.

Am Ende dieses Tages waren wir überzeugt, dass wir bei der Umsetzung dieses Konzeptes die beste Frauen-Volkshochschule von Wien wären. Aber wir wussten auch, dass wir keine Volkshochschule sein oder werden wollten und hatten tatsächlich den Mut, den dicken Packen Papier in die Lade zu legen (von den darin enthaltenen Ideen lebte der ‚Club alpha‘ aber dann noch viele Jahre) und alles ganz anders zu machen.

Aber eines war klar: Es sollte ein bunter, vielfältiger Treffpunkt von Frauen für Frauen werden, der sehr flexibel auf die Interessen und Bedürfnisse der Akteurinnen und der Besucherinnen eingehen kann, der offen war für Neues und sein Programm und seine Aktivitäten auch laufend selbst hinterfragt. Alles begann wieder von vorne, aber zumindest einen Namen hatten wir an diesem Abend: ‚alpha'.

‚alpha' brauchte einen gesetzlichen Rahmen, um aktiv werden zu können. In Österreich ist das zumeist ein Verein, der zu gründen war. Ich dachte an eine historische politische Frauenpersönlichkeit Und es war Erhard Busek, der den richtigen Hinweis gab. Hildegard Burjan, mir und vielen anderen bis zu diesem Zeitpunkt unbekannt, hat die Befassung mit dem Leben und Wirken dieser ersten und einzigen weiblichen Abgeordneten der Christlichsozialen im Parlament des Jahres 1919, auch in den darauffolgenden Jahren und bis heute die Arbeit des neuen Frauentreffpunkts begleitet und beeinflusst.

Hildegard Burjan (1880-1930), konvertierte Jüdin aus wohlhabendem Haus, hat für die Rechte der Heimarbeiterinnen gekämpft, die Bahnhofsmission und das erste Mutter-Kind-Heim gegründet, die Not im und nach dem Ersten Weltkrieg mit vielen Hilfsaktionen gelindert, als verheiratete Frau einen modernen Frauenorden (die Caritas Socialis) gegründet und konnte im Jahr 1919 für die Christlichsozialen die Stimmen der Heimarbeiterinnen bei den ersten Wahlen, an denen Frauen wahlberechtigt waren, gewinnen. Sie wurde von allen Parteien im Parlament geschätzt und von einem sozialdemokratischen Kollegen das ‚Gewissen des Parlaments' genannt. Sehr bezeichnend für viele politische Frauenschicksale hat sie wegen des steigenden Antisemitismus in der eigenen Partei auf eine Wiederkandidatur verzichtet.

Diese Persönlichkeit schien uns allen passend, um dem neu gegründeten Trägerverein den Namen ‚Hildegard Burjan Institut' zu geben. Und das Andenken an Hildegard Burjan, die in den vergangenen drei Jahrzehnten – wie auch andere Frauenpersönlichkeiten – ein wenig der Vergessenheit entrissen wurden, ist auch heute noch bestimmend für die Arbeit des ‚Club alpha'. Es ist die Offenheit gegenüber Neuem, die Vielfalt der Themen, die fraktionsübergreifende Zusammenarbeit in wichtigen Fragen, der Schulterschluss von Frauen (und Männern) über Parteigrenzen hinweg, die das ‚alpha' für viele Frauen unterschiedlichen Alters und unterschiedlicher Herkunft so interessant machen.

Und natürlich brauchte so ein Institut auch eine entsprechende Finanzierung und einen passenden Veranstaltungsort. Auch dafür sorgte der damalige Wiener Vizebürgermeister Erhard Busek.

In einer Vereinbarung mit dem Wiener Vizebürgermeister und Finanzstadtrat Hans Mayr erreichte er eine Finanzierung für die Anmietung und

Ausstattung eines Veranstaltungsortes und eine jährliche Subvention für den Betrieb eines Frauentreffpunkts, die uns 23 Jahre lang eine intensive Arbeit für Frauen in Wien ohne größere Geldsorgen ermöglichte (ab 2010 wurde diese Subvention jährlich verringert und seit 2014 erhalten wir den ‚Club alpha' mit großen Anstrengungen ohne öffentliche Unterstützung).

Die Räume mitten im Zentrum von Wien, in der Stubenbastei 12, haben wir Frauen selber gefunden, aber für deren Umbau und Ausstattung, die sehr bewundert wurde und seit der Gründung immer noch dieselbe ist, auch dafür hat Erhard Busek – zumindest mit der Idee – Mitverantwortung.

Es war ihm klar, dass wir nach einer Innenarchitektin suchten, aber in der ihm eigenen Art wollte er einem Künstler, der gerade durch die Schließung der ‚Section N' seinen Job verloren hatte, mit einem Auftrag unterstützen und bat mich, mit ihm zumindest einmal zu reden, mich mit ihm zusammenzusetzen und über das Raumkonzept zu diskutieren.

Josef Weiß wurde ein kongenialer Partner der ‚alpha'-Frauen. Er hat das Konzept unserer Ideen verstanden, alles was wir wollten mit den vorhandenen Mitteln optimal umgesetzt, und es wurden die schönsten Räume für Frauen in Wien, der interessanteste und schickste Frauenclub, den es gegen Ende der 1980er-Jahre in Wien gab.

Darüber hinaus hat Josef Weiß uns auch die Künstlerin für die erste Ausstellung in unserer ‚alpha'-Galerie gebracht, die auch unser erstes Logo und die Grafik für die ersten Zeitungen entwickelt hat: Sibylle Uitz, damals 26 Jahre alt und Studentin von Adolf Frohner an der Akademie, ist heute arrivierte und erfolgreiche Malerin.

Es war klar, dass die offizielle Eröffnung des ‚Club alpha' am 11. Mai 1987 nicht ohne Erhard Busek stattfinden konnte, aber es war keineswegs verwunderlich, dass der Eröffnungsvortrag über Hildegard Burjan von Norbert Leser, einem ausgewiesenen Sozialdemokraten, gehalten wurde. In den darauffolgenden Jahren wurde Erhard Busek ein treuer Begleiter des Clubs, der mit Ideen und Anregungen nicht sparte und auch – dem verfügbaren Zeitkorsett geschuldet nur gelegentlich, aber immer gerne – selbst an Veranstaltungen teilnahm.

Irgendwann in diesen ersten Jahren erhielten wir auch einen eher ungewöhnlichen Auftrag. Adolf Frohner hatte ein – nicht schmeichelhaftes, aber auch nicht unwitziges – Porträt von Erhard Busek angefertigt und wollte es ihm unbedingt verkaufen. Erhard bat uns, mit Adolf Frohner über den Ankauf zu verhandeln und dieses Bild auf seine Kosten für den Club zu erwerben. Seither hängt ein echter Frohner mit dem Titel ‚Erhard Busek, das Kreuz der ÖVP' in der Bibliothek des ‚Club alpha' und erinnert uns alle daran, wem wir die Chance auf die Umsetzung unserer Ideen an einem so schönen Ort zu verdanken haben.

Es gäbe sicher noch einiges zu berichten über Begegnungen mit Erhard Busek im ‚Club alpha' bei Vernissagen, Diskussionen und anderen Veranstaltungen, wie zum Beispiel der ‚Shalom-Runde', dem Versuch eines christlich-jüdischen Dialogs in Wien. Aber ich möchte mich auf eine einzige Veranstaltung konzentrieren, seinen – leider – letzten Auftritt im ‚Club alpha', der am Vorabend seines 80. Geburtstages mitten im Lockdown in den fast leeren Clubräumen als Online-Veranstaltung auf Zoom übertragen und – Gott sei Dank – auch aufgezeichnet wurde.

Es war ein langes Gespräch, ein faszinierender Bogen über Erhard Busek als Homo politicus von der Jugend bis ins hohe Alter, über Erhard Busek als Wissenschaftsmensch und Wissenschaftspolitiker, Erhard Busek als Publizist, als kritischer Katholik und als glühender Europäer. Natürlich auch Erhard Busek als Förderer von Frauen und seine besonderen Verdienste um den ‚Club alpha'.

Obwohl ich Erhard Busek da schon weit mehr als 40 Jahre persönlich kannte, habe ich das Gespräch anhand von Informationen aus dem Internet – insbesondere aus Texten auf Wikipedia – strukturiert und geführt. Aber wie immer bei Erhard Busek war Gesprächsführung nicht wirklich notwendig. Es reichten einzelne Stichworte, die zu weitläufigen Ausführungen anregten und manche Falschinformationen oder Falschinterpretationen aufklärten.

Es war aber auch eine zeitgeschichtliche Reise vom Ende des Zweiten Weltkriegs bis zur Gegenwart mitten in der Pandemie. Dabei hat er nicht mit seinen Meinungen hinterm Berg gehalten. Es war der kritische Erhard Busek, der auch mit Selbstkritik nicht sparte. Wir sprachen über kleine und große Siege und Erfolge ebenso wie über kleine und große Niederlagen.

Wir sprachen über allgemein Bekanntes, aber auch kaum Bekanntes, wie zum Beispiel die Gründung eines katholischen Laienbündnisses im Jahr 2009 (u. a. gemeinsam mit Andreas Khol und Herbert Kohlmaier), das die Abschaffung des Pflichtzölibats im katholischen Priestertum und die Weihe von Frauen zu Diakoninnen fordert. Wobei uns weniger die Forderungen an sich überraschten als die Allianzen, die für diese Forderungen geschmiedet wurden. Aber auch diesbezüglich gab es schlüssige Aufklärungen über die Absichten und Hintergründe dieser ungewöhnlichen Gruppierung.

Sein Interesse und seine Verbundenheit mit Mittel- und Südosteuropa erklärte er mit familiären Erzählungen aus der Kindheit, dem Großvater, der als Polier an der Entstehung prachtvoller Bauten der Monarchie im großen

Kaiserreich mitgearbeitet hatte. Die Sehnsucht nach der Wiedervereinigung Mitteleuropas und dem Fall des Eisernen Vorhangs hat ihn nicht nur sehr frühzeitig Kontakte und persönliche Freundschaften in diesen Ländern aufbauen lassen, sondern war dann nach seinem nicht ganz freiwilligen Ausscheiden aus der österreichischen Innenpolitik die Basis für seine Aufgaben als Regierungsbeauftragter für die Erweiterung der Europäischen Union und als Sonderkoordinator des Stabilitätspakts für Südosteuropa.

Sowohl in dieser Funktion aber auch als Präsident des Instituts für den Donauraum und Mitteleuropa hat er immer wieder nach politisch aktiven Frauen in diesen Regionen gesucht und sie – gemeinsam mit Doris Pack, langjährige deutsche Europa-Abgeordnete und Präsidentin der Frauenorganisation der Europäischen Volkspartei – in ihrer Arbeit unterstützt.

Sehr interessant auch die Beantwortung der Frage, welches seiner Bücher ihm besonders am Herzen liege. „Keines!" Er hätte immer nur ein Buch geschrieben, um ein Thema, das ihn eine gewisse Zeit beschäftigt habe, abschließen zu können.

Und natürlich kam auch das Gespräch über die Entwicklung des ‚Hildegard Burjan Instituts' nicht zu kurz. Er hätte bei seiner Arbeit in der ÖVP in den 1960er- und 1970er-Jahren immer nur Alibi-Frauen erlebt, die – seiner Wahrnehmung nach – sehr darauf bedacht waren, weibliche Konkurrenz auszuschalten und damit auch jede mögliche Vergrößerung des Frauenanteils verhinderten.

Meinem Widerspruch, dass Maria Schaumayer mit Sicherheit dieser Kategorie nicht angehörte, hat er stattgegeben, wenn auch mit einem unlauteren Argument. Gerade aus diesen Erfahrungen seiner politischen Anfänge wäre er immer auf der Suche nach neuen Ansätzen gewesen. Und da wäre es wohl wert gewesen, dem Projekt ‚alpha' eine Chance zu geben.

Dass sich das ‚Hildegard Burjan Institut' mit seinem ‚Club alpha' ganz im Sinne seiner anfänglichen Zielsetzungen als kreatives, offenes Frauenprojekt erhalten hat und auch nach 35 Jahren seines Bestehens für alle Generationen interessant und attraktiv ist, hat ihn vielleicht überrascht, aber sicher nicht enttäuscht.

Andreas Mailath-Pokorny

Erinnerungen an einen (schwierigen) Intellektuellen

Schwierig? Ja, so habe ich Doktor Busek in Erinnerung. Sowohl im persönlichen Kontakt, als auch in der Wahrnehmung seiner politischen Funktionen. Aber nur so konnte er als Intellektueller in der Tagespolitik (vor allem
in seiner Partei) überleben. Die Oberfläche, das Glatte oder die Show waren
seine Sache nicht. Schließlich: Intellektuelle sind niemals einfach, weil sie ja
zweifeln *müssen*. Zweifeln im Sinne von Nachdenken, von Überprüfen, von
Falsifizieren. „Cogito, ergo sum", der Leitspruch der Aufklärung, bezieht sich
nicht auf bloße Selbstreflexion, sondern auf den Zweifel als Grundlage für den
Aufbruch des Menschen aus seiner selbstverschuldeten Unmündigkeit, wie
Kant das definiert hat. So ist denn Erhard Busek durchaus in der Tradition
der Aufklärung zu sehen, eine Feststellung, die bis vor kurzem noch zu selbstverständlich gewesen wäre, um sie überhaupt zu machen, in der Politik aber
neuerdings eher die Ausnahme von der Regel beschreibt.

Meine Erinnerungen an den Politiker Erhard Busek sind nicht überbordend
viele. Selbst aus bürgerlicher Umgebung kommend, habe ich ihn als junger
Mensch für den Schwung bewundert, mit dem er 1975 gemeinsam mit Josef
Taus die ÖVP nach dem Unfalltod Karl Schleinzers übernehmen musste (und
wollte). Mir gefielen die ‚bunten Vögel' und die Stadtfeste. Es gab damals
inhaltliche Modernität und Zeitgenossenschaft der (Wiener) ÖVP, die ich
später nicht mehr vorgefunden habe, weil sie erstarrt und später zur bloßen
Inszenierung verkommen ist.

Als Büroleiter von Bundeskanzler Vranitzky war ich gemeinsam mit
meinem Gegenüber bei Vizekanzler Busek, Herbert Götz, für die Vorarbeiten
der Koordination der täglichen Regierungsarbeit in der damals noch ‚Großen
Koalition' zuständig. Das lief im Grunde kollegial, oft auch amikal ab (aus
meiner Wahrnehmung auch meistens konfliktfreier als mit Mock vorher oder
Schüssel nachher) und lag vielleicht auch an den äußeren Umständen, vor
allem am großen gemeinsamen Ziel, dem EU-Beitritt. Sicherlich verdrängt
der Erfolg dieser gemeinsamen Anstrengung so manche tägliche politische
Rangelei und hat ja letztlich auch zu zwei – durchaus sympathischen – taktischen Fehlern Erhard Buskes geführt, die ihm innerparteilich umgehend
vorgehalten wurden: ein Bekenntnis zur Fortsetzung der Koalition mit der
SPÖ vor den Wahlen 1994 ‚ohne Wenn und Aber' und das enthusiastische
Absingen der ‚Internationalen' im Festzelt der SPÖ am Abend der erfolgreichen EU-Abstimmung.

Dass er sich davor über viele Jahre schon europapolitisch mit vielen Dissidenten in den noch kommunistischen Staaten regelmäßig getroffen, sich für sie eingesetzt, diese auf vielfältige Weise unterstützt und Kontakte geknüpft hatte, diesbezüglich vielleicht auch weitsichtiger als so manche Sozialdemokraten war, hat man ihm von dieser Seite nicht immer hoch angerechnet. Und später war es zu selbstverständlich. Der schwierige Umgang mit unseren östlichen Nachbarn hat Geschichte. Was Busek wohl zum jüngsten Veto Österreichs gegen den Schengen-Beitritt Bulgariens und Rumäniens gesagt hätte?

Das Schwierige lag oft auch im Persönlichen: Besprechungen mit ihm waren beispielsweise durch eine gewisse Ungeduld gekennzeichnet, er hat daneben oft Akten bearbeitet, heute wäre es wohl das Handy, so, als ob die Beschäftigung mit nur einer Sache, z. B. dem Zuhören, unter seinen Kapazitäten gelegen wäre. In seinen Fachgebieten, etwa der Mitteleuropa-Politik, war ihm diese Ungeduld besonders schwer zu nehmen, was der Sache nicht immer förderlich war.

Die mediale Inszenierung im heutigen Sinn war grundsätzlich auch nicht seines. Sie war ihm aber nicht unbekannt, was sein ambivalentes Verhältnis zur ‚Kronen-Zeitung‘ erklärt.

Im Grunde distanziert, wollte er andererseits auch nicht ganz abseitsstehen und den medialen Glanz seinem Koalitionspartner überlassen. Sein Einsatz für den Ankauf der Sammlung Leopold, genauerhin die Errichtung einer diesbezüglichen Stiftung, hatte wohl auch mit der Freundschaft zwischen dem Kunstsammler Rudolf Leopold und dem Herausgeber der ‚Kronen-Zeitung‘, Hans Dichand, zu tun. Den Sozialdemokraten schienen die aufzuwendenden Mittel von damals 2,2 Milliarden Schilling (etwa 160 Millionen Euro) zunächst wohl frivol, mit der Österreichischen Nationalbank gab es dann doch ein gemeinsames kulturpolitisches Bekenntnis, ebenso wie zu einer grundlegenden Sanierung und Neupositionierung der österreichischen Bundesmuseen, die damals noch nicht einmal vollständig elektrifiziert waren.

Insofern war Erhard Busek immer auch Macher, nicht nur Denker. Folgerichtig hat er ja die unterschiedlichsten politischen Funktionen durchlaufen. Und ist doch immer Politiker geblieben und war nie etwas anderes, wenn man von seinen zahlreichen Ehrenfunktionen gegen Ende seiner Laufbahn absieht. Ein Homo politicus, der als solcher Homo faber mehr als reiner Geistesmensch war.

Und dennoch hielt man ihm die Intellektualität vor, aus welchen Gründen auch immer: den berühmt gewordenen politischen Nachruf des oberösterreichischen Landeshauptmannes Ratzenböck, wonach er, Busek, wohl „zu g'scheit für die Politik" sei, hat er später trotzig als Warnung seinem Nachfolger Schüssel hinterlassen. Und der wachsende Zynismus war wohl Resultat einer Mischung aus Überlegenheitsgefühl und Frustration, was er schwer verbergen konnte.

Machtpolitisch war sein Pech, dass er es mit Schwergewichten wie Kreisky (in seiner, Buseks, Zeit als Generalsekretär der ÖVP), mit Zilk (in seiner Zeit als Wiener Kommunalpolitiker) und mit Vranitzky (in seiner Zeit als ÖVP-Obmann) zu tun hatte.

Über die 35 Prozent, die er als Wiener Stadtparteiobmann 1983 (bis heute unerreicht!) und die 28 Prozent, die er als Bundesparteiobmann 1994 erreicht hatte, wäre die ÖVP heute wohl froh, aber die Zeiten sind andere. Und selbst damals ist auch ihm kein Rezept gegen den aufkommenden Rechtspopulismus eines Jörg Haider eingefallen. Es war fast, als wäre nach dem EU-Beitritt die Luft heraußen und die Kraft erschöpft gewesen, neue Ideen zu entwickeln und innerparteilich wie gesamtstaatlich umzusetzen.

Was bleibt, ist doch eine ganze Menge und die Erkenntnis, dass faktenbasierte, aufgeklärte und wissenschaftlich fundierte Politik, freudig, lustvoll und energisch vermittelt, Veränderungen bewirken kann.

Wo Erhard Busek wirklich politisch wurde, also im Sinn von Gestaltungs- und Veränderungskraft, die nachhaltig Strukturen verändert und Mehrwert für eine gesellschaftliche Mehrheit schafft, war er Europäer. Seine Mitteleuropa- oder auch Nachbarschaftspolitik schuf Perspektiven, gleich ob sie sich aus tiefem Misstrauen gegenüber dem Kommunismus oder aus christlichen Grundwerten speiste. Die Konservativen in Europa, unter ihnen Helmut Kohl zuvorderst, behielten am Ende historisch recht, dass nach dem Mauerfall eine rasche Integration des Ostens in den Westen das besser vollenden konnte, was davor durch das sozial-liberale Konzept des ‚Wandels durch Annäherung' vorbereitet wurde: der Übergang der osteuropäischen Planwirtschaften in westliche, soziale Marktwirtschaften, mit der klaren Perspektive der Integration in die Europäische Union.

Einer, der tüchtig den Boden dafür aufzubereiten half, war der ebenso christlich wie wirtschaftlich geprägte Europäer Busek.

Obwohl nie selbst unternehmerisch tätig (Busek war, wie gesagt, Zeit seines Lebens politischer Funktionär), war er doch familiär durch mittelständisches Wirtschaften ebenso geprägt wie durch katholische Schüler- und Studentenorganisationen.

Wie sich Aufklärung und Glauben miteinander vereinbaren lassen, muss Atheisten wie mir stets verborgen bleiben. Ebenso, wie kapitalistisches Wirtschaften, also die effizienteste Suche nach dem individuellen Vorteil, mit christlicher Nächstenliebe in Einklang zu bringen ist. Aber darüber, wie über so Vieles, ließ sich trefflich mit ihm streiten. Und so konnten sich bei Erhard Busek und einer ganzen Generation christlich-sozialer Politiker Aufklärung, Kapitalismus, Christentum und Demokratie zu einem für die zweite Hälfte des 20. Jahrhunderts argumentierbaren und tragfähigen Konzept zusammenfinden. Solange jedenfalls, als die Realwirtschaft stark genug wuchs und die Verwerfungen des Finanzkapitalismus nicht allzu spürbar wurden.

Und damit sind wir bei der Frage angelangt, ob Politikerpersönlichkeiten wie Erhard Busek auch heute noch eine und, wenn ja, welche Rolle spielen könnten? Anders gefragt: Ob die Politikkonzepte jener Zeit heute noch anwendbar sind?

Selbstverständlich war Busek ein Kind seiner Zeit, ebenso wie die Politik, die er vertrat. Parallelverschiebungen sind unmöglich und die Konsequenzen der Zeitenwende, in der wir uns befinden, werden wir naturgemäß erst in der Zukunft beurteilen können. Fest steht aber doch, dass sich die globalisierte, arbeitsteilige, kapitalistische Weltgesellschaft zunehmend krisenhaft entwickelt. Finanzkrise, Flüchtlingskrise, Klimakrise, Pandemie und Ukraine-Krieg sind nur die geläufigsten Stichwörter, die nachhaltige Verwerfungen und Veränderungen benennen, wie sie in Quantität und Qualität in den westlich-demokratischen Gesellschaften in den letzten sieben Jahrzehnten nicht vorgekommen sind. Das ‚Goldene Zeitalter' der Nachkriegsordnung, wie es Thomas Piketty und andere benennen, scheint einer Dauerkrise gewichen.

Die ebenso erstaunliche, wie aufs Erste erfolgreiche Antwort darauf ist eine etatistische: Massiver Einsatz öffentlicher Mittel half Finanzkrisen und hilft Inflation in den Griff zu bekommen, die Flüchtlingsbewegungen wären ohne öffentlichen (selbstverständlich auch zivilgesellschaftlichen) Einsatz nicht zu bewältigen gewesen, ebenso die Pandemie. Die Klimakatastrophe ist nur durch gemeinschaftliche Kraftanstrengung abzuwenden und schließlich wird der notwendige und berechtigte Widerstand gegen die russische militärische Aggression in der Ukraine kaum privat, sondern öffentlich finanziert.

Darüber scheint ein mittlerweile stillschweigender Konsens zu bestehen: Vergessen sind die ideologischen Gräben, die Forderungen nach ‚Mehr Privat und weniger Staat', die ja auch Erhard Busek vertreten hat. Wo stünden wir in all' den Krisen ohne den Einsatz öffentlicher Mittel? Nationalstaaten und Staatenverbünde wie die EU versuchen heute Antworten zu geben, die gar nicht mehr anders, denn in öffentlicher Verantwortung organsiert werden können. Gleichzeitig wächst globale Ungleichheit, weil die gerechtere Verteilung des Kuchens (noch) nicht gelingt; und noch immer das Wachstum der globalen Finanzwirtschaft weit über jenem der Realwirtschaft steht. In dieser nämlich geht es um die Schaffung von realem Vermögen als wichtigste Profitquelle, in jener hingegen (nämlich der Finanzwirtschaft) lediglich um fiktive Bewertungsveränderungen bestehender Vermögen und folglich um Akkumulation und nicht um Innovation. Da besteht dringender Regelungsbedarf!

Selten in der Menschheitsgeschichte stand gleichzeitig zwei grundlegenden innovativen Revolutionen, nämlich jener der Gentechnik und jener der Digitalisierung, soviel frei verfügbares Kapital, öffentliches wie privates, gegenüber. Nach dem englischen Nationalökonomen Nicholas Stern müsste das zu beträchtlichem Wachstum (wirtschaftlich, geistig) führen. Und zwar so, dass alle etwas davon haben und nicht nur einige Wenige. Wissen immerhin ist eine der Ressourcen, die sich durch Teilen vermehrt. Und letztlich auch Wohlstand. Theoretisch zumindest gäbe es Gründe für globalen Optimismus.

Ich bin sicher, das hätte dem Christen Busek gefallen, zumindest hätte man mit ihm darüber diskutieren können. Und vielleicht wäre er auch einer jener gewesen, der am nötigen Narrativ dafür mitformuliert hätte: einer Geschichte von Mut und Aufbruch. Einer Geschichte, die kollektiv gelebt, verstanden und mitgetragen werden kann. Wie jene der Mondlandung in den 1960er-Jahren, in der eine US-induzierte und stark politisch-ökonomisch motivierte Durchsetzung nationaler Interessen zu einem Schwung kollektiven Optimismus führen und zur Basis der digitalen Revolution werden konnte. Vor allem aber zu einem globalen Gefühl, dass nur wir es sind, die uns Grenzen setzen und folglich auch überschreiten können.

Wahrscheinlich hätte er da gerne mitgeholfen, der schwierige Doktor Busek.

Armin Thurnher

Begegnungen mit Erhard Busek

„Der bessere Österreicher", so habe ich ihn in meinem Nachruf im ‚Falter'
genannt. Meine Beziehung zu Erhard Busek begann schon lange vor dem
Erschienen des ‚Falter'. Er gehörte zu einer Gruppe Wiener Intellektueller,
die dem fernen Bregenzer Mittelschüler in den 1960er-Jahren durch die
Zeitschrift ‚Aspekte' bekannt wurde, die politisch anspruchsvoll und litera-
risch ansprechend ein Bild der ÖVP vermittelte, das nach Aufbruch roch, ein
wenig wie die katholische Kirche nach dem Konzil. ‚Blatt für denkende junge
Menschen' nannte sich die Zeitschrift, Heide Pils war die Chefredakteurin,
Alfred Komarek, Paul Kruntorad und Alfred Treiber sorgten für literarische
Attraktivität.

An der Spitze der katholischen Mittelschüler-und Studentenbewegung stand
als Leiter (‚Führer" hieß das damals ungeniert) Erhard Busek. Er kam nicht aus
dem CV, dessen ‚progressiver' Flügel mit Leuten wie Werner Vogt um 1968
Furore machte und bald ausgeschlossen wurde. Der Unterschied zwischen
CV und Nicht-CV war nicht zu unterschätzen. Für mich kleinen Mittelschüler im Westen, wo Sozialismus unbekannt war und die Volkspartei die einzige
Denkmöglichkeit politischer Orientierung darstellte, markierte dieser Unterschied eine biografische Entscheidung, die man mit 14 Jahre zu treffen hatte.
Entschied man sich für den Mittelschülerkartellverband, entschied man sich
für eine Karriere mit Anschub in Honoratiorenkreisen; entschied man sich für
die Mittelschulbewegung, dachte man weniger an die eigene Karriere als an
eine bessere Welt. Man dachte moralisch, interessierte sich für Begründungen
und dafür, die Welt kritisch zu sehen.
    Dafür stand Busek zweifellos. Seine Wurzeln hatte er auch in jenem katho-
lischen Antifaschismus der Hochschulbewegung, den man mit Namen wie
denen des Prälaten Karl Strobl, des Historikers Friedrich Heer oder des Philosophen Michael Benedikt verbindet. Sie kritisierten Bruno Kreisky scharf
vor allem dafür, dass er mit alten Nazis Kompromisse schloss, um seine
gesellschaftlichen Reformen durchzusetzen. Trotzdem machte Busek eine
typische ÖVP-Karriere. Als studierter Jurist wurde er schnell Generalsekretär
des Wirtschaftsbundes. Als Wiener ÖVP-Parteiobmann sah er eine Chance
zur Modernisierung, weil er rascher als die roten Wiener Betonköpfe erfasste,
dass nach 1968 nur ein kulturelles Nachholprogramm die Chance zur Erneuerung, ja zur Mehrheit bot. Die Wiener SPÖ hatte nicht begriffen, dass das

Nachkriegsösterreich nach dem Wirtschaftswunder einer mentalen Modernisierung bedurfte.

Solche Erwartungen auf einen Aufbruch wurden in der Bundespolitik nicht von der ÖVP erfüllt, sondern von Bruno Kreisky. Wenn Erhard Busek darunter litt, ließ er es sich nicht anmerken. Seine Reaktion auf die von der Linken entwendete Modernisierung bestand in einer originellen Hinwendung zur jungen Umweltbewegung, zu den Freiheitsbewegungen des Ostblocks, zu denen die Linke kein entspanntes Verhältnis fand, und zu einer progressiven Heimatbewegung zwischen Ortskernrevitalisierung und Urbanismus.

Aufgrund meiner Herkunft fühlte ich mich seiner Generation von Katholiken auf paradoxe Weise verbunden, sodass ich von einer gleichsam persönlichen Beziehung zu Erhard Busek sprechen kann; es gab mehr Berührungspunkte als mit den meisten Politikern in meiner Biografie (das waren nicht wenige); ich werde versuchen, das etwas auszuführen.

Zu einer Annäherung zwischen dem jungen Thurnher und Erhard Busek kam es dennoch nicht. Ich war nach einem Studienjahr in den USA (1967/1968) links politisiert, hatte unter dem Eindruck von Vietnamkrieg, Bürgerrechts- und Hippiebewegung meine linkskatholischen Anfänge radikal hinter mir gelassen. Die amerikanische Studentenbewegung immunisierte mich immerhin gegenüber stalinismusfreundlichen Tendenzen der europäischen Post-Achtundsechziger. Aber auf die Idee, mit dem Kontakt aufzunehmen, was ,wir' als etablierte Politik empfanden, wäre ich nicht gekommen. Mit ,wir' meine ich die immer kleiner werdende nichtautoritäre Fraktion der Studentenbewegung.

Die Arroganz unserer Generation ist selbst für unsereinen im Nachhinein schwer vorstellbar. Selbst Gelegenheiten, mit Friedrich Heer privat ins Gespräch zu kommen, das dieser solitäre österreichische Intellektuelle mit unsereinem durchaus gesucht hätte (man lese seine Schriften über die Jugendbewegung und das von ihm so genannte „liebe Langhaar"), verschmähten meine Freunde und ich mit heute unverständlich wegwerfender Geste. Heer war regelmäßig zu Gast bei sonntäglichen Mittagessen bei einer Wiener Bürgerfamilie aus der Umgebung der Hochschulbewegung, von Neuland und katholischem Widerstand gegen Hitler. Durchaus Busek-affine Menschen also, mit deren Kindern ich befreundet und wo ich deshalb regelmäßig eingeladen war. Bis auf wenige Ausnahmen, die sich mir allerdings ins Gedächtnis eingebrannt haben, hat sich kein Gespräch mit Heer ergeben.

Die Kreisky-Manie meiner Generation mochte ich ebenfalls nicht teilen; Kreisky war für mich ein Establishment-Politiker wie jeder andere. Wie hätte ich Erhard Busek anders wahrnehmen sollen? Im Gegenteil, die Versuche seiner Werbeabteilung, sich an unsere Alterskohorte anzupirschen, forderten – der ‚Falter‘ war 1977 gerade erstmals erschienen – unseren satirischen Übermut heraus. Man kann uns das nicht verdenken, Erhard Busek ließ sich tatsächlich mit ins Foto montiertem Beatles-Pilzkopf zu Werbezwecken abbilden. Das war seiner unwürdig, unseren Spott dafür hat er verdient. Er musste ihn allerdings mit Leopold Gratz und anderen Mitgliedern der Rathausfraktion teilen, deren politische Werbeversuche wir mitleidlos vernichteten.

Hier aber fand sich ein erster Anknüpfungspunkt. Wenn es eine Annäherung oder eine Verwandtschaft zwischen ihm und uns jungen – der Plural bezeichnet mittlerweile bereits das Team des ‚Falter‘ – dann war es sein Aufsprengen der Wiener SPÖ-Dominanz. Diese Partei hatte sich in einem Ausmaß verkrustet und verknöchert, das auch durch jene Skandale nicht aufzubrechen war, an deren Aufdeckung durch Alfred Worm im ‚Profil‘ Erhard Busek als Informant nicht ganz unbeteiligt war: den AKH-Skandal vor allem. Uns empörte aber noch mehr als dieser die Schleifung des Arena-Geländes im Sommer 1976, in der sich die Gemeinde als sturer Verein von Betonierern zeigte. Vom Erbe des Roten Wien war nichts geblieben als die Verwaltung einer überragenden Parteimacht.

Zugleich hatte sich im Protest gegen die Schleifung, in der einen Sommer lang dauernden Arena-Besetzung gezeigt, dass ein kulturaffines Publikum in einer beachtlichen Größe vorhanden war. Objektiv gehörten der ‚Falter‘ und Buseks Versuche also zum gleichen Phänomen: der Opposition gegen eine gleichsam vormoderne Wiener Sozialdemokratie. Wenn wir auch die Formen und Vorschläge der ‚bunten Vögel‘ nicht billigten und teilweise als Kitsch verdammten, so waren wir umgekehrt in Buseks Perspektive in jenen bunten Vögeln inkludiert. Und man konnte sagen, was man wollte, als Sprecher und öffentlicher Akteur forderte Busek mehr als andere jener Zeit (Kreisky wie gesagt ausgenommen) unseren Respekt.

Er war tatsächlich ein Intellektueller, das heißt, er begründete sein politisches Tun öffentlich, skeptisch und sogar selbstkritisch. Damit stellte er sich außerhalb des österreichischen Mainstreams, in dem Intellektuelle, zumindest nach 1945, stets auf Randrollen verwiesen waren. Friedrich Heer bot dafür ein beklagenswertes Beispiel. Selbst Kreisky begnügte sich damit, seine kulturelle Kompetenz als Leser von Musils Roman ‚Der Mann ohne Eigenschaften‘ auszustellen, in der Politik aber zu behaupten, lieber mit den Massen zu irren als gegen die Massen recht zu behalten.

Man darf in der Intellektuellenfeindlichkeit der österreichischen Öffentlichkeit gewiss einen Rest der antisemitisch grundierten Intellektuellenverachtung der Nationalsozialisten sehen; sie wurde in der Zweiten Republik Folklore und konnte als Ressentiment mühelos von Jörg Haider wiederbelebt werden. Zum Leitmedium der Eliten wurde rasch die ‚Kronen Zeitung‘. Erhard Busek kümmerte sich von Anfang an nicht darum und argumentierte stets politisch. Scharf argumentieren zu können trug ihm bestenfalls das Attribut einer scharfen Zunge ein oder den Vorwurf mangelnder menschlicher Wärme. Eine selbstironische Charakterisierung des ÖVP-Führungsduos, das Busek mit Josef Taus bildete, lautete „zwei kalte Knackwürste mit Brille“. Mit solchen Vorwürfen war naturgemäß auch gemeint, dass Busek sich weigerte, mit dem Boulevard jene symbiotische Existenz einzugehen, ohne die man in Österreichs Zweiter Republik seit jeher meint, nicht Politik betreiben zu können.

Über Erhard Busek nicht in persönlichen Erinnerungen zu denken, fällt mir schwer. Er war der erste ‚offiziöse‘ Politiker, der mit denen vom ‚Falter‘ sprach, lange vor allen anderen. In Zeiten vor der Verallgemeinerung der Medienmacht sprachen Politiker, das haben manche vergessen, längst nicht mit jenen. Die Kräfteverhältnisse haben sich verschoben.

Es war 1983, ein Jahr vor der Besetzung der Hainburger Au. Es gärte in den sozialen Bewegungen, wie man das damals nannte. Die Gründung einer Partei stand an, aber die potenziellen Grünen zierten sich, wollten außerhalb des Parlaments bleiben, nannten sich noch nicht ‚Grüne‘, sondern ‚Alternative Liste‘ und dergleichen. Da sagte Erhard Busek, immerhin seit 1976, dem Jahr der Arena-Besetzung, Wiener Parteiobmann der ÖVP und durchaus für die SPÖ beängstigend erfolgreich bei Wahlen, für ihn sei der natürliche Koalitionspartner die Alternative Liste.

Daraufhin schien es dem Kollegen Mischa Jäger und mir Zeit, mit ‚der Politik‘ das Gespräch aufzunehmen, wir gingen hin und interviewten Erhard Busek.[1] Ich kann mich noch an unsere Skepsis vor diesem Gespräch erinnern; andererseits wusste ich von meinen Frankfurter Kollegen vom ‚Pflasterstrand‘, der Zeitschrift Daniel Cohn-Bendits, dass in Deutschland Gespräche sowohl mit der SPD als auch mit der CDU liefen, mit Gerhard Schröder wie mit Heiner Geißler, die auf eine zukünftige Regierungsbeteiligung der Grünen abzielten. Solche politischen Perspektiven waren unseren Alternativen fremd, sie plagten sich noch mit der Frage, ob sie eine parlamentarische Partei werden sollten oder nicht.

Anders Erhard Busek. Er hatte ganz offenbar eine ähnliche Perspektive. Unser Gespräch dauerte ziemlich lange, und wir brachten es im ‚Falter‘ in zwei

---

1 *„Sie kennen ja den Standpunkt der Volkspartei.“* – Gespräch mit Erhard Busek. In: Falter 12/1983, S. 3-4, und als Fortsetzung unter dem Titel: *„Ich sehe das Problem noch tiefer als Sie.“* In: Falter 13/1983, S. 7-8; die folgenden Zitate stammen aus diesem Interview.

Folgen zu jeweils einer Doppelseite. Das war ziemlich viel Platz für jemanden, den wir knapp zuvor noch gnadenlos verarscht hatten; aber dass ein führender Politiker sich auf eine offene, phrasenarme politische Diskussion mit uns einließ, die wir vom Rest des politmedialen Komplexes zu Recht als randständige Sonderlinge betrachtet wurden, das wussten wir doch zu würdigen.

Der Busek des Jahres 1983 zeigt sich in diesem Gespräch nicht nur in Bezug auf die Vorwegnahme von Schwarz-Grün weit seiner Zeit voraus. Er wich keinem Thema aus, auf das wir ihn ansprachen. Als wir ihn auf fehlende Distanzierung vom Antisemitismus in einer von der ÖVP veranstalteten Lueger-Ausstellung ansprachen, die im ‚Falter‘ kritisiert wurde, sagte er: „Wir haben nur Lueger als Kommunalpolitiker gebracht. Wenn Ihr Rezensent den Katalog gelesen hat, war die Distanzierung vom Antisemitismus in der Einleitung drinnen, das wurde auch bei der Eröffnung der Ausstellung von mir deutlich gesagt." Auf unseren Einwand, er habe das doch vom Antisemitismus Schönerers unterschieden (wir hatten uns vorbereitet!), entgegnete er: „Es gibt unterschiedlichen Antisemitismus. Der Schönerer-Antisemitismus ist ein deutschnationaler Antisemitismus, Luegers Antisemitismus ist ein opportunistischer, taktisch politischer. Es ist kein Antisemitismus gut. Es gibt auch den Antisemitismus des Sozialdemokraten Pernerstorfer, der ein antikapitalistischer Antisemitismus gewesen ist. Es ist keiner gut, es gibt nur verschiedene Beweggründe." Er glaube nur, dass auch eine Stadt wie Wien mit Personen wie Lueger leben müsse. Man solle nicht bestreiten, was Lueger der Infrastruktur dieser Stadt gebracht habe, nur weil er ein Antisemit war. „Ich glaube, dass es notwendig ist, dazuzusagen, dass diese Facette des Lueger abzulehnen ist und Dinge erzeugt hat, die mehr als problematisch sind. Aber man soll sich seine Geschichte nicht nehmen lassen. Wir sind sogar, da das eine der Wurzeln der ÖVP ist, verantwortlich dafür. Wir müssen uns zur Person, zu den Leistungen und den Fehlern bekennen. Man kann sich's nicht aussuchen."

Das war erstaunlich offen, ebenso Buseks Mut, ja Lust, sich von den Betonierern und Reaktionären in der eigenen Partei zu distanzieren. Auf freundliche, aber bestimmte Weise:

„Es gibt Konflikte, und die trage ich aus, weil ich glaube, dass das einfach notwendig ist. Am deutlichsten ist für mich der unterschiedliche Bewusstseinszustand immer im Gespräch mit dem Tiroler Landeshauptmann Wallnöfer, den ich sehr schätze. Der sagt: Mehr Beton bedeutet mehr Freiheit und mehr Entwicklungsmöglichkeit für Bauern oben auf der Alm, und mehr Strom bedeutet mehr Arbeitserleichterung. Und ich sage ihm immer wieder, dass wir eh schon ein Ausmaß erreicht haben, das eigentlich schon einen Sättigungsgrad hat, und dass das daher alles problematisch ist, weil es uns in jeder Hinsicht aus dem Gleichgewicht bringt. Und Sie sehen an diesen unterschiedlichen

227

Generationen, um welches Problem es sich wirklich handelt: Er macht ja das nicht aus Freud am Beton oder aus Freud am Strom, sondern auch aus einem gewissen Befreiungswunsch, den er in sich hat. Nur glaube ich, sind die Befreiungssehnsüchte heute wo anders, als er sie ortet – aus meiner Sicht."

Aus ähnlichen Gründen plädierte er gegen große Industrie und für kleine Betriebe, und gegen die Intervention der USA in Nicaragua, die ÖVP-Parteigenossen durchaus befürworteten (allerdings forderte er von den Sandinisten auch demokratische Wahlen). Andererseits versuchte er auch nicht, bestehende Differenzen in Bezug auf Sexualmoral wegzuwischen. Wir galoppierten mit ihm durch die Themen, und am Ende beschämte er uns beim Thema Wohnen, indem er sagte:

„Die Gemeinde Wien ist der beste Kapitalist, den ich kenne. Ich sag's Ihnen aber gleich, ich kann Ihnen keine Lösung anbieten. Das ist eines der Dinge, wo ich mir völlig unsicher bin. Ich sehe: Der kommunale Wohnbau – wenn ich jetzt alle Vorurteile, die die ÖVP historisch dagegen hat, wegtue – ist für die Leute teuer und nicht mehr erschwinglich, wir zahlen ihnen Wohnbeihilfe und die Leute sind abhängig vom Hausinspektor. Der Genossenschaftsbau, da sind die Leute abhängig vom Wohnbauträger, und werden außerdem, wenn sie die Wohnung weitergeben, um das geschnalzt, das sie hineingesteckt haben. Der Eigentumswohnbau hat sicher seine Qualitäten, hat aber die Schwierigkeit, wenn Leute gemeinsam über ihr Eigentum bestimmen, dass es sehr schwer beweglich ist. Hier ist mein Beispiel ‚Tausche Kinderspielplatz gegen Autoparkplatz'. Beim Zinshausbau klassischer alter Prägung gibt es die Abhängigkeit vom Hausherrn, das Problem Ware und Ausbeutung. […] Ich habe noch kein praktikables Modell gefunden."

Als wir ihn zum Schluss auf seine uns zweifelhaft erscheinende Werbung ansprachen, antwortete er nicht polemisch, sondern ausführlich. Selbstkritisch gab er zu, in politischer Werbung ein Problem zu sehen, weil sie Gefühle und Bilder vermittelt, aber keine politischen Argumente.

Wann hört man so etwas von einem Politiker? Bei diesem Interview war eine gewisse Sympathie zwischen uns entstanden, die noch durch einige Umstände verstärkt wurde. Auch Busek versuchte sich als Herausgeber einer Zeitung und bewunderte offenbar, was uns mit dem ‚Falter' gelungen war. Das ‚Wiener Journal', sagt er offen, betrachtete er als weltanschauliche Konkurrenz, und versuchte zugleich von uns abzuschauen, was möglich war. Er ging so weit, sich mit Jörg Mauthe zu einem Redaktionsbesuch anzusagen (kein anderer Politiker kam je auf so eine Idee), was uns in einige Verlegenheit brachte, die noch wuchs, als wir das nie benützte gute Kaffeegeschirr für Gäste aus der Schachtel holten und den beiden verdutzten Gästen mit dem Kaffee ein paar Silberfischchen in den Untertassen servierten.

Als Erhard Busek bemerkte, dass ich mich weigerte, in Medien aufzutreten und öffentlich ungern sprach, redete er mir zu. Öffentliche Auftritte gehörten zu meiner Rolle als Medienmann, da müsse ich mich überwinden, Scheu oder Ekel, das sei egal, da müsse man durch. Lernen Sie öffentlich sprechen, sagte er mehr als einmal zu mir. Er lud mich auch in seinen Salon in seiner Privatwohnung hinter der Karlskirche ein, wo man lange vor dem Fall des Eisernen Vorhangs auf Leute wie den polnischen Historiker und späteren Außenminister Władysław Bartoszewski traf.

Karl Schwarzenberg („Ihr Abonnent in Prag", sagte der, wenn er mich traf) hatte gewiss einen belebenden Einfluss auf unsere Beziehung. Schwarzenberg hatte in Busek einen Partner bei seinen Unternehmungen, Dissidenten im kommunistischen Ostblock zu unterstützen. Er versuchte, nach der Renovierung seines Palais dieses zu einem intellektuellen Begegnungsort zu machen; bei der Eröffnung traf ich einen etwas derangierten Busek, der es ausnahmsweise ablehnte, kurz zu plaudern. Er hatte nämlich gerade entdeckt, dass er auf dem gedruckten Programm als „Festredner" angeführt war. Dabei habe ihn Schwarzenberg nur gebeten, ein paar Worte zu sagen. Das machte Busek denn doch ein wenig nervös, er löste die Aufgabe aber mit Bravour.

Unser beider Gegnerschaft zur ‚Kronen Zeitung' wirkte nicht einigend, aber ebenfalls verbindend. 1991 wurde Busek Bundesparteiobmann der ÖVP. In der Koalition mit Franz Vranitzkys SPÖ hatte er als Vizekanzler die Trümmer der Waldheim-Katastrophe aufzuräumen, was ihm weder die Partei noch die ‚Kronen Zeitung' dankten. Da er auch als Wissenschaftsminister agierte und für das Museumsquartier verantwortlich war, sah er sich einer Kampagne dieses Blattes gegen die Architektur der Brüder Ortner ausgesetzt. Der wahre Grund war ein geplanter Leseturm, der die Sicht eines Großabonnenten der Zeitung auf die Innenstadt verstellt hätte. Busek beharrte auf diesem Turm, das Blatt brachte ihn zu Fall. Anders als andere Politiker nahm er diese Gegnerschaft nicht nur untertänig geduckt zur Kenntnis, sondern stellte sich ihr und sprach offen über die Interessen dieses Blattes.

In einem Text in der Ausgabe zum 30-jährigen Erscheinen des ‚Falter' (dem meiner Erinnerung nach einzigen Originaltext, den wir von ihm brachten) nannte Busek noch ein paar andere Gründe für die Feindschaft der ‚Krone': „Als Helmut Zilk in Wien Bürgermeister wurde, hat mir der große Herausgeber des Kleinformates deutlich gesagt, dass ich nun bei seinem Blatt keine Chance mehr hätte, denn ‚da Helmut is a Freund'. Ich habe die offene Art des Herausgebers geschätzt, die Konsequenzen weniger." Und er zog die bittere Bilanz: „Hätte ich mich doch rechtzeitig mit Hans Dichand arrangieren sollen? Antwort: Nein, ich kann zwar in keine Zeitung mehr schauen, dafür aber in den Spiegel! Die Demokratie reicht so weit wie die Stimme ihres Herolds." So etwas auszusprechen war in Österreich unerhört. Darin unterschied sich Busek von Kreisky, der sich mit der ‚Kronen Zeitung' arrangiert hatte.

Aus dem „Gespräch der Feinde" (Heer) zwischen uns wurde dennoch keine politische Freundschaft. Ich gehörte doch zu denen, was er „die Frequentanten von Oswald & Kalb" (dem linken Szenelokal der 1980er-Jahre, Anm.) nannte, „die Steuermittel unter sich aufteilen", was mir allerdings nur sehr unzureichend gelang. Auch seine Gegnerschaft zu Burgtheaterdirektor Claus Peymann vermochte ich nicht zu teilen. Am gegenseitigen Respekt änderte das nichts.

Sein Konzept Mitteleuropas wurde von der Linken, auch von mir, misstrauisch beäugt, bis ich sein mit Emil Brix verfasstes Buch las; er hatte tatsächlich nicht jenen österreichischen Menschen im Sinn, der in den 1920er-Jahren eine zweifelhafte Rolle in der Herstellung einer österreichischen Ideologie gespielt hatte, sondern ein anderes Europa. Nicht eines, das in jeder Hinsicht aus der Balance gerät. Viktor Orbán ist so gesehen auch ein Ergebnis westlicher Ignoranz. Das Konzept Mitteleuropa war wohl das Zentralstück von Buseks politischer Ideologie. In seinem Institut für Mitteleuropa und den Donauraum erforschte und gestaltete er Beziehungen zu den Ländern dieser Region. Das war von Anfang an, von seinem durchaus auch persönlich riskanten Engagement für Dissidenten im Kommunismus, kein reaktionäres Habsburger-Nostalgie-Projekt, als das es missverstanden wurde. Busek hatte erkannt, dass eine EU ohne Mitteleuropa nur ein unkomplettes Wesen darstellt.

Statt dass ihn seine Partei als wahren Europäer und Elder Statesmann gefeiert hätte, wendete sie sich nach seiner von der ‚Kronen Zeitung' bewirkten Demontage erleichtert von ihm ab. Im zitierten ‚Falter'-Beitrag charakterisiert Busek das so: „Der Chefredakteur einer großen Bundesländerzeitung, die einem katholischen Presseverein gehört, fragt mich einige Monate nach der Wahl freundschaftlich: ‚Warum hast du dich nicht mit dem Dichand arrangiert?' Wenigstens Christen sollten sich auch noch die Frage nach der Wahrheit stellen [...]."

Wolfgang Schüssel – mit ihm in der Katholischen Jugend und mit ähnlichen Wurzeln – brach die Beziehungen zu ihm ab, als er 1995 Busek als ÖVP-Chef folgte. Michael Spindelegger, ein weiterer Nachfolger, betrachtete Busek als

Unheil. Der Grund für den doppelten Bruch war klar: Busek mochte eine Koalition mit der post- und präfaschistischen österreichischen Rechten, sei es unter Haider oder unter Strache, nicht als politische Möglichkeit akzeptieren, obgleich es ihm nur ein sekundäres Problem schien, verglichen mit den europäischen Herausforderungen, wo Spindelegger nur in größerem Maßstab zu wiederholen versuchte, was Schüssel in Österreich begann.

Die europäische Perspektive schien Busek die einzig richtige, die einzig bestimmende, aber sie sollte weder in einseitiger Westorientierung noch in Abwendung vom Westen bestehen. In einer Neuauflage seines Mitteleuropabuches bekräftigte es das noch einmal ausdrücklich. In Österreich hatte er sich damit wieder als Außenseiter kenntlich gemacht; man hielt ihm nicht seine zukunftsfähige Perspektive zugute, sondern kreidete ihm an, dass er nach der erfolgreichen Volksabstimmung zum EU-Beitritt mit Sozialdemokraten gemeinsam die ‚Internationale‘ angestimmt hatte. Eine für Schattierungen unempfängliche, im wahrsten Sinn des Wortes stumpfsinnige österreichische Öffentlichkeit sah dies als eine Art Verrat an; die eigenen Leute meinten wohl, hier habe einer sein wahres Gesicht gezeigt.

Die Wahrheit war, sie spürten, dass Busek einer war, der zwar Parteiloyalität praktizierte (und eine durchaus konsequente Personalpolitik betrieb), den aber sein Intellekt dazu verführte, auch den eigenen Leuten gegenüber skeptisch zu bleiben. Busek sah Sebastian Kurz zumindest im privaten Gespräch kritisch; den Erfolg für die ÖVP nahm er, der zwischendurch aus Verdruss sogar die Neos gewählt hatte, zwar durchaus erfreut zur Kenntnis, aber er kritisierte, Kurz „verschnösele“, wie er es sagte. Ich drückte es härter aus. Am Ende unterstützte Busek noch Gernot Blümel, als dieser Wiener ÖVP-Chef war. Busek war gewiss kein Mann des unbedingten Parteilagerdenkens, aber doch der Parteiloyalität, was performative Selbstwidersprüche inkludierte.

Eine Einladung zu einer Diskussion schlug er nie aus; seine umfassende Bildung machte es möglich, mit ihm genauso über indische Politik zu diskutieren wie über europäische Geschichte. Ich war immer wieder erstaunt über das Ausmaß seines politischen Wissens. Seine Gesprächsbereitschaft war keineswegs der Versuch, mich in sein Lager zu ziehen. Er wusste, dass das keinen Sinn hatte. Es war vielmehr der Beitrag eines Mannes zur Öffentlichkeit; dass diese Auseinandersetzungen braucht und unter dem boulevardisierten und provinzialisierten polit-medialen Komplex nicht nur leidet, sondern ausgelöscht wird, was wiederum der Demokratie und damit der Freiheit den Boden entzieht, das war Erhard Busek schmerzlich bewusst.

Auch wenn er sich manchmal selbst im Weg stand, wie das bei Hochbegabten oft der Fall ist, so stand er doch für die besseren Möglichkeiten eines österreichischen Konservativismus. Die Hoffnung bleibt, dass dieses von ihm hinterlassene Erbe eines Tages doch noch Früchte trägt, und dass in seinem Sinn in allen Lagern eine Politik gemacht wird, die nicht geschichtslos auf der bloßen Anwendung von Marketingprinzipen beruht, auf korrupte Medialpartnerschaft setzt und auf persönlichen Vorteil abstellt, sondern von politischen Ideen ausgeht und so etwas wie das allgemeine Wohl beabsichtigt; zumindest das Wohl einer möglichst großen Zahl von Menschen.

Lukas Mandl

Buntes Leuchten in eine graue Welt

‚Balkan nach Europa - sofort!‘[1] So lautet der Titel einer der letzten Publikationen von Erhard Busek. Es handelt sich um ein Büchlein, das Busek 2021
zusammen mit Sebastian Schäffer herausgegeben hat. Der Inhalt besteht aus
den wenigen wirklich wichtigen politischen Botschaften im Zusammenhang
mit dem Balkan – im tagespolitischen Sprachgebrauch würde man sagen: mit
dem Westbalkan – sowie aus einem guten Dutzend an Geschichten im Zusammenhang mit dem Balkan, welche die beiden Autoren persönlich erlebt haben.
   Den Grund dafür, diese Publikation in genau dieser Weise zu machen,
erklären die Autoren selbst in einleuchtender Weise:

> „Deshalb haben [wir] uns dazu entschlossen, ein paar persönliche G'schichterl von
> Erlebnissen und Eindrücken aufzuschreiben. Anstatt einen weiteren Schmöker über die
> bewegte Historie, die aktuellen Entwicklungen und großen Herausforderung des West-
> balkans vorzulegen, wollen wir das hier kurz und prägnant machen. Denn trotz der nöti-
> gen Verkürzung […] dient diese Form unserer Meinung nach viel besser unserem Anlie-
> gen. Vielleicht braucht es auch gerade diese Beschränkung, um sich auf das Wesentliche
> zu konzentrieren. Auf den folgenden Seiten erzählen wir von Grenzen, Glauben und
> Grausamkeiten, von Fabeln, Frieden und Fußball. All das aus unseren subjektiven Erin-
> nerungen zum Balkan, die dadurch auch ein Zeugnis ihrer Zeit sind."

Der Balkan liegt in Europa, sogar mitten in Europa. Aber die EU hat es bisher
verabsäumt, in geeigneter Weise für die institutionelle Integration zu sorgen.
In Buseks und Schäffers oben erwähntem Buch liest sich völlig richtig das:
„Man beschränkt sich darauf, irgendwelche nebulosen Daten für mögliche
Erweiterungen zu nennen. […] Ansonsten wird aber weggesehen. Zum Beispiel, wenn sich China mit seiner Wirtschaftspolitik und die Türkei mit den
Erinnerungen an das Osmanische Reich im Weichteil unseres Kontinents –
eben diesem Balkan – breitmachen."
   Es hat schon tragisch-komische Züge, wie seitens der Europäischen Kommission immer wieder dieselben ausgetretenen Pfade beschritten werden, die
bisher nur in Sackgassen geführt haben. Der bürokratische Zugang, mit
großer Sturheit und nach Schablonen Beitrittskapitel zu verhandeln, davor
noch den sogenannten Beitrittskandidatenstatus auf ein Podest zu stellen,

---

1   Erhard BUSEK/Sebastian SCHÄFFER, *Balkan nach Europa – sofort!* (Wien 2021). Die fol-
     genden Zitate sind diesem Werk entnommen.

und sich dann ständig in Kleinigkeiten zu verlieren, während die großen politischen Entwicklungen auf der Welt, die höchst relevanten politischen Entwicklungen in der Westbalkan-Region sowie die Bedürfnisse der Europäerinnen und Europäer außer Acht gelassen werden, ist schlicht falsch.

Erhard Busek hat das in Kenntnis des Westbalkan, als Österreicher und Europäer, mit all seiner politischen Erfahrung und intellektuellen Größe, genau gespürt, gewusst und auch artikuliert. Ich erinnere mich besonders an eine Diskussionsrunde, die ich im Wiener Haus der Europäischen Union zu Beginn der aktuellen EU-Legislaturperiode veranstaltet habe, wo Erhard Busek in einer für mich nicht typischen Schärfe, aber immer respektvoll, und in einer ebenso redlichen wie klaren Sprache, die der heutigen Tagespolitik leider verloren zu gehen droht, gegenüber der Berichterstatterin des Europaparlaments für den Kosovo, meiner deutschen Kollegin Viola von Cramon-Taubadel, eine klare Perspektive jenseits der Klein-Klein eingefordert hat.

Nun wäre – wie auch Busek wusste – die Adressatin dieser Botschaft eher die Europäische Kommission als das Europäische Parlament. Aber wichtig war und ist die Botschaft. Dass und wie Busek diese Botschaft im Büchlein ‚Balkan nach Europa - sofort!‘ schriftlich niedergelegt hat, ist nicht weniger als ein Vermächtnis. Es ist bei Weitem nicht das einzige, aber es thematisiert eine für ganz Europa nachgerade essenzielle Frage.

Erhard Busek verstand sich auf etwas, woran es in der heutigen Politik – europaweit – auf allen Ebenen schmerzlich mangelt: auf Leadership! Führen heißt, zu dienen. Das hat Busek Zeit seines Lebens gemacht – für das Gemeinwohl jetzt und in Zukunft. Führen heißt auch, Prioritäten zu setzen. Darin war Erhard Busek ein wahrer Meister. Er hat als Wiener Kommunalpolitiker dieser Stadt eine Lebendigkeit geschenkt, die Wien vor dem Fall des Eisernen Vorhangs, durch den unsere Bundeshauptstadt vom Rand – wieder – ins Zentrum gerückt ist, dringend gebraucht hat. Busek hat vor dem Fall des Eisernen Vorhangs die Freiheitsbewegung im so genannten ‚Ostblock‘ unterstützt, und zwar nicht nur durch Worte – auch wenn deren Kraft nie zu unterschätzen ist, wie Busek wie kaum jemand wusste –, sondern durch konkretes Handeln. Legendär sind die immer wieder hinterbrachten Geschichten über die Druckmaschinen für die Produktion von Flugzetteln und dergleichen.

Der intellektuellen Größe Buseks bin ich mir bewusst, seit ich politisch denke. (Des wahrlich staatstragenden Verantwortungsbewusstseins, das Busek gelebt hat, bin ich mir erst später bewusstgeworden. Aber dazu unten mehr.) Als ich vor genau drei Jahrzehnten – als Klassensprecher und als Schülervertreter auf Landes- und später auf Bundesebene – politisch aktiv geworden bin, war Busek Parteichef der Österreichischen Volkspartei und

Vizekanzler unserer Republik. Als Jahre später im Rahmen einer Veranstaltung auf der Politischen Akademie jemand Busek gegenüber eine Wortmeldung mit dem Halbsatz beendete, dass „[…] Busek letztlich deshalb gescheitert" sei, reagierte der mit seinem unnachahmlichen Sinn für Ironie – diese hat im Gegensatz zum Zynismus mit Menschenfreundlichkeit und Selbstreflexion zu tun, während jener mit Menschenfeindlichkeit und Hybris zu tun hat – mit einem Schmunzeln und der spontanen Aussage: „Ja, ich bin bis zum Vizekanzler gescheitert."

Nein, Busek ist nicht gescheitert, und das gilt nicht nur für Ämter und Funktionen, die er nicht nur ausgeübt, sondern geprägt hat. Das gilt dafür, dass sein Wesen nächsten Politikergenerationen vermittelt hat, wie es gehen könnte, ja wie es gehen sollte. Wer sehen will, der sehe.

Bleiben wir beim Stichwort der Prioritätensetzung: Klar hat es in der Volkspartei für Kritik gesorgt, als Busek im Jahr 1994 vor der Wahl sagte, er strebe für nach der Wahl wieder eine Große Koalition an, und zwar wörtlich „ohne Wenn und Aber". – Ja, die Große Koalition hatte damals Schwächen, hatte immer Schwächen, hatte allerdings auch Stärken, die vielen mit einigem Abstand heute bewusster werden. Ja, die Große Koalition war über die Jahre immer unpopulärer geworden. Ja, es mag wahltaktisch nicht hilfreich gewesen sein, vor der Wahl etwas zur ausgemachten Sache zu erklären, das tatsächlich den Wählerinnen und Wählern vorbehalten war. Und ja, anders als in anderen politischen Kulturen – etwa der innenpolitischen Italiens – sind wir in Österreich daran gewöhnt, Parteien unser Vertrauen zu schenken, nicht Bündnissen oder Konstellationen welcher Art auch immer. Aber es darf nicht übersehen werden, dass die Alternative als Regierungspartei die Haider-FPÖ war, die jene Art von Populismus, die seither ganz Europa maßgeblich schwächt, zu einem großen Teil erfunden hatte, die gerade mit einem Volksbegehren gegen ‚Ausländer' Österreich gespalten und geschwächt hatte. Es darf auch nicht übersehen werden, dass die Große Koalition – und allein dafür war und bleibt die damalige Konstellation für Österreich ein wahrer Segen – den Pfad für den Beitritt Österreichs zur Europäischen Union geebnet hatte. Jenseits aller Taktik galt also: Strategisch war die Kraft dieser Konstellation hinreichend bewiesen. Und für Busek zählte eben die Vision mehr als die Strategie und diese mehr als die Taktik. Das ist eine gesunde, eine sach- und menschengerechte Haltung. Ebenso wie für Busek die wissenschaftliche Redlichkeit, die Freude am Diskurs, die Würde der Person und die Verteidigung der Freiheit mehr zählten als der schnelle Sager, die abgeschliffenen ‚Sprachregelungen', wie ‚Wordings' zu Buseks aktiven Zeiten als Politiker noch genannt wurden, oder der billige politische Profit auf Kosten von Grundsätzen und Idealen.

Zu führen heißt auch, zu verantworten. Hierin steckt das Verb ‚antworten‘: Antworten zu können, auskunftsfähig zu sein, erklären zu können, warum wie gedient wird, warum welche Prioritäten gesetzt werden, und dann zuzuhören, um zu reflektieren und zu lernen, das alles gehört zur Verantwortung: Sie bedeutet, tatsächlich hinter dem zu stehen, was man tut, das auch ideell erklären zu können, es entwickeln zu wollen, und für dessen Resultate gerade zu stehen.

Wer heute mit Bürgerinnen und Bürgern der Republik Kosovo mittleren Alters in Politik, Wirtschaft, Wissenschaft, Verwaltung, Zivilgesellschaft und anderen Bereichen spricht, wird es in einer weit überdurchschnittlichen Zahl mit Menschen zu tun haben, die ihr Hochschulstudium in Österreich absolviert haben. Der Grund dafür ist ebenso leicht erklärt wie wundervoll: Erhard Busek hat als Wissenschaftsminister Österreichs mitten im Freiheitskampf der Kosovarinnen und Kosovaren gegen die brutale Aggression seitens des nördlichen Nachbarstaats der heutigen Republik Kosovo per Weisung die Mittelschul-Dekrete des Kosovo anerkannt und die heimischen Universitäten für kosovarische Studierende geöffnet. Nicht nur deshalb, aber auch deshalb, wird der Name Erhard Buseks am gesamten Westbalkan hochgehalten, besonders im Kosovo. Nicht nur deshalb, aber auch deshalb, wird Österreich am Westbalkan nach wie vor geschätzt.

Busek hat das getan, was er nach bestem Wissen und Gewissen für richtig gehalten hat. Das hat er reflektiert. Das konnte er erklären. Er hat nicht zweit- und drittrangige Entscheidungskriterien wie Umfragezahlen oder allerlei Ressentiments zu erstrangigen erhoben, sondern zuerst die Sache selbst gesehen, und so sach- und menschengerecht entschieden und gehandelt.

Diese Art von Leadership – wahres Leadership: dienen, priorisieren, verantworten – macht Erhard Busek zu einem Christdemokraten im politischen Sinn. Es ist möglich, die Ideale der Christdemokratie zu teilen und zu leben, ohne gläubiger Christ zu sein. Aber Busek war auch das.

Ich neige dazu, neben der Liebe und der Freiheit auch den Humor für ein großes Gottesgeschenk zu halten. Busek war auch mit Letzterem reich beschenkt. In Sachen Religion war er frei von jedem falschen missionarischen Eifer. Und ebenso frei war es von jedem Dünkel. Er hat in persönlichen Gesprächen nicht selten die Gretchenfrage gestellt; nicht um jemanden auf die Probe zu stellen oder gar zu beurteilen, sondern um den anderen Menschen kennenzulernen – und zwar auf eine Weise, die eben nur diese eine Frage ermöglicht. Busek hat auch in der Lagebeurteilung zu Regionen in anderen Teilen der Welt – gerade auch am Balkan – die Bedeutung von

Religion richtig einkalkuliert. Die prägende Kraft und Energie von Religion ist fast allen Menschen in fast allen anderen Teilen der Welt mehr bewusst als uns derzeit hier in Mitteleuropa. Von Buseks weitem Horizont hier legt auch das oben erwähnte Büchlein Zeugnis ab: „Ohne uns mit Religion auseinanderzusetzen, können wir die Zustände in Südosteuropa nicht verstehen. So versuchte auch ich herauszubekommen, woran die Albanerinnen und Albaner glauben [...]." – Wie diese Geschichte sich fortsetzt, erschließt sich bei der Lektüre des Büchleins.

Zur Gretchenfrage in persönlichen Gesprächen erzählte mir Busek einmal von einer entsprechenden Begebenheit mit einem Regierungsvertreter. Dieser habe auf die Frage darauf fokussiert, dass er jeweils zu Weihnachten eine Kirche besuche. Busek konnte – halb belustigt, halb irritiert – mit dieser Reaktion nichts – also: sehr viel! – anfangen. Für sich selbst reflektierte Busek oft laut sein Elternhaus, das halb evangelisch und halb katholisch geprägt gewesen sei. Mit viel Einsicht und Selbsterkenntnis ordnete er immer wieder ein, in welcher Weise das für ihn prägend war.

So sehr Busek die Bedeutung von Religion klar war, so wichtig er Kultur und Bildung einschätzte, so wenig neigte er zu Vorurteilen. Er sah die einzelne Person, mit ihren Prägungen, aber auch mit ihrem Potenzial und ihrer Einzigartigkeit. Er neigte nicht zu Schubladendenken. So findet sich im Büchlein etwa diese Passage in einem Beitrag Buseks über die Begegnung mit einem Vertreter des Islam am Balkan:

„Die Einstellung des ‚Reis-ul-Ulema' zur politischen Rolle des Islams war jedenfalls imponierend. Es war eine klare Ablehnung von allen Radikalismen. Der Begriff ‚politischer Islam' wurde abgelehnt und die Konzentration auf die Frage der Bildung, aber auch der Frömmigkeit spielte stattdessen eine entscheidende Rolle. Ich glaube, es wäre dringend notwendig, diese Einrichtung zu unterstützen, weil nicht nur die Integration in Europa leichter wäre, sondern es eine Möglichkeit für einen ‚europäischen Islam' gäbe. Das fehlt noch heute!"

Aus dieser Paarung aus Menschenfreundlichkeit, Freiheit im Denken und Handeln mit weitem Horizont, einer guten Portion Ironie sowie einer unbändigen Neugier resultierte wohl die Kraft, mit der Busek bis zum Schluss aktiv war, Menschen vernetzt, Prioritäten gesetzt und Konkretes bewirkt hat. Und das ist es, was das staatstragende Verantwortungsbewusstsein ausmacht, das ich oben erwähnt habe. Ich hatte das Glück, in dessen letzten Lebensjahren mit Erhard Busek nicht wenig zusammenarbeiten zu dürfen, auch und besonders in Westbalkan-Themen, aber auch etwa in der Vernetzung mit ukrainischen Regionen, lange vor Putin-Russlands Angriffskrieg.

Unlängst in einem Studiogespräch hat mir eine teilnehmende Person vorgehalten, dass früher österreichische Politikerinnen und Politiker Freiheitsbewegungen – „etwa durch Druckmaschinen" – geholfen hätten, und dann unterstellt, dass die heutige Politik – bezogen besonders auf jene der Volkspartei – diese Qualität nicht habe, sondern Schwächen aufweise. – Für jemanden, der Erhard Busek aus guten Gründen, derer viele oben genannt werden, verehrt, der parlamentarisch einen Beitrag leisten darf für Freiheit und Frieden in unserer Welt, der sich ein Beispiel an Buseks Wirken nimmt und sich bemüht, mit heutigen Mitteln nicht unähnlich zu handeln, aber im Interesse der Betroffenen und der Wirksamkeit der Aktivitäten nicht alles gleichsam marktschreierisch lauthals verkünden kann und will, ist es nicht leicht, solche Vorhalte zu verdauen. Aber es motiviert, die Arbeit konsequent fortzusetzen, täglich aufs Neue. Nach dem Auslaufen politischer Funktionen kann man vielleicht bereuen, die Wiederwahl verpasst zu haben. Das kann zwar Narben auf der Seele hinterlassen, aber es gehört zum demokratischen Prozess, zur parlamentarischen Demokratie. Viel schlimmer wäre es, bereuen zu müssen, nicht nach besten Wissen und Gewissen das Richtige – oder zumindest das als richtig Wahrgenommene – getan zu haben, als man die Möglichkeit dazu hatte. Auch dafür legt das Leben und Wirken Erhard Buseks Zeugnis ab.

Und auch wo es nicht um die Schaffung von Freiheit und Frieden geht, sondern um deren Stärkung und Erhaltung, gibt es viel zu tun; auch seitens Österreichs. Während Busek jungen Kosovarinnen und Kosovaren in den 1990er-Jahren das Hochschulstudium in Österreich ermöglicht hat, schafft es die österreichische Verwaltung seit Jahren nicht, kosovarische Führerscheine anzuerkennen, wie es etwa das große und ebenfalls sehr behördlich-bürokratisch organisierte Deutschland längst erledigt hat. Auch in laufende sicherheitspolitische Prozesse, die Österreich gemeinsam mit fünf Westbalkan-Staaten betreibt, während sich aber sechs Staaten am Westbalkan befinden, gehört die Republik Kosovo einbezogen. Das sind wir nicht nur dem Vermächtnis von Erhard Busek, Alois Mock und anderen schuldig. Viel mehr sind wir es den Menschen in der Region, dem Beispiel für Verständigung, Zusammenarbeit und Solidarität schuldig. Und es ist auch notwendig für die politische Hygiene am Westbalkan, wo Hassideologien nie wieder mit Aufmerksamkeit oder gar als relevantes Sentiment gewürdigt werden sollten. Das Europaparlament hat am 1. März 2022 – kurz nach dem Beginn von Putin-Russlands Krieg – mit großer Mehrheit in einer Resolution „tiefste Besorgnis" zur Haltung Serbiens zu ebendiesem Krieg und Putins Regime zum Ausdruck gebracht. Das war ein bis dahin einzigartiger Vorgang, dem seither mehrere ähnliche gefolgt sind, um klarzumachen, dass Hasspolitik im Europa von morgen keinen Platz haben darf und wird.

Erhard Busek fühlte sich sichtlich wohl und zuhause in den großen Fragen Europas und der Welt. Gleichzeitig kümmerte ihn auch die einzelne Person, seine Empathie – die ja sowieso eine Voraussetzung für anständiges politisches Handeln ist – war auch im Kleinen groß. Einmal teilte er, nachdem er Hauptstadt-Gespräche geführt hatte, in einer geradezu väterlichen Weise seine Sorge über meine politische Zukunft mit mir. Mir war das trotz großer politischer Nähe und menschlicher Bewunderung etwas unangenehm. Aber es zeigte, dass er sich nicht nur für die Politik, sondern auch für die Menschen, die diese Politik machen und dazu in der Lage sein müssen, ehrlich interessierte.

Es wäre noch viel zu sagen. Ein Gedanke möge hier noch geteilt werden; und zwar jener, dass der Charakter Erhard Busek gewissermaßen eine Persönlichkeit ‚aus einem Guss' war. „Think globally, act locally." Als kaum jemand diesen Spruch im Mund geführt hat, zumindest in unseren Breiten, hat Busek ihn längst gelebt, und zwar nach Kräften. Langweilige Sitzungen und große Philosophie, Wissenschaft und Innovation einerseits oder ein gemütliches Gespräch unter Mitmenschen bei einem Glas Wein: Er konnte diesem wie jenem Sinn und Inhalt abgewinnen. Durch den Mitherausgeber dieses Bandes und ehemaligen Berater Buseks, Thomas Köhler, der aus meiner Sicht ein intellektueller Mentor der sozialliberalen Christdemokratie des 21. Jahrhunderts ist, lernte ich in jungen Jahren das von Erhard Busek sehr hochgehaltene Werk Manès Sperbers ‚Wie eine Träne im Ozean' kennen und schätzen. Wie kaum ein literarisches Produkt vermittelt diese Romantrilogie die Schönheit ebenso wie die Grausamkeit Europas, und kommt einer ernsten Mahnung gleich. Ich möchte diese ‚Nahrung für Geist und Seele', die letztlich auch durch Busek ihren Weg durch die Zeit findet, die es in der Tagespolitik kaum zu finden gibt, aber dort ihre nachhaltige Wirkung entfaltet, nicht missen.

Erhard Busek wusste – ebenso wie Wolfgang Schüssel übrigens – die Bedeutung des Beitritts Österreichs zur Europäischen Union richtig einzuschätzen: als historisches Ereignis, als Schicksalsmoment unserer Republik, als Scheitelpunkt in der Geschichte unserer Landsleute. Das hatte nicht bloß mit Tagespolitik zu tun. Das war richtungsweisend, und für Generationen positiv prägend. Busek konnte Wichtiges von weniger Wichtigem unterscheiden. Auch das gehört zur oben erwähnten Prioritätensetzung. Wie klein mutet da die Kritik an, die an Busek geübt wurde, weil er am Abend der Volksabstimmung am 12. Juni 1994 im Festzelt der Sozialdemokratischen Partei Österreichs die ‚Internationale' mitgesungen hatte? Was will man einem Menschen mit dieser Vita, mit dieser bewiesenen Kraft für das Gute, mit diesem Engagement für Freiheit und Frieden, vorwerfen? Dass er die Verbrechen Stalins vergessen habe oder gar leugne? Absurd! Wirklich jenseitig, und kleingeistig, besonders wenn man den besonderen Moment bedenkt, es war ein Moment der Friedfertigkeit, für den der Vergleich mit dem Fuchs und dem Hasen, die einander „Gute Nacht!" sagen, gilt. Sogar, dass er den Text des Liedes auswendig beherrschte, wurde ihm vorgeworfen. Vielleicht ist das aber ein nicht unwesentlicher Teil humanistischer Bildung? Vielleicht ist es Teil der Dialogfähigkeit, der ideengeschichtlichen Kenntnis? Darauf, was Große Koalitionen bedeutet haben und bedeuten können, bin ich ja oben eingegangen.

Wolfgang Schüssel hätte nicht mitgesungen, er war und ist sehr diszipliniert. Ich kann mich schwer in die Lage versetzen, aber ich hätte vermutlich sehr wohl mitgesungen. Feste soll man feiern, wie sie fallen. Ich habe keine nähere Kenntnis über das Verhältnis zwischen Wolfgang Schüssel und Erhard Busek. Es mag zum Schluss besser gewesen sein als in gehässigen Gerüchten behauptet wird. Ich wage aber die Vermutung, dass das sprichwörtliche ‚Holz', aus dem diese beiden feinen Staatsmänner ‚geschnitzt' sind, so unähnlich nicht ist. – Ich wäre gerne eine ‚fly on the wall' gewesen – oder auf Wienerisch: ein kleines Mauserl –, als jeweils am Vormittag des Heiligen Abend, am 24. Dezember, Busek und Schüssel mit dem legendären Wirtschaftskammerpräsidenten Rudolf Sallinger zusammengesessen sind, die Lage reflektiert und wohl auch Pläne geschmiedet haben. Die Geschichten über diesen ‚Jour fixe' dürfen als historisches Faktum angesehen werden.

Ein Charakterkopf, ein Phänomen, ein liebenswürdiger Mensch. Das war Erhard Busek. Sein Leben und Wirken sind unübersehbar Ansporn und Auftrag. Über Busek als Privatperson kann ich wenig sagen, außer der Schilderung jener Begebenheit, die mich tief berührt hat: Seine heutige Witwe Helga hatte ich nie getroffen, jedenfalls nicht bewusst. An Erhard Buseks Begräbnis konnte ich nicht teilnehmen, weil mich parlamentarische Verpflichtungen zeitgleich auf eine Reise von Tirana nach Brüssel geführt hatten. Auf mein Beileidsschreiben hat die Witwe geantwortet. Allein das ist wunderbar. Die Antwort kam sogar innerhalb kurzer Zeit. Die Antwort war nicht ein vorgefertigter, gedruckter Text, wie es absolut ausreichend und angemessen gewesen wäre, überhaupt angesichts einer zweifellos hohen Zahl an Kondolenzschreiben und der Tatsache, dass ich mich keinesfalls zu den näheren Bekannten oder gar Freunden des Verstorbenen zählen kann. Die Antwort war handschriftlich. Und sie war nicht kurz. Und sie war persönlich. Sie war formal an mich gerichtet, und ich bin dankbar. Aber real sagt dieser Vorgang – zumindest aus meiner Sicht – viel über Liebe, Verständnis, Halt und Zusammenhalt, worüber ich Erhard Busek nie sprechen gehört hatte, wovon ich keine Ahnung hatte und vielleicht keine habe, was mir aber das leise Gefühl gibt, dass auch hierin ein feines Geheimnis für das bunte Leuchten Buseks in so vielen Farben – in eine viel zu graue und oft schwarz-weiße Welt – liegt.

Sabine Gruša

Erhard Busek und Jiří Gruša

Eine Freundschaft – ein Glücksfall für Mitteleuropa

Zum ersten Mal begegnete ich Erhard Busek bei einer Feier in Perchtoldsdorf zu seinem 65. Geburtstag.

Da saßen viele zusammen. Unter ihnen drei Menschen, die sich gefunden hatten: Erhard Busek, der Wiener, Jiří Gruša aus Tschechien und Lojze Wieser aus Kärnten mit slowenischen Wurzeln. Ich passte ganz gut dazu mit meinem niederschlesischen Geburtsort, mit protestantischen Salzburgern, Sorben, Wenden, Polen und Böhmen in der Vorfahrenliste, 1946 als Kleinkind unfreiwillig nach Niedersachsen verfrachtet.

Alle fühlten wir uns hier geborgen in einer einheitlichen Kultur des Miteinanders, das heißt: Gespräche, Lachen auch über sich selbst, guten Wein und köstliches Essen, zubereitet von Lojze.

Erhard und Jiří verband schon ein längerer Weg miteinander. Im Sommer 1998 kam Jiří als tschechischer Botschafter nach Wien. Ihm ging der Ruf voraus, er sei ein überzeugter Europäer, ein Freund von Dialogen, der Versöhnendes vorhabe und trotz schwerer Themen wie Kernkraftwerk Temelín, Beneš-Dekrete, Erstarken der FPÖ, Entschädigung der Zwangsarbeiter an einem gedeihlichen Miteinander beider Länder im mitteleuropäischen Raum arbeiten will.

Es muss wie Musik in Erhards Ohren geklungen haben, dass dieser Botschafter von der integrativen Rolle Österreichs sprach in der Hinführung der neuen Demokratien des ehemaligen Warschauer Paktes nach Europa. Hier ein Beispiel:

„Österreicher und Tschechen befinden sich in einem gemeinsamen Sicherheits-und Kulturraum. Die Ansicht ist irrig, dass Staaten wie Tschechien nach Europa zurückkehren, denn sie sind seit jeher Europa – allen nennen wir es Schwierigkeiten zu Trotz. Wir haben keinen Kontinent verloren, vielmehr den Kontext – und um diesen geht es wieder.

Ähnliches gilt für die Polen, Slowaken, Slowenen und Ungarn, ja auch für die Litauer, Letten und Esten. Der Zusammenbruch 1989 befreite die ältesten kulturellen Gruppierungen Europas. Ehren wir sie endlich.

Und wieder österreichisch: Am Anfang des 20. Jahrhunderts haben wir beinahe eine EU gehabt – und verspielt. Man hat sich damals gegen eine Komplexität entschieden.

Auch dies ist eine gemeinsame Tradition, eine lehrreiche. Aber die verpasste Chance von damals diesmal wahrzunehmen ist das Gebot der Stunde."[1]

Tapfer sprach Gruša aber auch schwierige Themen an wie etwa die Aufarbeitung der NS-Vergangenheit. Dazu äußerte er sich am 6. Mai 2002 in Mauthausen:

„Was jedoch nach sechsundfünfzig Jahren fortdauert, sind die Wunden im Gewissen einer ganzen Generation, Wunden, die ihr von einem Regime zugefügt wurden, welches menschliche Würde nicht anerkannte, ja verachtete. Alle Ausflüchte vor einer historischen und moralischen Verantwortung sind in diesem Sinne unakzeptabel. Unsere heutige Zusammenkunft, oder besser gesagt, die Botschaft am heutigen Tage soll daher lauten: Das Wissen der Überlebenden, die leidvolle Erinnerung einer ganzen Generation, ist aktuell."[2]

Erhard Busek fand also in Jiří Gruša einen Gesprächspartner und Freund, dem das gute Miteinander in Mitteleuropa am Herzen lag. Es folgten gemeinsame Auftritte bei Veranstaltungen des IDM und Einladungen zum Forum Alpbach und es ist sicherlich Busek zu verdanken, dass man Gruša im April 2005 zum Direktor der Diplomatischen Akademie in Wien berief – eine Wende in der Besetzungspolitik dieses Postens.

Während seiner Dienstzeit wurde die Zusammenarbeit mit dem IDM verstärkt weitergeführt.

Zur Feier von Grušas 70. Geburtstag im Festsaal der Diplomatischen Akademie erschien eine Art Festschrift. Im Beitrag von Erhard Busek kommt die freundschaftliche Verbundenheit von beiden witzig und zugleich würdigend zum Ausdruck:

„Eigentlich bin ich stolz darauf, dass es in Wien einen Gruschaplatz gibt. Er ist zwar einem Kardinal und Erzbischof von Wien gewidmet, aber er ist ein Verwandter von unserem Jiří Gruša. Oft habe ich mich mit ihm in mitteleuropäischer Art unterhalten, wobei ich ihm diesen Mangel eines Platzes – nach ihm benannt, in Prag – gesagt habe. Somit schlage ich vor, dass wir ein Komitee bilden, um wieder einmal eine Analogie zwischen Prag und Wien herzustellen, diesmal dem Dissidenten und Schriftsteller, dem Diplomaten und Kulturmenschen – nein, dem Mitteleuropäer Jiří Gruša gewidmet.

---

1   Jiří GRUŠA. *Werkausgabe* – Gesammelte Werke in 10 Bänden, hg. von Hans Dieter ZIM-MERMANN/Dalibor DOBIÁŠ, Bd. 2: Essays und Studien ab 1990 (Klagenfurt/Celovec 2017), S. 224.

2   Ibidem, Bd. 10: Reden und Gespräche (Klagenfurt/Celovec 2018), S. 124.

Er ist einer, der eben dieses Mitteleuropa in seinem Leben für uns alle verwirklicht hat. Dabei war das nicht immer ein glücklicher Begriff, wie wir alle längst wissen. Wir sollten aber Mitteleuropa von den Belastungen der Geschichte befreien und es durch Persönlichkeiten ausgewiesen sehen, wie es eben Jiří Gruša ist."[3]

Nach Jiřís Abschied von der Diplomatischen Akademie Ende März 2009 gab es weiterhin Treffen und Begegnungen, aber bereits Ende 2009 traten bei Jiří gesundheitliche Probleme auf, die Anfang Juni 2010 zu einem schweren Herzinfarkt führten.

Wie wichtig Jiří die Freundschaft und Begegnungen mit Erhard waren, zeigt sich darin, dass er kaum genesen am 22. Juli eine Einladung in das Stift Melk annahm. Im Rahmen der Sommerspiele Melk gab es ein Gespräch zwischen Gruša und Busek. Thema: ‚Handelte es sich bei den politischen Umwälzungen in Osteuropa in den vergangenen zwei Jahrzehnten tatsächlich um Revolutionen?‘

Dann noch einen Monat vor Jiřís Tod eine Begegnung in Dresden. Das sogenannte Forum Mitteleuropa wurde ins Leben gerufen. Ein letztes Treffen der alten Freunde in gemeinsamer Sorge um dieses Projekt.

Nach Jiřís Tod hat Erhard den Schutzschirm seiner Freundschaft über mich ausgebreitet. In meinen Bemühungen um eine Ausgabe von Jiřís Werken im deutschen Sprachraum – eine in Brünn war bereits auf dem sicheren Weg – stand er mir zur Seite und beim gemeinsamen Freund Lojze Wieser bekam die Werkausgabe einen würdigen Platz. Erhard half bei der Sponsorensuche, bei unerwarteten Rückschlägen mit Trost und Rat und schrieb das Vorwort zum ersten Band, in dem er auf die Bedeutung des großen Europäers Jiří Gruša hinwies. Ohne ihn hätte ich den Stress – zehn Bände in fünf Jahren – nicht durchgehalten.

> „Als Wiener und Österreicher möchte ich an dieser Stelle Jiří Gruša ein herzliches Dankeschön sagen. Er hat diese auf so enge Weise mit Böhmen und Mähren verbundene Stadt durch seine Präsenz ausgezeichnet, er hat sie verstanden, manchmal besser als wir Wiener. Er hat auch dazu beigetragen, die Gemeinsamkeit des Raumes darzustellen, nicht als Nostalgiker einer Habsburgermonarchie, sondern als Darsteller einer tiefen kulturellen Gemeinsamkeit, die wir einmal mehr in Europa brauchen. Es ist zu empfehlen, seine Werke nicht nur zu lesen, sondern auch darüber in einem tieferen Sinne zu meditieren – als eine Berichterstattung über historische Erfahrungen in menschlichen

---

3   Wolfgang GREISENEGGER/Wolfgang LEDERHAAS (Hg.), *Antworten* – Jiří Gruša zum 70. Geburtstag (Klagenfurt/Celovec 2008), S. 39.

Dimensionen. Das aber braucht nicht nur das Urteil über die vergangene Zeit, sondern auch die Zukunft des Kontinents, der immer wieder in sich gefährdet ist und bislang die Kraft gehabt hat, doch immer wieder zu entstehen. Mitteleuropa ist auch ein eigener Kontinent, dem Jiří Gruša auf das Tiefste verhaftet ist."[4]

Anlässlich des zehnten Jahrestages von Jiřís Tod am 28. Oktober 2021 initiierte der Kulturklub der Tschechen und Slowaken in Österreich eine Denkschrift: ‚11 Jahre mit Jiří Gruša in Österreich'. Erhard Busek schrieb dazu einen Beitrag. Die Veröffentlichung zog sich etwas hin, aber Mitte Dezember gab es einen Festakt in der Diplomatischen Akademie, bei dem Erhard seinen Freund noch einmal würdigen konnte:

„Gerne gedenke ich meines Freundes Jiří Gruša, dem ich nicht nur tiefe Erlebnisse von Gemeinsamkeit verdanke, sondern der auch mein Bild von Mitteleuropa neuerlich geprägt hat. […] In einer Reihe von Gremien habe ich gemeinsam mit Jiří Gruša gewirkt. [...] Anekdoten gäbe es viele zu erzählen, denn die Begegnungen mit ihm waren immer auch im stimmigen Ambiente, wobei nicht nur die Wirtshauslandschaft, sondern auch das kulturelle Umfeld der Freunde eine große Rolle spielte. […] Lieber Jiří, Du hilfst uns heute nicht mehr, dieses Mitteleuropa weiter zu entdecken. Die letzte Begegnung, die ich mit Dir hatte, war eine Mitteleuroparunde, die der Präsident des Sächsischen Landtags vor Jahren ins Leben gerufen hat. [...] Du bist bei diesem Gremium aus unserem Kreis ausgeschieden – ich darf aber sagen, dass Du bleibend in unserer Mitte bist, eben im Sinne dieses Mitteleuropa."[5]

Die gedruckte Version hat er leider nicht mehr sehen können. Nun ist auch Erhard aus diesem Kreis geschieden, aber es wird uns mit ihm gehen wie mit Jiří: Wir lesen von euch, hören eure Stimmen, sehen eure Bilder und versprechen, neue junge Freunde für euer Mitteleuropa zu begeistern.

---

4   GRUŠA. *Werkausgabe*, Bd. 5: Der 16. Fragebogen. Roman (Klagenfurt/Celovec 2014), S. 8.
5   Helena BASLER/Richard BASLER/Jiří KROUPA (Hg.), *11 Jahre mit Jiří Gruša in Österreich* (Wien/Praha 2022), S. 41.

Thomas Walter Köhler

Erhard Busek, Viktor Frankl, Manès Sperber

Ein Exkurs in die Psyche Wiens

„Ich bin ein Altösterreicher und erfuhr, kaum dass ich sprechen konnte, einen Namen.
Das war der Name der Stadt Jerusalem, und der zweite Name, den ich erfuhr,
bevor ich meinen eigenen Namen kannte, war der Name der Stadt Wien.
Das waren die zwei Zentren, […] zu denen wir blickten. "[1]

Gegen Ende der 1970er-Jahre erschien ein kleiner Band unter dem großen Titel ‚Geist und Ungeist in Wien‘.[2] Neben Erhard Busek beteiligten sich daran auch Viktor Frankl und Manès Sperber. Ein weiterer Beiträger unter anderen war Hans Asperger.[3] Das Vorwort betont das Motto der Texte: „Das war gestern! Was ist heute und was wird morgen sein?"[4] Es ging also um einen historischen Rückgriff, was geschehen war, ebenso wie um einen politischen Vorgriff, was zu tun sei: um im Zeichen eines ‚zoón politikón‘ „Bürger einer Stadt"[5] zu werden, die eine Metropole gewesen war.

Im Zentrum der „Reflexionen" standen „Geist und Ungeist", wie sie Wien beherrscht hatten und, bewusst oder unbewusst, weiter beherrschen würden. Der Hintergrund: An der Wende vom 19. zum 20. Jahrhundert hatten in der Metropole rund zwei Millionen Einwohnerinnen und Einwohner gelebt. Damit rangierte Wien an vierter Stelle in Europa und an sechster auf der Erde. Sein Bildungs- und Kulturwesen beflügelte die ganze Welt dies- und jenseits

---

1 Manès SPERBER, *Wien* – Hauptstadt verschiedener Völker. In: Institut für Wirtschaft und Politik (IWIP) (Hg.), *Geist und Ungeist in Wien* (Wien 1978), S. 7.

2 Ibidem.

3 Nach ihm ist ein Autismus benannt, der nicht selten bei hochbegabten Menschen auftritt und zur Kompensation von Angst mit Ritualen von Zwang korreliert. In der genannten Broschüre stellt Asperger die Drei Wiener Schulen der Psychotherapie angesichts der Kulisse des Wiener Fin de Siècle und der folgenden Jahrzehnte vor, vgl. Hans ASPERGER, *Drei ‚Wiener Schulen' [der Psychotherapie]*. In: Institut für Wirtschaft und Politik (IWIP) (Hg.), *Geist und Ungeist in Wien*, a. a. O., S. 21-28.

4 Theo FAULHABER, *Geist und Ungeist in Wien*. In: ibidem, S. 3.

5 Ibidem.

des Fin de Siècle.[6] Der Vordergrund: Von der Stadt von einst waren bestenfalls nur Fragmente übrig: So bunt sie gewesen war, so grau wirkte sie nun.

Wien einst und jetzt

Als Erinnerung des einstigen Potenzials der Metropole und als Ermahnung des aktuellen Zustands einer Stadt, deren Bevölkerung im Schatten des Eisernen Vorhangs auf rund eineinhalb Millionen geschrumpft war, diente Erhard Busek als neuem Vorsitzenden der Wiener ÖVP ein vermehrter und verbesserter Kontakt mit Personen aus Wissenschaft und Kunstschaffen. Damit griff er ein Prinzip auf, das in den 1960er-Jahren von Josef Klaus initiiert und später von Bruno Kreisky potenziert worden war.[7] Die erwähnte Broschüre ist ein Dokument dafür.

Ein Dialog mit Intellektuellen und Kreativen[8] war für die ÖVP auf Bundes- und Wiener Landesebene nicht so üblich wie in Kreisen der SPÖ und stieß hier wie dort nicht immer auf Verständnis. Das galt umso mehr, wenn es sich dabei um Personen drehte, die wie Viktor Frankl aus dem sozialistischen oder Manès Sperber aus dem kommunistischem Milieu kamen. Die Position einer radikalen Mitte, wie sie Erhard Busek auf solider ideologischer Basis als Christ und Demokrat vertrat, ermöglichte, ja verwirklichte indessen eine rege Diskussion, die über eine bloße Konfrontation hinausging und Rahmen sprengte.[9]

Die Kunst des Wissens

Erhard Busek war wissenschaftlich und belletristisch sehr belesen. Zu seinem 50. Geburtstag schenkte ihm sein Pendant als Unterrichtsminister, Rudolf Scholten, eine Ausgabe von Marcel Prousts ‚Auf der Suche nach der verlorenen Zeit'. Dabei ahnte Scholten nicht, dass Buseks Karriere als Politiker fünf Jahre später beendet wäre: Viel zu wenig passte dieser nämlich ins Korsett

---

6   S. Thomas Walter KÖHLER, *Ein Weltereignis* – Politik und Kultur in Wien um 1900 aus historischer sowie tiefen- und höhenpsychologischer Sicht. In: Thomas Walter KÖHLER/Christian MERTENS/Anton PELINKA, *Ein Hauch von Welt* – Österreich vor und nach Saint Germain (Wien 2020), S. 143-199.

7   Vgl. Thomas [Walter] KÖHLER/Christian MERTENS (Hg.), *Reform als Auftrag* – Josef Klaus und Erhard Busek als Wegbereiter einer modernen Christdemokratie (Wien 2016).

8   Woran Sebastian Kurz zu wenig Interesse hatte. Infolge erlangte er keine Kulturhoheit (über Begriffe etc.).

9   Bei seinen ersten beiden Wahlen in Wien erreichte Erhard Busek 34 bzw. 35 Prozent der Stimmen.

einer Bewegung eher der Bourgeois denn der Citoyens. Dass Busek infolge eine Krise durchlitt, ist natürlich. Er erfing sich jedoch im Wissen, wenn auch nicht in der ‚Politik', so doch ‚politisch'[10] weiter zu wirken: in freier Verantwortung dafür, was ihm an Werten und Normen wichtig schien.

Von Interesse im Rahmen des Kontakts mit Wissenschaft und Kunstschaffen ist jener Erhard Buseks nicht zuletzt mit Viktor Frankl und vor allem mit Manès Sperber. Typisch für Busek als Dialektiker: Mit Letzterem, obwohl ideologisch ferner, war der Kontakt leichter und enger; mit Ersterem, obwohl ideologisch näher, war er schwerer und weiter: Zum Höhepunkt[11] geriet die unter anderen von Busek betriebene Auszeichnung Frankls mit dem Ehrendoktorat der Wiener Universität. Anders bei Sperber: Mit ihm verkehrte Busek nicht nur formell als Funktionär, sondern auch informell als Person im Rahmen von Symposien und Salons oder ähnlichem.

Mitteleuropäer in Heimat und Exil

Als Mitteleuropäer bereiste Busek – der im Gegensatz zur SPÖ immer wieder den Kontakt mit Dissidentinnen und Dissidenten im ‚Ostblock' suchte – das ehemalige Galizien. Fotos zeigen ihn auf den Resten des im Ersten Weltkrieg zerstörten Dorfes, wo Sperber geboren worden war. Aus dem Werk Sperbers – der sich in den 1930er-Jahren, spät aber doch, vom Revolutionär zum Evolutionär gewandelt hatte – zitierte Busek, wenn überhaupt, weit öfter als aus dem Frankls, wobei ihm beide Oeuvres – das Sperbers besser und das Frankls schlechter – durchweg bekannt waren.

Kehren wir an die Wende vom 19. zum 20. Jahrhundert zurück: Frankl wie Sperber wurden im selben Jahr, 1905, geboren: der eine im pulsierenden Zentrum des Reiches selbst, der andere an dessen lethargischer Peripherie. Beide stammten aus religiösen jüdischen Familien und erlebten den Untergang der alten Monarchie und die Entstehung der neuen Republik quasi als Initialzündung ihres politischen Engagements in und aus der Sozialdemokratie. Sperbers konservative Eltern waren unpolitisch, Frankls liberale waren es nicht.[12]

---

10 Vgl. den Anspruch des biennalen ‚Jahrbuchs für *politische* Beratung' seit 2010 als Sammelband.

11 Information des Viktor-Frankl-Instituts an den Verfasser vom 08.01.2023.

12 S. Viktor E. FRANKL, *Dem Leben Antwort geben* – Autobiographie (Weinheim 2021); s. Manès SPERBER., *Wie eine Träne im Ozean* – Romantrilogie (München 1997).

Drei Wiener Schulen der Psychotherapie

Frankl und Sperber lernten einander im Umkreis von Alfred Adler kennen, dem Gründer der Zweiten Wiener Richtung der Psychotherapie, der Individualpsychologie. Wegen abweichender Meinung war Adler von Sigmund Freud aus der Ersten Wiener Richtung, der Psychoanalyse, ausgeschlossen worden. Beide galten, Sperber noch mehr als Frankl, als seine ‚Meisterschüler'. Sie engagierten sich ebenso theoretisch in Publikationen wie praktisch in Ambulanzen: Frankl als Mediziner und Sperber als Psychologe. Die Führung durch ihren Mentor war dabei maßgeblich.

Zunehmend in Streit gerieten sie allerdings, als Sperber die Psychotherapie generell und deren Zweite Wiener Richtung speziell als Instrument des Marxismus national und international einsetzte.[13] Außerdem unterstützte Sperber den Ausschluss Frankls aus Adlers Schule wegen dessen Empathie für katholisch-konservative Philosophen einer- und dessen Kritik am Reduktionismus der *Tiefen*psychologie anderseits.[14] Eine Versöhnung miteinander kam erst im letzten Viertel ihrer Leben zustande.

Aus der Tiefe in die Höhe

Die Konsequenz des Konflikts war die Gründung der Dritten Wiener Richtung der Psychotherapie, der Existenzanalyse und Logotherapie, pro-vokant (sic) als *Höhen*psychologie.[15] Während Frankl der Ersten und Zweiten Wiener Richtung einen ‚Willen zur Lust' (Freud) bzw. einen ‚Willen zur Macht' (Adler) unterstellte, unterstrich er bei seiner Schule einen ‚Willen zum Sinn' (Logos). Ein solcher basiere auf einer selbst in Grenzsituationen prinzipiellen ‚Freiheit des Willens' und führe zu einem Sinn *im*, ja *am* Leben: in der Beziehung zu Menschen und in der Betreuung von Aufgaben, vor allem aber in der Essenz des Leidens.[16]

---

13 Vgl. Gerhard DANZER, *Viktor Frankl* – Psychotherapie auf der Suche nach Sinn. In: Alfred LÉVY /Gerald MACKENTUN, *Gestalten um Alfred Adler* – Pioniere der Individualpsychologie (Würzburg 2002), S. 65-80.

14 S. Alexander BATTHYÁNY, *„Immer schon war die Person am Werk"* – Viktor E. Frankls Weg zu Logotherapie und Existenzanalyse. In: Otmar WIESMEYR/Alexander BATTHYÁNY, *Sinn und Person* – Beiträge zur Logotherapie und Existenzanalyse von Viktor E. Frankl (Weinheim 2006), S. 10-39.

15 Wie Peter Sloterdijk nachweist, geht der von Viktor Frankl und dessen Schülerinnen und Schülern verwendete Begriff ursprünglich auf Max Scheler zurück.

16 S. Viktor E. FRANKL, … *Trotzdem Ja zum Leben sagen* – Ein Psychologe erlebt das Konzentrationslager (München 2018); er spricht von ‚Homo amans', ‚Homo faber' und ‚Homo patiens'.

So sehr Busek vom Lebens*wandel* Sperbers beeindruckt war, so sehr beeindruckte ihn der *Lebens*wandel Frankls. Sperber hatte einen Wechsel vom abhängigen zum unabhängigen Intellektuellen vollzogen und mit ‚Wie eine Träne im Ozean‘[17] einen kathartischen Roman gegen totalitäre Tyrannis verfasst,[18] woraus Busek als Vizekanzler – ebenso übrigens wie Franz Vranitzky als Kanzler – in Vorträgen und Aufsätzen zitierte. Frankl hingegen führte ein Leben mehr oder minder ohne *innere* Brüche trotz *äußerer* Tragödien wie dem Verlust seiner Familie im Zweiten Weltkrieg. Sein Werk, ein Bestseller bis heute, legt davon Zeugnis ab.[19]

Ruinen und Himmel

Sehr nah war Erhard Busek Viktor Frankl, als Letzterer Ende der 1980er-Jahre in einer auf dem Wiener Rathausplatz – infolge der Debatte um Kurt Waldheim und der Rolle von Österreicherinnen und Österreichern im NS-Regime – die entschiedene Meinung vertrat, wonach angesichts des Holocausts – neben der individuellen Schuld unzähliger Täterinnen und Täter – zwar keine kollektive Schuld eines Volkes, sehr wohl aber dessen kollektive Verantwortung bestehe: pro futuro im Zeichen eines ‚Nie wieder‘. Frankl erntete damit nicht nur Zustimmung, sondern auch Ablehnung.[20]

Schließlich: Was Sperber und Frankl ungeachtet der gemeinsamen jüdischen Wurzel *schein*bar trennte bzw. Frankl und Busek ungeachtet der verschiedenen politischen Quelle *offen*bar verband, war das Thema einer *Transzendenz* des Daseins: Während Sperber – gegen alle Tradition seiner Familie – eine solche eher verneinte, wurde sie von Frankl und Busek – gegen alle Theodizee – sicher bejaht: als Psychotherapeut beim einen und als Christdemokrat beim anderen. Für beide war und blieb sie eine, ja die Essenz ihrer Existenz: *In dubio pro deo.*[21]

---

17 Manès SPERBER, *Wie eine Träne im Ozean,* a. a. O.

18 Ds., *Zur Analyse der Tyrannis* – Ein sozialpsychologischer Essay (Graz 2006).

19 Viktor E. FRANKL, *Dem Leben Antwort geben,* a. a. O.

20 S. ibidem, S. 143f.

21 S. Viktor E. FRANKL, *Der unbewusste Gott* – Psychotherapie und Religion (München 2012); vgl. Thomas [Walter] KÖHLER, *Re-ligio als Pro-phetie* – Zur politischen Theologie und theologischen Politik Manès Sperbers am semantischen Vor- und Nachbild der Dornbusch-Metapher … In: Thomas [Walter] KÖHLER/Christian MERTENS, *Justizpalast in Flammen! Ein brennender Dornbusch?* – Das Werk von Manès Sperber, Heimito von Doderer und Elias Canetti angesichts des 15. Juli 1927 (Wien 2017), S. 14-20; ds., *Revolution und Erlösung* – Vom historischen Kompromiss zwischen Kommunismus und Christdemokratie. In: Thomas [Walter] KÖHLER/Christian MERTENS, *Justizpalast in Flammen! Ein brennender Dornbusch?*, a. a. O.

„Alles, was sich verwirklicht, verewigt sich."[22]

„ Wie oft sind es erst die Ruinen, die den Blick freigeben auf den Himmel."[23]

„Der Fragmentcharakter des Lebens tut dem Sinn des Lebens keinen Abbruch."[24]

LITERATUR:

Hans ASPERGER, *Drei ‚Wiener Schulen' [der Psychotherapie].* In: Institut für Wirtschaft und Politik (IWIP) (Hg.), *Geist und Ungeist in Wien* (Wien 1978)

Alexander BATTHYÁNY, *„Immer schon war die Person am Werk"* – Viktor E. Frankls Weg zu Logotherapie und Existenzanalyse. In: Otmar WIESMEYR/Alexander BATTHYÁNY, *Sinn und Person* – Beiträge zur Logotherapie und Existenzanalyse von Viktor E. Frankl (Weinheim 2006)

Gerhard DANZER, *Viktor Frankl* – Psychotherapie auf der Suche nach Sinn. In: Alfred LÉVY /Gerald MACKENTUN, *Gestalten um Alfred Adler* – Pioniere der Individualpsychologie (Würzburg 2002)

Theo FAULHABER, *Geist und Ungeist in Wien.* In: Institut für Wirtschaft und Politik (IWIP), *Geist und Ungeist in Wien,* a. a. O.

Viktor E. FRANKL, *Dem Leben Antwort geben* – Autobiographie (Weinheim 2021)

Ds., *… Trotzdem Ja zum Leben sagen* – Ein Psychologe erlebt das Konzentrationslager (München 2018)

Ds., *Der unbewusste Gott* – Psychotherapie und Religion (München 2012)

Ds., *Mensch sein heißt Sinn finden* – Hundert Worte von Viktor E. Frankl (München et al. 2009)

Institut für Wirtschaft und Politik (IWIP) (Hg.), *Geist und Ungeist in Wien* (Wien 1978)

---

22 Viktor E. FRANKL, *Mensch sein heißt Sinn finden* – Hundert Worte von Viktor E. Frankl (München et al. 2009), S. 28.

23 Ibidem, S. 99.

24 Ibidem, S. 100.

Thomas Walter KÖHLER, *Ein Weltereignis* – Politik und Kultur in Wien um 1900 aus historischer sowie tiefen- und höhenpsychologischer Sicht. In: Thomas Walter KÖHLER/Christian MERTENS/Anton PELINKA, *Ein Hauch von Welt* – Österreich vor und nach Saint Germain (Wien 2020)

Ds., *Re-ligio als Pro-phetie* – Zur politischen Theologie und theologischen Politik Manès Sperbers am semantischen Vor- und Nachbild der Dornbusch-Metapher … In: Thomas [Walter] KÖHLER/Christian MERTENS, *Justizpalast in Flammen! Ein brennender Dornbusch?* – Das Werk von Manès Sperber, Heimito von Doderer und Elias Canetti angesichts des 15. Juli 1927 *(*Wien 2017)

Ds., *Revolution und Erlösung* – Vom historischen Kompromiss zwischen Kommunismus und Christdemokratie. In: Thomas [Walter] KÖHLER/Christian MERTENS, *Justizpalast in Flammen! Ein brennender Dornbusch?*, a. a. O.

Ds. /Christian MERTENS (Hg.), *Reform als Auftrag* – Josef Klaus und Erhard Busek als Wegbereiter einer modernen Christdemokratie (Wien 2016)

Manès SPERBER, *Zur Analyse der Tyrannis* – Ein sozialpsychologischer Essay (Graz 2006)

Ds., *Wie eine Träne im Ozean* – Romantrilogie (München 1997)

Ds., *Bis man mir Scherben auf die Augen legt* – All das Vergangene … (München 1982)

Ds., *Wien* – Hauptstadt verschiedener Völker. In: Institut für Wirtschaft und Politik (IWIP), *Geist und Ungeist in Wien*, a. a. O.

Nachwort

„Es gibt eine Dichotomie, ja sogar ‚Schizophrenie‘ des Denkens.
Wir sind stolz auf die Vielfalt der Kultur und gleichzeitig erleben wir,
dass eine Verweigerung der Akzeptanz des ‚Anderen‘, des Fremden stattfindet.
[…]

Was ist doch nicht alles in Europa seit der Antike, der jüdisch-christlichen Welt,
dem Mittelalter, der Renaissance und der Aufklärung geschehen,
bis wir zum Begriff der ‚Postmoderne‘ gelandet sind.

Eigentlich ist er eine Verlustanzeige. Wie überhaupt vom Verlust die Rede ist,
wenn wir beklagen, wirklich Modernes nicht zu kennen
oder die Werte zu vermissen! Haben wir das Selbstvertrauen verloren?“

Erhard Busek

ANHANG

Ausgewählte Schriften von Erhard Busek

Monografien

Demokratiekritik, Demokratiereform (Wien 1969), gemeinsam mit Gerhard Wilflinger

Auf dem Weg zur Qualitativen Marktwirtschaft – Versuch einer Neuorientierung (München 1975), gemeinsam mit Christian Festa und Inge Görner

Wien – Ein bürgerliches Credo (Wien et al. 1978)

Projekt Mitteleuropa (Wien 1986), gemeinsam mit Emil Brix

Heimat – Politik mit Sitz im Leben (Wien 1994)

Mensch im Wort – Reden und Aufsätze (Wien 1994), hg. von Rudolf Bretschneider und Peter Bochskanl

Mitteleuropa – Eine Spurensicherung (Wien 1997)

Österreich und der Balkan – Vom Umgang mit dem Pulverfaß Europas (Wien 1999)

Eine Reise ins Innere Europas – Protokoll eines Österreichers (Klagenfurt/Celovec 2001)

Offenes Tor nach Osten – Europas große Chance (Wien 2003)

Die Europäische Union auf dem Weg nach Osten (Klagenfurt/Celovec 2003), gemeinsam mit Werner Mikulitsch

Ein Porträt aus der Nähe – Erhard Busek im Gespräch mit Jelka Kušar (Klagenfurt/Celovec 2006)

Zu wenig, zu spät – Europa braucht ein besseres Krisenmanagement (Hamburg 2007)

Eine Seele für Europa – Aufgaben für einen Kontinent (Wien 2008)

Ein Fluss verbindet – Die Donau als Instrument europäischer Integration (Münster 2012)

AEIOU Europa – Eine Auswahl von Vorträgen und Referaten von Erhard Busek mit einem ausführlichen Interview von Roland Adrowitzer, herausgegeben anlässlich des 70. Geburtstages von Erhard Busek (Klagenfurt et al. 2012)

Unsere Zeit – Vorwärts gedacht, rückwärts verstanden (Etsdorf am Kamp 2014), gemeinsam mit Anton Pelinka

Lebensbilder (Wien 2014)

Republik im Umbruch – Eine Streitschrift in zehn Kapiteln (Wien 2016), gemeinsam mit mit Trautl Brandstaller

Mitteleuropa revisited – Warum Europas Zukunft in Mitteleuropa entschieden wird (Wien 2018), gemeinsam mit Emil Brix

Heimat (Wien 2020), gemeinsam mit Muamer Bećirović

Balkan nach Europa – sofort! (Wien 2021), gemeinsam mit Sebastian Schäffer

Herausgegebene Bücher

Die unvollendete Republik (Wien 1968), gemeinsam mit Meinrad Peterlik

Mut zum aufrechten Gang – Beiträge zu einer anderen Art von Politik (Wien et al. 1983)

Aufbruch nach Mitteleuropa – Rekonstruktion eines versunkenen Kontinents (Wien 1986), gemeinsam mit Gerhard Wilfinger

Wissenschaft und Freiheit – Ideen zu Universität und Universalität (Wien/ München 1989), gemeinsam mit Wolfgang Mantl und Meinrad Peterlik

Brücken in die Zukunft – Weltausstellung Wien-Budapest 1995 (Wien 1989)

Nationale Vielfalt und gemeinsames Erbe in Mitteleuropa – Vorträge anlässlich der Verleihung des Anton Gindely-Preises für Geschichte der Donaumonarchie (Wien/München 1990), gemeinsam mit Gerald Stourzh

Politik am Gängelband der Medien – Experten untersuchen die vielfältigen Zusammenhänge, Verknüpfungen und Gegensätze zwischen den Massenmedien und der Politik unseres Landes (Wien 1998), gemeinsam mit Clemens Hüffel

Eine europäische Erregung – Die ‚Sanktionen‘ der Vierzehn gegen Österreich im Jahr 2000. Analysen und Kommentare (Wien/Köln/Weimar 2000), gemeinsam mit Martin Schauer

Der Grenzgänger – Festschrift für Hans Marte (Klagenfurt/Celovec 2000)

Die Zukunft der Universität (Wien 2000), gemeinsam mit Georg Winckler, Konrad Paul Liessmann und Hans-Uwe Erichsen

Zentraleuropa-Almanach – Daten, Fakten und Informationen
        Bd. 1: Polen (Wien 2001)
        Bd. 2: Ungarn (Wien 2002)
        Bd. 3: Rumänien (Wien 2003)

Etappen auf dem Weg zu einer europäischen Verfassung (Wien/Köln/Weimar 2004), gemeinsam mit Waldemar Hummer

Der Europäische Konvent und sein Ergebnis – Eine europäische Verfassung. Ausgewählte Rechtsfragen samt Dokumentation (Wien/Köln/Weimar 2004), gemeinsam mit Waldemar Hummer

South Eastern Europe on the road towards European integration – Five years of the Stability Pact for South Eastern Europe (Wien 2004)

Der Kleinstaat als Akteur in den internationalen Beziehungen (Vaduz 2004), gemeinsam mit Waldemar Hummer

Die Konstitutionalisierung der Verbandsgewalt in der (neuen) Europäischen Union – Rechtliche, politische und ökonomische Konsequenzen der neuen Verfassung der EU (Wien/Köln/Weimar 2006)

10 Years Southeast European Cooperative Initiative – From Dayton to Brussels (Wien et al. 2006)

Was haben wir falsch gemacht? Eine Generation nimmt Stellung (Wien 2010)

From stabilisation to integration – The stability pact for South Eastern Europe, 2 Bände (Wien/Köln/Weimar 2010), gemeinsam mit Björn Kühne

Galizien existiert in unseren Herzen – Ein Adam-Zielinski-Gedenkband (Klagenfurt/Celovec 2011), gemeinsam mit Edward Białek, Rembert Schleicher und Lojze Wieser

Kultur. Religion. Wissenschaft – Dem Europäer Herbert Batliner zu Ehren (Innsbruck/Wien/Bozen 2014), gemeinsam mit Claudia Schmidt-Hahn

Wirtschaft und Politik in Ostmitteleuropa 10 Jahre nach der EU-Erweiterung (Wien/Köln/Weimar 2015), gemeinsam mit Franz-Lothar Altmann

Ist die Demokratie in Europa krisenfest? (Wien/Graz 2015), gemeinsam mit Klaus Poier

Der Große Krieg und seine Mythen im Donauraum von 1914 bis 2014 (Wien/Köln/Weimar 2015)

Ausgewählte Beiträge in den Verlagen Wieser und Drava

Grußworte. In: Helmut GUGGENBERGER (Hg.), *Neues Europa – alte Nationalismen* – Kollektive Identitäten im Spannungsfeld von Integration und Ausschließung; Analysen und Perspektiven (Klagenfurt/Celovec 1993), S. 226

Comeback des Geistes – Wie viel Glaube verträgt die Politik? In: Astrid POLZ-WATZENIG (Hg.), *Au contraire* – Glaube, Emotion, Vernunft (Klagenfurt/Celovec 2006), S. 55-62

Europa über alles – wenn es nur will! In: Norbert SCHREIBER/Lojze WIESER (Hg.), *Europa was nun?* Träume und Traumata (Klagenfurt/Celovec 2007), S. 72-107

Wann gibt es den Gruša-Platz in Prag? In: Wolfgang GREISENEGGER/Wolfgang LEDERHAAS (Hg.), *Antworten – Jiří Gruša zum 70. Geburtstag* (Klagenfurt/Celovec 2008), S. 39-46

Geschichte, Geschichten, Geschichterln. In: Norbert SCHREIBER/Lojze WIESER (Hg.), *Europa weiter erzählen ...* (Klagenfurt/Celovec 2011), S. 52-56

Zeitgeist – Geist der Zeit? In: Lojze WIESER (Hg.), *Demokratische Einigung Europas* – Das Hoffen wagen (Klagenfurt/Celovec 2013), S. 165-183

Vorwort. In: Jiří GRUŠA, *Der 16. Fragebogen* – Roman (Klagenfurt/Celovec 2014)

Einheit in der Vielfalt? In: Herwig HÖSELE/Lojze WIESER (Hg.), *Europa wertvoll* – Übergänge – Gefährdungen – Perspektiven (Klagenfurt/Celovec 2015), S. 27-35

Geist & Gegenwart am Puls der Zeit. In: Herwig HÖSELE/Lojze WIESER (Hg.), *Europa. USA. 3.0* – Werte. Interessen. Perspektiven (Klagenfurt/Celovec 2017), S. 45-47

Globalisierung und Europa – Geleitwort. In: Viljem RUPNIK, *Die Herausforderungen der Globalisierung* (Klagenfurt/Celovec 2017), S. 7-8

Alternativen suchen. In: Gregor C. MÌLENA/Wolfgang PLATZER (Hg.), *Echo des Jahrhunderts* – Krieg und Frieden (Klagenfurt/Celovec 2018), S. 422-427

In diesen Zeiten hilft es zu träumen! / V teh časih pomaga sanjati. In: Lojze WIESER/Jani OSWALD (Hg.), *Kärnten neu / Koroška na novo* (Klagenfurt/Celovec 2020), S. 20 bzw. 18

Ausgewählte Beiträge in der ‚edition mezzogiorno‘

„Das merke ich mir deswegen sehr gut, weil es schrecklich ist!" – Interview mit Erhard Busek. In: Thomas [Walter] KÖHLER/Christian MERTENS (Hg.), *Reform als Auftrag* – Josef Klaus und Erhard Busek. Wegbereiter einer modernen Christdemokratie (Wien 2016), S. 157-164

Wien, Versuchsstation für Weltuntergänge – Justizpalastbrand und die Zukunft Europas. In: Thomas [Walter] KÖHLER/Christian MERTENS (Hg.), *Justizpalast in Flammen! Ein brennender Dornbusch?* – Das Werk von Manès Sperber, Heimito von Doderer und Elias Canetti angesichts des 15. Juli 1927 (Wien 2017), S. 188-199

Österreich in der Europäischen Union – quo vadis? In: Thomas [Walter] KÖHLER/Christian MERTENS (Hg.), *Manifest* – Zu Österreichs Dritter Republik (Jahrbuch für politische Beratung, Sonderband 1) (Wien 2017), S. 217-224

„Von diesem kulturellen Erbe leben wir. " – Interview mit Erhard Busek. In: Thomas Walter KÖHLER/Christian MERTENS (Hg.), *1914/2014 – 1918/2018.* Erster Weltkrieg – Kriegserinnerung – Erinnerungskultur. Aktuelle Interviews (Wien 2020), S. 70-73

Was tun? – Reflexionen und Perspektiven zur aktuellen Krise. In: Thomas Walter KÖHLER/Christian MERTENS (Hg.), *Jahrbuch für politische Beratung 2019/2020* (Wien 2020), S. 219-231

Personenregister

267

Verzeichnis der Autorinnen und Autoren

Hannes ANDROSCH, Dkfm. Dr. rer. soc. oec. Dr. h. c. mult., 1970-1981 Finanzminister und 1976-1981 Vizekanzler der Republik Österreich, 1981-1988 Generaldirektor der Creditanstalt-Bankverein, heute als Industrieller tätig; gemäß seinem Selbstverständnis als Citoyen ist er vielfältig wirtschafts-, wissenschafts- und gesellschaftspolitisch engagiert; Verfasser und Herausgeber zahlreicher Publikationen, zuletzt ‚Was jetzt zu tun ist – Digitalisierung, Klimakrise & Corona-Pandemie: Was das Land jetzt wirklich braucht!‘ (Wien 2020).

Trautl BRANDSTALLER, Dr. phil, Studium der Rechts-und Politikwissenschaft, akademisch geprüfte Übersetzerin für Französisch; Journalistin bei Kathpress, ‚Furche‘, „Neuem Forum“ und ‚Profil‘, ab 1975 Redakteurin beim ORF (Fernsehen), 1976-1984 Leitung des Magazins ‚Prisma‘, 1986-1992 Leitung der Hauptabteilung Gesellschaft, Jugend und Familie, regelmäßige Moderation des ‚Club 2‘, zahlreiche TV-Porträts und TV-Dokumentationen; aktuell freie Publizistin und Buchautorin, u. a. ‚Republik im Umbruch‘ (gemeinsam mit Erhard Busek, Wien 2016).

Emil BRIX, Mag. Dr. phil., Diplomat und Historiker; 1986-1989 Leiter des Büros des Bundesministers für Wissenschaft und Forschung, 1990-1995 Generalkonsul in Krakau, 1995-1999 Direktor des Österreichischen Kulturinstitutes London, danach Leiter der Kulturpolitischen Sektion des BMEIA, 2010-2015 Botschafter Österreichs im Vereinigten Königreich, 2015-2017 Botschafter in der Russischen Föderation, seit August 2017 Direktor der Diplomatischen Akademie Wien.

Friedrich FAULHAMMER, Mag. iur., seit 2013 Rektor der Universität für Weiterbildung Krems (Donau-Universität Krems), gestaltete davor als Sektionschef und Generalsekretär im Bundesministerium für Wissenschaft und Forschung die österreichische und europäische Hochschulpolitik maßgeblich mit; Vorstandsvorsitzender des Instituts für den Donauraum und Mitteleuropa (IDM) sowie Vorsitzender der Danube Rectors' Conference (DRC).

Sabine GRUŠA, Direktorin der Bonner Stadtbibliotheken a. D.; Witwe von Jiři Gruša, Initiatorin der Gruša-Werkausgabe im Wieser Verlag (10 Bände, Klagenfurt/Celovec 2014-2019); lebt seit 2021 in Berlin.

Hilde HAWLICEK, Dr. phil., Studium der Geschichte, Germanistik und Politikwissenschaft; AHS-Lehrerin; politisch tätig seit dem 15. Lebensjahr in sozialdemokratischen Jugendorganisationen, 1965-1968 Erster Sekretär des Österreichischen Bundesjugendrings, 1971-1976 Mitglied des Bundesrates, 1976-1987 und 1990-1995 Abgeordnete zum Nationalrat, 1987-1990 Bundesministerin für Unterricht, Kunst und Sport, 1995-1999 Mitglied des Europäischen Parlaments, bis heute zahlreiche ehrenamtliche politische und kulturelle Funktionen.

Herwig HÖSELE, Prof., war enger Mitarbeiter der steirischen Landeshauptleute Josef Krainer und Waltraud Klasnic sowie 2000-2005 Mitglied bzw. Präsident des Bundesrates, mit Andreas Khol Initiator des Österreich-Konvents; ehrenamtlich Kuratoriumsvorsitzender des Zukunftsfonds der Republik Österreich, Vorsitzender des Universitätsrates der Kunstuniversität Graz und des Club Alpbach Steiermark sowie Koordinator der Dialogreihe ‚Geist&Gegenwart', ORF-Stiftungsrat; seit 1970 ist er publizistisch und journalistisch vor allem in den Bereichen Demokratie und Zeitgeschichte tätig.

Raoul F. KNEUCKER, Hon.-Prof. Dr. iur., Studien u. a. an der Universität Graz, der Brandeis University, USA, und an der Verwaltungshochschule Speyer; 1970-1977 Generalsekretär der Rektorenkonferenz, 1977-1989 Generalsekretär des Fonds zur Förderung der wissenschaftlichen Forschung, 1990-2002 Sektionschef für Forschung und internationale Angelegenheiten im Wissenschaftsministerium; vielfache Expertentätigkeit, 2005-2012 Mitglied des Oberkirchenrates der Evangelischen Kirche in Österreich, Honorarprofessor und Vortragender an der Universitäten Innsbruck und Wien.

Thomas Walter KÖHLER, Prof. Dr. phil. MSc., Studien der Geschichte und Publizistik an der Universität Wien; Sprachdiplome der Universitäten Perugia sowie Santiago de Compostela und Salamanca; arbeitet wissenschaftlich und kunstschaffend sowie als Psycho- und Logotherapeut (www.lebenmitsinn.at); vielfältige Publikationen, Co-Herausgeber der ‚Schriftenreihe für Höhenpsychologie und Phänomenologie' bei New Academic Press, mit Christian Mertens Herausgeber der ‚edition mezzogiorno'. Von 1991 bis 1995 Sekretär von Erhard Busek, im Kabinett zuständig u.a. für die Einführung der Fachhochschulen in Österreich.

Ingrid KOROSEC, nach Handelsakademie und einigen Semestern Volkswirtschaft mehrere Jahrzehnte im privatwirtschaftlichen Management tätig; 1983-1986 Gemeinderätin und Abgeordnete zum Wiener Landtag,

1986-1995 Abgeordnete zum Nationalrat mit Schwerpunkt Gesundheits- und Sozialpolitik, 1991-1995 Generalsekretärin der ÖVP, 1995-2001 Volksanwältin, seit 2001 wieder im Wiener Landtag und Gemeinderat, seit 2016 Präsidentin des Österreichischen Seniorenbundes und des Seniorenrates.

Paul LENDVAI, Prof., geboren in Budapest, seit 1957 in Österreich; Journalist und Autor von 19 in Fremdsprachen übersetzten Sachbücher über Mittel- und Osteuropa, zuletzt ‚Vielgeprüftes Österreich' (Salzburg/München 2022), Gründungschefredakteur der Vierteljahreszeitschrift ‚Europäische Rundschau' (1973-2020), Leiter des ORF-Europastudios und Kolumnist der Tageszeitung ‚Der Standard'.

Andreas MAILATH-POKORNY, Dr. iur., Studium der Rechts- und Politikwissenschaft an der Universität Wien, Diplom im Fach Internationale Beziehungen am Bologna-Center der Johns Hopkins University School of Advanced International Studies; Rektor der Musik und Kunst Privatuniversität der Stadt Wien (MUK), zuvor u. a. Amtsführender Stadtrat für Kultur und Wissenschaft der Stadt Wien; Präsident des Bundes sozialdemokratischer Akademiker*innen, Intellektueller und Künstler*innen.

Lukas MANDL, Mag. phil. Dr. h. c., Studium der Kommunikationswissenschaften an der Universität Wien, u. a. 2008-2017 Abgeordneter zum Niederösterreichischen Landtag, 2010-2012 Generalsekretär des Arbeitnehmer/innen-Bundes (ÖAAB), 2015-2017 Vizebürgermeister der Stadtgemeinde Gerasdorf, seit November 2017 Abgeordneter zum Europäischen Parlament (ÖVP/EVP), Vizepräsident der Versammlung der Regionen Europas, stellvertretender Vorsitzender des Verteidigungsausschusses, Leiter der transatlantischen Freunde Israels (TFI).

Christian MERTENS, Prof. Mag. phil., Studium der Geschichte und Politikwissenschaft an der Universität Wien, freiberufliche wissenschaftliche und journalistische Tätigkeit, 1991-1999 Politischer Referent, seit 1999 wissenschaftlicher Mitarbeiter der Wienbibliothek im Rathaus; Mit- und Allcinkurator mehrerer Ausstellungen (zuletzt: ‚Wien wird Bundesland') sowie Autor zahlreicher wissenschaftlicher Publikationen; mit Thomas Walter Köhler Herausgeber der ‚edition mezzogiorno'.

Heinrich NEISSER, Univ.-Prof. Dr. iur., Studium der Rechtswissenschaften, Soziologie und Internationalen Politik an der Universität Wien; 1975-1999 Abgeordneter zum Österreichischen Nationalrat (davon 1994-1999

271

Zweiter Präsident des Nationalrates), 1987-1989 Mitglied der Bundesregierung (Bundesminister für Föderalismus und Verwaltungsreform); universitäre Tätigkeit: ab 1985 Honorarprofessor für Politikwissenschaft an der Universität Wien, 1997 Gastprofessor am Institut für Politikwissenschaft der Universität Innsbruck, 1999-2012 Jean Monnet-Professor für die Politik der Europäischen Einigung.

Lojze PETERLE, Studium der Wirtschaftswissenschaften und anschließend der Geografie sowie Geschichte an der Universität Ljubljana/Laibach; zunächst wissenschaftlicher Mitarbeiter am Institut für Urbanistik der Universität Ljubljana/Laibach, 1985-1989 Berater für Umweltschutzfragen am Institut für Sozialplanung; 1990-1992 Ministerpräsident von Slowenien, 1993-1994 und 2000 Außenminister, 2003-2019 Abgeordneter zum Europäischen Parlament (Nova Slovenija/EVP).

Maria RAUCH-KALLAT, MBA, nach rund 30 Jahren in verschiedensten politischen Positionen – darunter mehrmals Bundesministerin, Abgeordnete zum Nationalrat und Generalsekretärin der ÖVP – nunmehr Inhaberin der ‚mrkConsult' und der ‚mrk diversity management gmbh'; neben zahlreichen öffentlichen Funktionen in NGOs (z. B. Präsidentin des Österreichischen Paraolympischen Committees und der Gesellschaft Österreich Ungarn) ist sie auch Präsidentin des ‚Club alpha' und des Mentory Club; Homepage: www.rauch-kallat.at.

Claus REITAN, Prof., Journalist, Autor und Referent zu den Themen Politik (Österreich, EU), Nachhaltigkeit, seit 2021 Chefredakteur des Blogs ‚Zur Sache' (zur-Sache.at), zuvor Chefredakteur der Wochenzeitung ‚Die Furche', der ‚Tiroler Tageszeitung' und Europa-Redakteur bei ‚News'; für den Verein der Chefredakteure Mitgründer des neuen Österreichischen Presserates, 1919/1920 Geschäftsführer des Friedrich Funder Instituts (FFI); Mitherausgeber des Handbuches ‚Praktischer Journalismus', zahlreiche Publikationen.

Rudolf SCHICKER, Dipl.-Ing., Raumplaner, beruflich mit Themen der Regionalpolitik im Bundeskanzleramt und als Geschäftsführer der Österreichischen Raumordnungskonferenz befasst, Kommunalpolitiker in Wien, u. a. als Amtsführender Stadtrat für Stadtentwicklung und Verkehr sowie als Klubvorsitzender der SPÖ im Wiener Rathaus; Koordinator der Europäischen Strategie für den Donauraum und aktuell Vizepräsident des Instituts für den Donauraum und Mitteleuropa (IDM).

Karl SCHWARZENBERG, Fürst; internes Oberhaupt der Familie Schwarzenberg, engagierte sich bereits früh auf internationaler Ebene für die Menschenrechte, u. a. war er 1984-1991 Präsident der Internationalen Helsinki-Föderation für Menschenrechte; nach der Samtenen Revolution in der Tschechoslowakei und der Wahl Václav Havels zum Staatspräsidenten 1990-1992 dessen Büroleiter mit dem Titel Kanzler, 2007-2009 und 2010-2013 Außenminister der Tschechischen Republik.

Matthias TSCHIRF, Dr. iur, berufliche Tätigkeit als Jurist ab 1982 als Rechtspraktikant, im Bundeskanzleramt und im Wirtschaftsministerium, 2011-2019 Sektionschef für Unternehmenspolitik, danach bis zur Pensionierung 2022 für Steuerung und Ressourcen im Bundesministerium für Digitalisierung und Wirtschaftsstandort; 1978-1991 Bezirksrat, 1992-2011 Gemeinderat und Landtagsabgeordneter der Wiener ÖVP, 2002-2010 Klubobmann.

Armin THURNHER, Studium der Anglistik, Germanistik und Theaterwissenschaften in New York und Wien; 1977 Mitbegründer, jetzt Herausgeber der Wiener Wochenzeitung ‚Falter‘; Autor von 14 Büchern, zuletzt erschienen der Roman ‚Fähre nach Manhattan‘ (Wien 2019) und die Kolumnensammlung ‚Seinesgleichen‘ (Wien 2019), im Vorstand des ‚Klangforum‘, der ‚Viennale‘ und bis 2019 des Community-TV Senders ‚Okto‘; zahlreiche Preise und Auszeichnungen.

Manfried WELAN, Univ.-Prof. Dr. iur. Dr. h. c., Studium der Rechts- und Staatswissenschaften in Wien; berufliche Stationen an der Technischen Hochschule Wien, am Verfassungsgerichtshof und in der Bundeswirtschaftskammer, 1968 Professor an der heutigen Universität für Bodenkultur (BOKU), 1977-1981 und 1991-1993 Rektor, 1979-1981 Vorsitzender der Österreichischen Rektorenkonferenz; Gemeinderat, Stadtrat und Dritter Landtagspräsident in Wien; rund 30 Publikationen zu den Themen Umwelt und Demokratie.

Lojze WIESER, Prof., Verleger und Autor; die bibliophile Reihe ‚Europa Erlesen‘ (bisher 240 Bände) genießt Kultstatus, ebenso das Monumentalwerk der ‚Wieser Enzyklopädie des europäischen Ostens‘ (WEEO); seit 2013 Autor und Präsentator der bisher 30-teiligen im ORF und auf 3sat ausgestrahlten Fernsehreihe ‚Der Geschmack Europas‘ / Lojze Wieser, rojen 1954, založnik, kot bi rekel škof emeritus Kapellari je Center njegove odsotnosti Celovec/Klagenfurt. Težišče dejavnosti je literatura jugovzhodnega dela Evrope.

Paul Michael ZULEHNER, Univ.-Prof. Dr. phil. Dr. theol., Studien der Philosophie, der katholischen Theologie und der Religionssoziologie in Innsbruck, Wien, Konstanz und München; Priesterweihe 1964, Habilitierung für Pastoraltheologie und Pastoralsoziologie in Würzburg; Lehrtätigkeit in Bamberg, Passau, Bonn, Salzburg und 1984-2008 in Wien, u. a. Mitglied der Europäischen Akademie der Wissenschaften und der Österreichischen Akademie der Wissenschaften; jüngste Publikationen: ,Kirche hört auf die Menschen' (2021), ,Bange Zuversicht – Was Menschen in der Corona-Krise bewegt' (2021).

Thomas Köhler / Christian Mertens (Hg.)

Reform als Auftrag

Josef Klaus und Erhard Busek
Wegbereiter einer modernen Christdemokratie

edition mezzogiorno

Reform als Auftrag.
Josef Klaus und Erhard Busek
Wegbereiter einer modernen Christdemokratie

Sowohl Josef Klaus als auch Erhard Busek galten und gelten als wichtige Reformer der Volkspartei für Österreich. Durch ihre Ideen, Worte und Taten strebten sie danach, der mitteleuropäischen Christdemokratie ein modernes Gesicht zu verleihen.

Mit Beiträgen von Dieter A. **Binder**, Lothar **Höbelt**, Thomas **Köhler**, Karl **Lengheimer**, Harald **Mahrer**, Christian **Mertens**, Wolfgang **Petritsch**, Oliver **Rathkolb**, Franz **Schausberger**, Matthias **Tschirf**, Helmut **Wohnout**

Interviews mit Erhard **Busek**, Waltraud **Klasnic**, Josef **Klaus**, Paul **Lendvai**, Peter **Marboe**, Karl **Schwarzenberg**, Herbert, **Vytiska**

240 Seiten, Hardcover
ISBN 978-3-902838-21-6

Thomas Köhler / Christian Mertens (Hg.)

MANIFEST
Zu Österreichs Dritter Republik

Jahrbuch für politische Beratung
Sonderband 1

edition mezzogiorno

Manifest
Zu Österreichs Dritter Republik
Sonderband 1 des Jahrbuchs für politische Beratung

Mit Beiträgen von:
Matthias **Belafi**, Erhard **Busek**, Daniel **Dettling**, Martin **Falb**, Michael **Fleischhacker**, Lothar **Höbelt**, Thomas **Hofer**, Herwig **Hösele**, Andreas **Khol**, Thomas **Köhler**, Christoph **Konrath**, Maria Luise **Lanzrath**, Karl **Lengheimer**, Hannah M. **Lessing**, Oliver **Marchart**, Christian **Mertens**, Alfred J. **Noll**, Herbert **Paierl**, Anton **Pelinka**, Fritz **Plasser**, Franz Josef **Radermacher**, Claus **Reitan**, Kathrin **Stainer-Hämmerle**, Ruth **Wodak**

320 Seiten, Softcover
ISBN 978-3-902838-30-8

Thomas Walter Köhler / Christian Mertens (Hg.)

Jahrbuch für
POLITISCHE BERATUNG
2019 / 2020

edition mezzogiorno

Jahrbuch für politische Beratung 2019/2020

Mit Beiträgen von:
Odile **Ammann**, Melani **Barlai**, Erhard **Busek**, Tamara **Ehs**, Alexander
Grau, Silvia **Grünberger**, Serap **Güler**, Anna-Lena **Habsburg**, Lisz **Hirn**,
Toni **Innauer**, Judith **Klaiber**, Thomas Walter **Köhler**, Christoph **Konrath**,
Sandra **Kostner**, Lukas **Mandl**, Philip **Manow**, Florian **Masser**, Sabine
Matejka, Christian **Mertens**, Melanie **Möller**, Maria Katharina **Moser**,
Christoph **Neumayer**, Tanja **Pfaffeneder**, Katrin **Praprotnik**, Helga **Rabl-
Stadler**, Claus **Reitan**, Stephan **Russ-Mohl**, Karl **Wallner**, Hubert Philipp
Weber, Michael H. **Weninger**

344 Seiten, Softcover
ISBN 978-3-902838-43-8

Thomas Walter Köhler / Christian Mertens (Hg.)

Jahrbuch für
POLITISCHE BERATUNG
2021 / 2022

edition mezzogiorno

Jahrbuch für politische Beratung 2021/2022

Mit Beiträgen von:
Josef Christian **Aigner**, Daniel **Dettling**, Martin **Engelberg**, Matthias **Euler-Rolle**, Jürgen W. **Falter**, Marie-Luisa **Frick**, Ulrike **Greiner**, Walter **Hämmerle**, Wilfried **Haslauer**, Eckhard **Jesse**, Thomas Walter **Köhler**, Ilse **Korotin**, Michael **Kuhn**, Lukas **Mandl**, Christian **Meidlinger**, Christian **Mertens**, Rudolf **Mitlöhner**, Christian **Moser-Sollmann**, Christoph **Neumayer**, Abdel-Hakim **Ourghi**, Christiane M. **Pabst**, Anton **Pelinka**, Brigitte **Quint**, Bettina **Rausch**, Željko **Reiner**, Uta **Rußmann**, Ariadne **von Schirach**, Andrea **Schurian**, Markus **Schlagnitweit**, Michael **Steger**, Hubert Philipp **Weber**, Thomas **Weldschek**, Christoph **Wiederkehr**

352 Seiten, Softcover
ISBN 978-3-902838-47-6